ZOROASTER

Coleção O MUNDO DO GRAAL

ZOROASTER
ZOROTUSHTRA
ZARATUSTRA

ORDEM DO GRAAL NA TERRA

Título do original em língua alemã:

ZOROASTER

Traduzido sob responsabilidade da

ORDEM DO GRAAL NA TERRA
Caixa Postal 128
06803-971 – Embu – São Paulo – Brasil

www.graal.org.br

2005

4ª edição

ISBN 85-7279-083-7

Impresso no Brasil – Printed in Brazil

Ali, onde o caudaloso Karun se forma de inúmeras e borbulhantes nascentes, para depois se derramar descendo sobre os blocos de pedra, furioso e bramindo, situava-se uma grande e baixa planície, em meio a ameaçadores conjuntos de rochas.

Matagais fechados do espinhoso "tragant" circundavam-na de tal modo, que era necessário abrir caminho a machadadas através desse espinhal, para que o pé humano fosse capaz de pisar nessa planície.

Apenas naquela época em que o deus do Sol e o da Lua dividiam fraternalmente entre si o domínio sobre os dias das criaturas humanas, essa vasta área era coberta de verde. Mas então era também de uma beleza encantadora. As ervas e os musgos brilhavam como pedras preciosas, deleitando-se na sua curta existência de dois meses. Os arbustos espinhosos enfeitavam-se com flores amarelas da cor do sol e de um perfume doce, lembrando os delicados pássaros-de-sol, que voavam com asas coloridas em redor das flores.

Os seres humanos chegaram aí e ficaram alegres e entusiasmados com essa beleza. Vieram em grande número, de todas as direções, fazendo seus acampamentos onde encontrassem um lugar entre os agrestes rochedos que lhes permitisse pernoitar; pois nessa planície ninguém podia demorar-se mais do que permitia o "atravan", o sacerdote.

Ela era consagrada ao deus do Sol, Mithra, o luminoso e bondoso deus que proporcionava bênçãos, doando seu amor aos seres humanos. Por isso se realizavam maravilhosas solenidades em sua honra. Nas rochas ressoava o júbilo das vozes humanas que cantavam canções em seu louvor.

Às vezes, o rugir longínquo de um leão respondia, mas isso não fazia bater nenhum coração medrosamente. Enquanto as pessoas se encontravam na praça de Mithra, os animais ferozes não podiam aproximar-se de nenhum ser humano. Provavelmente, também leões, ursos e lobos quisessem agradecer a Mithra.

Com afinco o atravan com seus ajudantes, os "mobeds", ocupavam-se em arrumar os montes de pedra, nos quais, ao anoitecer, deveriam ser acesas as sagradas fogueiras. Apenas aos dois mobeds mais velhos era permitido ajudar nisso. Tinham de levar uma vida imaculada; pois apenas mãos completamente puras podiam tocar nas pedras sagradas.

Os cinco mobeds restantes, dos quais o mais moço mal havia deixado a idade infantil, corriam de um lado para outro, para afugentar ou matar cobras e camundongos.

De fora se ouvia baixinho uma confusão de vozes. Os acampamentos de centenas de devotos estavam sendo preparados. Mas ninguém ousaria aproximar-se do jardim de Mithra antes que o canto do atravan desse o sinal para o início da solenidade.

Os altos montes de pedra eram erguidos cuidadosamente, depois de o atravan ter marcado exatamente os pontos cardeais. Um monte ficava ali, onde os raios áureos da manhã afugentavam as sombras do reino de Maonha. Era o maior de todos. Outro encontrava-se exatamente à sua frente, e os dois restantes, um à direita e outro à esquerda, todos em distâncias iguais uns dos outros.

No centro da praça foram levantados três montes de pedra formando um triângulo cuja ponta indicava para o maior dos montes externos.

Proferindo orações dirigidas a Mithra, o atravan colocou em cada um desses altares rústicos uma pira de ferro, cheia de pedacinhos de galhos secos.

Todos os sete mobeds tinham que preparar agora feixes de galhos do espinhoso tragant, com os quais afugentariam os bichos durante toda a solenidade. Para que ninguém se ferisse neles, era necessário segurá-los bem alto, antes de serem colocados em ação. Isso às vezes era cansativo, mas poder ser um mobed era uma honra muito grande, não somente para o jovem, mas também para a família toda, de modo que, de bom grado, cada um se submetia a tal esforço.

Nesse ínterim, o atravan retirava-se para trás de um ressalto de rocha, vestindo-se para a festa solene. Uma longa vestimenta branca, de lã, sem nenhum enfeite, caía-lhe até os pés. Cingia-lhe a testa um precioso diadema, tão incrustado de pedras verde-azuladas, que nada se via do ouro de que era constituído.

Dirigiu-se ao centro da praça batendo palmas.

De trás de outra rocha apareceram quatro virgens vestidas de branco. Um bordado de prata enfeitava suas vestes de lã macia, as quais caíam levemente sobre suas belas figuras até os pés.

Usavam correntes de pedras verde-azuladas com várias voltas pelo pescoço e também eram entrelaçadas nos cabelos preto-azulados, arrumados em tranças. Nas mãos seguravam vasilhas de ouro, cheias de um óleo precioso, com o qual enchiam as piras, enquanto o atravan fazia orações. Conclamava Atar, o deus das chamas, para que fosse benigno à solenidade!

Atar era um irmão mais moço de Mithra, recebendo do mais velho toda a incandescência de que precisava. Portanto, era de se esperar que Atar não perturbasse nenhuma festa de Mithra. O caçula dos irmãos do fogo era Thraetvana, o deus do relâmpago, o mais irrequieto e indomável de todos.

Agora tudo estava pronto para a festa solene.

A sacerdotisa mais moça ia ao encontro do atravan, colocando-lhe um pano de seda branca, ricamente bordado, sobre a metade da face. Cobrindo a boca e o nariz, caía-lhe até o peito, evitando assim que o seu hálito atingisse os fogos sagrados. As sacerdotisas não necessitavam de tal proteção, pois seu hálito era considerado puro.

Solenemente as quatro virgens se dirigiram para trás do rochedo, trazendo de lá um recipiente com brasas, do qual tiravam algumas e ateavam fogo nas sete piras, enquanto o atravan orava ininterruptamente. Quando a última pira de oferendas flamejava, o sacerdote calou-se e, em seu lugar, em frente das três chamas centrais, a mais velha das virgens, elevando os braços, rogou a bênção dos deuses.

"Ó sublimes, fazei com que nossos corações sejam puros como as chamas que consomem todo o mal!", implorava ela, assim como fora prescrito. "Enviai o espírito do fogo sagrado ao nosso íntimo para que, ardendo em nós, nos purifique!"

Depois ela se colocou junto à pira do leste, enquanto suas companheiras cuidavam das três outras chamas externas e o atravan ficava parado no centro. A seguir o atravan entoou um canto glorificando Atar e Mithra.

Começaram então a afluir os participantes da solenidade. Vinham de todos os lados, alguns dos cumes das rochas e outros seguindo caminhos através do matagal; não obstante, cheios de inata dignidade.

Um lado da praça era ocupado pelas mulheres, que usavam vestidos de cores diversas, enfeitadas com bonitas correntes e diademas, oferecendo um quadro colorido.

No lado oposto ficavam os homens. Figuras formidáveis, grandes e esbeltas, com o rosto queimado pelo sol. Usavam vestes pretas, ricamente enfeitadas com prata, e sobre essas a maioria tinha posto a pele de um lobo, com fecho formado por uma corrente de prata. Na cabeça usavam altos capuzes de peles. Tinham os cabelos da nuca raspados.

Quem chegava, parava imediatamente, entoando também a canção do atravan, de modo que um coro cheio de vozes masculinas e femininas soava bramindo para cima, ao céu.

Quando a canção terminou, a sacerdotisa mais velha levou um cântaro de prata cheio do sumo da planta "hamao" e um copo também de prata para o atravan, que, proferindo orações, enchendo-o, bebeu do sumo e passou o copo adiante.

A cada homem adulto era permitido tomar um gole dessa bebida. De vez em quando um deles levava o copo vazio à sacerdotisa, que o enchia novamente. Tudo isso se processava muito solenemente e em silêncio condigno. Quando todos os homens tinham recebido um gole de hamao, a sacerdotisa derramou o sumo restante sobre um braseiro de oferendas que estava a seu lado. Uma fumaça azulada se elevou, formando esquisitas configurações.

Isso durou poucos instantes, mas bastou para que a virgem visse muitas coisas, que então, meio cantando, anunciava.

Como que enfeitiçada, a multidão escutava, pois todos concluíram das palavras da sagrada anunciação algo de especial para sua vida individual, durante os próximos doze meses. Quando ela terminou, a multidão irrompeu em exclamações de júbilo. Essas exclamações deviam significar agradecimento ao deus do Sol e da luz, Mithra, que novamente lhes prometera boas perspectivas para o futuro próximo.

Uma chamada do atravan acabou com essas manifestações. As quatro sacerdotisas se colocaram junto das chamas do centro, entoando uma canção em louvor e honra de Dijanitra, a pura e benigna mulher. Pediram a Dijanitra que permanecesse como exemplo para todas as mulheres e moças, dando-lhes pureza e protegendo-as de culpa.

Depois o atravan pronunciou uma longa e solene oração, e as sacerdotisas afastaram-se juntamente com todas as mulheres participantes, num belo cortejo.

Cada senhora e cada jovem acendia um feixe de galhinhos secos no braseiro de oferendas mais próximo de si, como se quisesse alimentar o fogo caseiro com essa chama sagrada.

Depois dessa cerimônia, os homens acomodavam-se no chão. Sumo de hamao fermentado era trazido em cântaros de pedra, dos quais os homens bebiam a longos goles. Nunca acontecia que um deles tomasse demais daquela bebida embriagadora. No jardim de Mithra comportavam-se controladamente.

O atravan mandou trazer para si algumas peles, onde se acomodou. Também os mobeds se juntaram a ele. A noite já tinha começado. Maonha mandava para baixo trêmulos raios do céu azul-escuro. Não mais se devia ter receio de cobras, e os outros animais eram retidos pelas chamas.

— Contar, contar! ecoavam conclamações estimuladoras.

O atravan ainda deixou-os pedir mais um pouco; tinha que ser assim. Depois olhou para o céu e começou[*]:

---

[*] Aqui foram mantidas as falsas concepções daquela época, como também em outros fatos.

— Vós, homens do Irã, sabeis como foi criado este mundo outrora.

O sábio Espírito Santo Ahuramazda[*] vivia sozinho nos sete céus. Era tudo ermo em Sua volta, incomensuravelmente se estendiam Seus reinos, mas Ele estava sozinho, completamente sozinho. Resolveu então criar algo que pudesse proporcionar-lhe alegria.

Ele imaginou seres, e conforme os imaginava, no mesmo momento se tornavam formas. Primeiramente pensou em Mithra, o Sol brilhante, pois Ahuramazda amava todo o luminoso. Portanto, entre todos os deuses criados por Ele, amava mais a Mithra.

Ao lado de Mithra colocou Maonha, o deus da pálida e serena Lua. Devia dividir com Mithra os dias. Sua luz não é tão poderosa como a de Mithra, por isso deveria tomar a si o começo do dia, por nós seres humanos chamado noite, para que o luminoso o seguisse.

Mas sua luz é demasiado fraca, apagando-se totalmente às vezes. Vede como sua irradiação tremula! Ahuramazda viu isso e lhe deu ajuda:

Colocou Tishtrya com o manto fulgurante ao lado dele. Incontáveis ao olho humano são as estrelas brilhantes enfeitando o manto do deus das estrelas. Então Mithra pediu: "Senhor, Tu deste a Maonha um irmão, dá a mim também um, para que eu não continue sozinho!"

Ahuramazda concordou, mas não deu os irmãos a Mithra como ajuda, conforme ele pedira. Devia cuidar daqueles selvagens: Atar, o espírito do fogo, e Thraetvana, o deus do relâmpago. Mas Mithra se alegrou por serem eles luminosos como ele próprio.

"Somos irmãos das chamas!", exclamava para todo mundo. E Ahuramazda criou o deus dos ares, Vayn, que voa ruidosamente, envolto em sua larga capa, em cujas dobras se escondem os ventos quentes e frios, brandos e fortes; toda uma estirpe de seres irrequietos. Brincam com as chamas e ensinam-nas a dançar. Mas a irradiação de Maonha é pálida demais para eles.

---

[*] Também: Auramasda.

Ahuramazda então pensou numa água límpida e borbulhante, dançando brilhantemente, tagarelando e rindo, cantando e bramindo. E, quando assim pensava, formou-se uma linda mulher. Cantando e sorrindo, com adornos de pérolas nos cabelos compridos, estava diante do sábio Deus que a tinha imaginado:

Ardvisura Anahita, a encantadora.

De súbito, havia vida nos sete céus, vida alegre, mas Ahuramazda pensou ter gostado mais de sua solidão do que dessa vida turbulenta. E imaginou um mundo onde os deuses deveriam reinar. De cima então queria olhar para baixo, queria chamá-los isoladamente, sempre que tivesse saudades de companhia.

Vede, ó homens do Irã, assim surgiu a Terra, nossa Terra, onde vivemos. Rochas, águas e plantas foram criadas pela imaginação de Ahuramazda, e os deuses brincaram com a Terra durante longos, longos tempos. Um ser humano, absolutamente, não pode formar para si uma idéia de como era tal época. Ahuramazda estava contente, os deuses estavam ocupados e não o perturbavam. E exatamente enquanto assim pensava, eles vieram para pedir-lhe:

"Senhor, coloca seres na Terra, os quais nos sejam subordinados."

"Como devem ser constituídos?", perguntou o sábio Deus, bondosamente.

"Devem se parecer conosco", pediu Ardvisura Anahita, a encantadora.

"Deixa-os ser completamente diferentes, pesados e grosseiros, mas fortes e corajosos, para que tenhamos nosso divertimento com eles", clamou Atar.

Ahuramazda, então, imaginou duas criaturas: o ser humano de acordo com o pedido de Anahita e o touro conforme o desejo de Atar. E os deuses ficaram alegres.

Novamente se passaram tempos infinitamente longos. Trouxeram muitas transformações na Terra, pois os deuses, sempre de novo, dirigiam os fenômenos aqui embaixo de modo diferente.

O ser humano tinha proliferado, e surgiram muitas espécies de criaturas humanas. O mesmo acontecera em relação ao touro, do qual se desenvolveram todos os demais animais que conheceis. Todos os deuses tinham requerido para si o domínio de determinadas espécies daqueles animais. Sabeis disso. Os pássaros pertencem a Vayn; os peixes, serpentes e sapos, à encantadora Anahita.

O atravan silenciou. Os cântaros estavam vazios.

— Continua a contar, pediram muitos dos ouvintes.

Mas as chamas estavam prestes a apagar-se; era hora de procurarem os acampamentos. Em ordem se retiraram os homens.

No dia seguinte, ecoavam vozes alegres dos rochedos. As mulheres colhiam frutinhas dos arbustos para as refeições, e os homens andavam pelas redondezas. Olhavam para os ninhos de grandes pássaros, exterminavam serpentes venenosas e falavam sobre aquilo que tinham ouvido no dia anterior.

Quando Mithra se preparava para guardar suas irradiações, soou um tom metálico: um dos mobeds com um bastão grosso batia ritmadamente contra um gongo de ferro, pendurado livremente numa das árvores mais altas. Não soava bonito, mas ouvia-se longe, constituindo para os homens um sinal de que podiam reunir-se para escutar as narrativas do sacerdote.

Afoitamente se reuniram. Anteriormente já tinham ouvido a maior parte da narrativa, mas o atravan, numa outra forma, sempre acrescentava algo de novo. Era a única vez, no decorrer do ano, em que todos eram orientados. Para o resto do ano tinham então que se aproveitar dessas narrativas.

A maioria dos homens era constituída de pastores de gado, permanecendo solitários junto a suas manadas. Aí tinham bastante tempo para pensar. Viviam ligados com os deuses, dos quais novamente lhes era permitido ouvir.

Sob as pálidas irradiações de Maonha, um ficou conhecendo inimagináveis segredos sobre a cooperação de forças na natureza; outro hauria coragem máscula e intrepidez das incandescências de Mithra.

Quando a praça estava completamente tomada e não sendo mais possível esperar por algum retardatário, o atravan acendeu as três piras centrais, onde, no entanto, faltavam as resinas aromáticas. Os mobeds tinham trazido feixes de galhos secos, com os quais alimentavam as chamas, que apenas tinham que servir para iluminação.

O atravan sentou-se. Agora usava uma vestimenta marrom-escura, de lã macia, presa por um cordão branco. Estava sem o diadema.

— Ontem falei a vós, homens do Irã, como a Terra e tudo o que vive nela foi criado tão maravilhosamente.

Ahuramazda, o sábio Deus, viu, porém, que os seres humanos se fixavam nos deuses que viam e pelos quais eram governados. Com isso se esqueceram de que Ele estava acima dos deuses, de que um único pensamento Dele podia fazer desaparecer tudo, assim como tinha criado.

Imaginou então, a Seu gosto, entes que poderia enviar aos seres humanos, para influenciá-los, ajudá-los ou premiá-los. Deviam, porém, servir a Ele, permanecer nas proximidades Dele, entre Ele e os deuses.

E Ele imaginou a verdade, uma maravilhosa figura feminina vestida de azul, com límpidos olhos azuis. Para onde a enviasse, aí não poderia persistir uma nebulosidade.

Deu-lhe como irmã, a pureza, uma figura feminina vestida de branco-prateado e com um véu luminoso sobre seu rosto encantador. Ela é fria como a neve nos cumes mais altos de nossas montanhas, inatingível, contudo acessível a todos os que se empenham em encontrá-la.

Quando Ahuramazda enviou as duas para os seres humanos, viu que aquelas pessoas que delas se aproximavam se julgavam melhores do que as demais.

"Assim não pode ser, senão as criaturas humanas estragarão aquilo que lhes devia trazer a bem-aventurança."

Quando Ahuramazda, o Deus bondoso e sábio, ponderou assim, o Seu cuidado criou mais uma figura feminina, singela e modesta, num vestido cinza-prateado. Ela segue a verdade e a pureza e conduz com mãos suaves e amenas as pessoas prestes a embriagarem-se consigo mesmas.

Essa preciosa criatura chama-se humildade, que em seu íntimo guarda o tesouro que Ahuramazda, o Deus, depositou nela. Quem reconhece a humildade, sendo por ela amado, esse receberá a bem-aventurança.

Essas servas ajudaram fielmente ao Deus supremo. Tornaram-se queridas e indispensáveis a Ele.

Queria mostrar que estava contente com elas, permitindo-lhes que imaginassem o que poderia surgir da sua atuação em benefício das criaturas humanas. Ele então vivificaria tal imaginação, dando-a como recompensa.

Aí a verdade imaginou a sabedoria, que sempre poderia permanecer junto das almas, visando a verdade. E essa foi agregada a ela.

A pureza sorria. Então o bondoso Deus soube o que Sua mais cara filha desejava, doando-lhe o florescer das almas humanas que por ela se deixassem guiar.

Sabeis, ó homens: quem aqui na Terra se esforça pela pureza, esse se torna uma alegria para todos nós. Pensai em vossas mulheres! Pensai na mais linda mulher terrena, da qual temos notícia, na princesa Dijanitra.

Mas a humildade pediu: "Senhor, deixa brotar nas almas o desejo de retransmitir aquilo que estão recebendo. Deixa-as esquecerem-se de si próprias para que possam auxiliar aos outros".

Aí Deus imaginou o amor que esquece de si próprio.

"Seis belas mulheres me rodeiam", dizia para si. "Está certo, pois se originaram do Meu pensamento. Mas oriundo da Minha vontade quero colocar um homem ao lado delas: o herói! Deve trazer em si todas as virtudes do verdadeiro homem."

Essas palavras do atravan vivificaram os homens que o escutavam. Aprumavam-se e suas expressões brilhavam. Sabiam das virtudes que ornavam o herói e esforçavam-se desde os primeiros anos de vida para se tornarem heróis verdadeiros.

E prosseguiu o atravan narrando:

— Passaram-se longos, longos tempos. Geração após geração de seres humanos surgiu e desapareceu. Fielmente os servos de Ahuramazda se esforçavam pelos habitantes da Terra. Deus olhava cheio de alegria para as Suas criaturas.

Aí ocorreu algo de horrível. Para compreender como surgiu isso, deveis saber que todo o errado que nós, os seres humanos, fazemos, cai para baixo da Terra. Ali existe um lugar, onde fica recolhida toda essa imundície. Para lá vão todas as más palavras e todos os maus pensamentos. E no longínquo tempo que tem passado, desde a criação da Terra, acumularam-se ali inimagináveis quantidades de imundície.

Mas ainda havia vida em alguma coisa que chegava lá embaixo. E essa vida aglomerou-se, ganhando forças, e se tornou Anramainyu, o espírito do mal. Nascido da imundície de tudo quanto é terreno, também só podia produzir coisas horrendas. Ele sabia de Ahuramazda e queria igualar-se a Ele.

"Se Tu estás vivendo nos sete céus acima da Terra", exclamou, "então eu habitarei as sete cavernas debaixo da Terra! Tens imaginado deuses; pois bem, farei o mesmo que Tu!"

Um tremor perpassou os homens. O coração de muitos se contraiu; outros cerravam os punhos, batendo com eles no ar.

Mas o atravan continuou:

— No entanto, por mais que Anramainyu se esforçasse para criar deuses, não o conseguiu, pois ele mesmo não era deus, mas tão-só um espírito mau. Isto é uma grande diferença. Assim, apenas conseguiu gerar espíritos.

Olhava para cima, para o céu. O que deveria colocar em posição igual a Mithra, a Maonha e a Tishtrya? Seu desejo tornou-se excessivo. Aí surgiu Azhi, a grande e sinistra serpente das nuvens. Vós todos, muitas vezes, já a vistes, quando ela se locomove serpenteando ameaçadoramente.

Os homens acenaram afirmativamente com a cabeça.

— Depois a má vontade dele criou Apaosha, o demônio da estiagem, que sempre de novo causa preocupações e esforços aos deuses. Aí Anramainyu riu, considerando-se o supremo deus.

Mas, quando estava comparando suas criaturas com os deuses, viu que eram apáticas e feias. Nenhuma podia manter-se ao lado das figuras luminosas. Anramainyu foi tomado de tremenda raiva e criou Aeshma, a raiva. Tem força como ninguém e em incandescência podia fazer parte dos irmãos das chamas, mas, apesar de ser bela, tem um grave defeito: é cega.

Os homens riram. Alegravam-se por a raiva ter de ficar em lugar inferior aos deuses. Certo era que ela não podia ver em quem acertava. Assim, freqüentemente prejudicava a si própria e aos que guiava.

— Pouco a pouco, prosseguiu o atravan, Anramainyu descobriu que Ahuramazda tinha idealizado ainda servos especiais, cuja atuação era benéfica junto aos seres humanos.

Assim, pois, ele também devia criar entes que seriam capazes de destruir o que os outros construíam. Cuidadosamente perscrutava e atentamente espreitava. Então soube o que fazer.

Em lugar da verdade criou a mentira que, à primeira vista, parecia cintilantemente bela. Mas, olhando mais atentamente, via-se que tudo nela era falso. Contudo, ela enfrentava os seres humanos de modo amável, muito mais amável do que a reservada verdade. As criaturas humanas, então, afluíram para ela, deixando-se iludir e aprenderam a mentir.

A graciosa pureza parecia-lhe inviolável. Não sabia o que opor a ela; criou, então, três entes: as voluptuosidades. Puxavam e arrastavam o ser humano, até fazer com que se maculasse de alguma forma, após o que, afundava total e rapidamente. Servas diligentes do espírito mau eram as voluptuosidades; barulhentas, ofensivas e gritantes.

À humildade ele contrapôs a arrogância. Com isso teve um jogo fácil, pois já era um perigo que o ser humano, propriamente, quase tinha criado por si mesmo. O que os outros servos de Anramainyu não conseguiram, a arrogância o realizou, associando-se ao egoísmo, pois também esses servos queriam companheiros.

A mentira escolheu para si o ardil; a volúpia, porém, criou as doenças.

Com esses servos, Anramainyu entrou no campo para arrancar o reinado de Ahuramazda. A finalidade dele era conseguir o domínio sobre as criaturas humanas. Quantas mais tivessem que ser jogadas no monte de lixo, tanto mais forte surgiria o séquito para o espírito mau.

Não podeis imaginar como eram terríveis as lutas e quantas foram as vítimas.

Quando o atravan fez uma pausa, um ouvinte perguntou:

— Por que Ahuramazda, o supremo de todos os deuses, não acabou com o adversário? Teria sido fácil para Ele.

— Certamente, afirmou o sacerdote, assim podia ser feito, se quisesse. Mas Ele queria que Suas criaturas, elas próprias, se decidissem pelo bem ou pelo mal. Aquele que quisesse, que caísse nas mãos de Anramainyu e com isso na destruição. Seria melhor do que possuir um reino de seres humanos dependentes.

Em vossos rebanhos, também vos alegrais especialmente com os animais que por si mesmos procuram o pasto. A grande massa do gado que cegamente corre atrás é enfadonha. Assim, pois, o sábio Deus entregou os seres humanos à sua própria vontade e permitiu que os deuses e seus servos ajudassem apenas aqueles que tivessem boa vontade.

Mas aí o mal ganhou uma vitória após outra. Do florido jardim que a Terra outrora foi, tornou-se um mar de pedras e deserto, como agora a conheceis. Não mais podeis imaginar tal paisagem em beleza. Podeis ter uma idéia disso, quando Mithra deixa florescer as nossas terras durante dois meses.

— Mas isso não poderá prosseguir assim eternamente, lastimava-se um dos homens mais moços, senão por fim nada restará em nossa Terra com que os deuses e Ahuramazda possam se alegrar.

— Não, isso não prosseguirá eternamente, confirmou o atravan. Temos uma profecia em que a vida da Terra não será eterna. Será incomensuravelmente longa. Esse prazo Ahuramazda dividiu em três partes de igual duração: a primeira, a época desde a criação da Terra até quando Deus imaginou o primeiro ser humano e o primeiro touro. A segunda deve terminar quando nascer o preparador do caminho, o Zoroaster. Então, vai se iniciar a terceira época. Nessa será dado à humanidade o Saoshyant, o auxiliador ao qual o Zoroaster anunciará.

Ainda não sabemos quem será o Saoshyant e nem como libertará os seres humanos do mal. Mas chegará, e nós nos alegraremos.

Respirando fundo, o narrador terminou seu longo relato, mas não se levantou, como era de costume. Notava-se que ele tinha algo a dizer ainda, talvez o mais importante.

Nesse ínterim, um dos homens perguntou:

— Demorará muito ainda, até a vinda do preparador do caminho?

O sacerdote levantou-se. Em posição solene ficou diante deles.

— A vós, homens do Irã, dizia, acentuando cada palavra, contei tudo isso tão minuciosamente, para anunciar-vos algo de novo. Nosso perscrutar nas estrelas informou-nos que Zoroaster nasceu!

Não pôde continuar a falar, um júbilo estrondoso eclodiu. Por muito tempo tentou inutilmente prosseguir, até que por fim conseguiu voltar à palavra.

— Com isso, a segunda parte da duração de nossa Terra chegou ao fim. Ela será auxiliada para que novamente possa ser aquilo para o que Ahuramazda a criou outrora. Agradeçamos-lhe!

Comovidamente pronunciou uma oração espontânea, depois despediu os homens. Irrompera a noite.

Chegara o terceiro dia das festividades. Dele novamente participavam as mulheres. Vieram muito agitadas, pois os homens lhes tinham retransmitido a grande notícia do nascimento do preparador do caminho.

Esse último dia das festividades começou quando Mithra se encontrava no lugar mais alto. Não se achava aceso nenhum fogo, mas tinha sido posto óleo aromático nas piras, difundindo um odor agradável.

O atravan havia se sentado entre os homens; os mobeds estavam entregues a seus afazeres, como afugentadores de animais incômodos e nocivos. Pitorescamente, os ouvintes, homens e mulheres, acomodaram-se estritamente separados.

Uma das sacerdotisas aproximou-se das pedras, no centro, e narrou, cantando, a lenda da serpente das nuvens, Azhi, que pretendia escurecer todo o céu. Sinistramente ela serpenteia, subindo e cobrindo parte por parte o luminoso azul, e a cada vez que se estende engole estrelas do manto de Tishtrya e investe contra Maonha, que é delicado demais para se defender.

Salta então Thraetvana atrás dela e com a espada sibilante golpeia a criatura do mal! Acerta bem, cortando a cabeça do tronco repugnante. Ruidosamente cai o corpo. Longo tempo ainda ressoa esse ruído nas montanhas.

"Honra a ti, Thraetvana!"

A narradora retirou-se, e seu lugar foi ocupado por outra sacerdotisa.

Igualmente meio cantando, mas com outros sons e em ritmo diferente, ela relatou como Anramainyu doou à serpente das nuvens uma outra cabeça, mais mordaz ainda. Contudo dessa vez ela pretendia ser mais cautelosa.

Deixaria em paz as estrelas e a Lua, e ela, gorda e pesada, deitar-se-ia ante toda a luz celeste, de modo que nem as fortes irradiações de Mithra poderiam chegar até aos seres humanos.

Aí, em ira flamejante, o outro filho das chamas avançou num salto: Atar, o espírito do fogo, desembainhara sua espada! Ele não golpeou na cabeça, mas acertou o gordo e nojento corpo em todos os lugares, de modo que o sangue correu para a Terra. Fraca, cada vez mais fraca, ficara Azhi, e, por fim, ela mesma seguiu as correntes do seu sangue.

"Honra também a ti, Atar!"

A terceira sacerdotisa então se apresentou. Tinha no braço um pequeno instrumento de cordas com que tocou uma melodia suave, acompanhando sua narrativa.

Contou sobre Apaosha, o demônio da estiagem, que por ordem do mal tomara certa vez a si o domínio. Semanas a fio nenhuma gota de chuva caíra. As criaturas humanas e os animais morriam de sede.

Todos rogaram a Ahuramazda por umidade. Mas o sábio Deus sabia que Apaosha somente conseguira o domínio porque os seres humanos tinham se tornado maus. Assim, pois, estava nas mãos deles produzir uma alteração.

Finalmente eles perceberam isso e começaram a melhorar. Aí o supremo Deus permitiu que seus deuses interviessem. Os deuses pediram água para Ardvisura Anahita, e ela prometeu dar quanto quisessem; apenas teriam de levar a água até o céu. Então começaram a refletir de que maneira isso poderia ser feito, sem que Apaosha bebesse tudo. Finalmente tomaram uma decisão.

Tishtrya enviou estrelas incandescentes, com longas e irradiantes caudas, e estas deviam penetrar no demônio, ferindo-o simultaneamente em muitos lugares. Então, ele retirou-se uivando para as sete cavernas.

Agora todas as estrelas deviam puxar as águas para cima, e Maonha igualmente ajudou. Em breve houve suficiente umidade em cima, de modo que os deuses podiam deixar chover. Em pesadas e isoladas gotas caía o líquido, depois aumentou e por fim se derramou uma torrente benéfica de água sobre a sedenta terra.

"Agradecimento a vós, bondosas estrelas!"

A suprema sacerdotisa veio por último. Ela informou que o mal tinha criado para si um novo servo: Druj, o embuste. Por toda a parte se colocara à frente da verdade, impedindo seu trabalho junto aos seres humanos. Deviam estar alertas, para não se tornarem vítimas dele.

Uma oração da sacerdotisa finalizou a solenidade, e os seres humanos imediatamente iniciaram seu regresso, visto ser mais agradável caminhar sob a luz de Maonha do que sob a irradiação abrasadora de Mithra.

A planície na nascente do Karun ficou silenciosa e deserta, depois que os mobeds desfizeram os montes de pedras, erigindo com elas uma muralha diante das entradas.

Por último, o atravan deixou o lugar, absorto em seus pensamentos.

Agora lhe tinha sido permitido anunciar aos seres humanos que o preparador do caminho nascera. Será que entenderiam? Será que compreenderiam o que isso significava? O preparador do caminho teria que completar trinta e um anos, antes de entrar em sua missão. Até aí, ainda teriam de esperar. Ele não mais vivenciaria isso!

Enquanto o atravan, como era sua missão, ia de lugar em lugar ensinando, procurando os pastores junto a seus rebanhos e os nobres em seus castelos nas rochas, nasceu de um casal muito distante, à beira do deserto do sal, um menininho, exatamente no tempo que as estrelas tinham anunciado.

As velhas mulheres, que ajudavam a mãe, ficaram muito admiradas de que o pequeno entrasse na vida rindo, em vez de soltar o esperado grito.

— Queres tornar-te algo especial, filho? perguntaram. Estás esperando coisas bonitas da vida?

Mas o rosto da criança permanecia alegre, como se quisesse refletir uma outra luz. No entanto, a vida começou da maneira mais dura para o pequeno Saadi: sua mãe morreu três dias depois. Ela nem pôde alegrar-se com seu filhinho, ela, a delicada e bela Zharat. Imperceptivelmente fenecia, deixando o menino aos cuidados das velhas mulheres.

Dschami, o pai, que tinha amado apaixonadamente sua mulher, não compreendia por que Zharat se fora, sobrecarregando-o com a criança, com a qual nada sabia fazer.

Ele criava pequenos cavalos, com habilidade e plena compreensão. Era sua profissão e entregava-se a ela com todas as suas forças. O pequeno ser humano, porém, era-lhe um obstáculo. Zharat devia tê-lo levado consigo!

Quando o pequeno chorava à noite, o pai levantava-se e ia para o cercado junto a seus cavalos. Preferia dormir ali do que ficar com a criancinha que soluçava a ponto de dilacerar o coração. Nunca se ouvia Saadi chorar alto, como fazem outras crianças. As velhas mulheres revezavam-se nos cuidados, mas já estavam aborrecidas. Elas tinham outros deveres, tinham de pensar em seus próprios lares.

Dschami deveria casar novamente, havia muitas mulheres! Propuseram-lhe várias mulheres, mas ele nada queria saber disso. Por fim, ficou tão irritado que ameaçou levar a criança para as montanhas, se elas continuassem a incomodá-lo. Aí deixaram de aconselhar insistentemente, contudo também não voltaram mais.

Somente poucos dias Dschami ficou completamente sozinho com Saadi, mas viu que assim não poderia prosseguir. Tinha deixado a criança mamar numa égua, de modo que não sofria fome, mas isso não bastava para a manutenção de uma vida jovem.

Numa manhã, Dschami, acabrunhado, ficou parado diante da caminha do pequeno. Não era possível que negligenciasse os cavalos por causa da criança. Deveria enrolar Saadi e levá-lo junto? Indeciso, olhou para o menininho que alegre e despreocupado olhava em redor. Então, uma bela e vistosa mulher, com um vestido comprido de cor azul, entrou em sua modesta moradia.

Sem uma palavra de saudação, colocou-se ao lado do homem, olhando igualmente para os olhos do pequeno.

— Não tens mais mãe, pobre criancinha, disse com voz macia. Dschami, dá-me o menino, quero criá-lo.

Assustado, o homem olhou para a mulher que havia falado. Era uma figura nobre, sua fisionomia era de finos traços. Suas tranças eram alvas como a neve e sem enfeites. Ela agradou-lhe, mas separar-se do menino?

Sempre tinha brincado com tal idéia, pensando que a criança lhe seria um estorvo, mas agora que alguém viera para tomá-la, parecia-lhe impossível colocar esse pedacinho de sua mulher em mãos de outrem.

No início, ambos ficaram calados durante longo tempo. Para a mulher era compreensível que o homem não pudesse se decidir logo. Depois, subitamente, ele disse com firme decisão:

— Se vieste para mim por impulso da deusa "Amor ao Próximo", então compreenderás que nada farás de bom para a criança, tirando-a de seu ambiente propício. Se realmente queres o melhor para a criança, então fica junto dela. Vou te respeitar e nada te acontecerá. Serás a dona na minha casa, serei teu servo.

— Ficarei, respondeu a mulher simplesmente, e tirou o grande pano de seda que envolvia sua figura, tomando maternalmente o menino nos braços.

Com gritinhos de alegria o pequeno mostrou que sentia o amor.

— É muito sensata para uma criança de duas semanas apenas, elogiou a mulher, ocupando-se com ela como se aí sempre tivesse estado presente.

Dschami ficou então todo acanhado. De muito bom grado teria saído com seus cavalos para um pasto melhor e, no entanto, não sabia se poderia ir.

A mulher olhou para trás, por sobre o ombro.

— Podes ir sossegadamente para o teu trabalho, Dschami. Não te tomarei o pequeno. Vais encontrá-lo bem cuidado, sempre que voltares. Apenas diz à vizinha que me encontro aqui de acordo com teu desejo; todo o resto deixa por minha conta.

— Como devo te chamar? indagou o homem, recebendo logo a resposta:
— Eu me chamo Madana.
— E de onde vens, queres me dizer? Sabias que Saadi ficou sem mãe? Quem te informou a esse respeito?
Madana sorriu amavelmente para o inquiridor.
— Tempo virá em que me será permitido responder tuas perguntas. Tem confiança, Dschami!
O olhar dela e essas palavras conquistaram completamente o coração do homem. Despediu-se com um agradecimento.
A criança, porém, ficou bem cuidada. Nada lhe faltava. Quando os mais necessários serviços de casa estavam feitos e executados rapidamente, a mulher ficava cantando, sentada ao lado da caminha do pequeno.
Cantava baixinho canções doces, provocando um sorriso no rosto da criança. Ao mesmo tempo ela fazia bordados finos maravilhosamente, jamais vistos pelas mulheres que vez por outra a espionavam.
De início as vizinhas a tinham enfrentado cheias de desconfiança, mas os olhos claros e as palavras amáveis conquistaram-nas todas. Quando, porém, as mulheres perceberam que Madana muito sabia e ajudava a todas, elogiavam-na e louvavam-na entre si, procurando por ela em todas as necessidades.
Ela possuía remédio para qualquer dano, bálsamo para feridas, consolo para sofrimentos.
— Madana é como uma sacerdotisa, diziam as mulheres.
Assim lhes chegou a idéia de pedir à estranha que lhes contasse dos deuses e das coisas eternas. Agora isso era feito ao entardecer, enquanto que anteriormente as mulheres ficavam juntas, rindo e tagarelando.
Ela sabia contar de um modo maravilhoso, como nenhuma pessoa antes lhes havia falado. Sem receio podiam perguntar-lhe tudo e recebiam a resposta afavelmente. Saadi, com seus grandes e sábios olhos, ficava deitado junto a elas.
— Podia-se pensar que ele entende o que dizes, Madana, observavam as mulheres muitas vezes. E ela sempre respondia:

— Ele sabe e compreende.

As vizinhas riam, mas tinham de concordar que desde o nascimento Saadi era uma criança fora do comum. Cresceu e se desenvolveu sob os excelentes cuidados, ficando com os membros delicados, como se não fosse filho de um criador de cavalos, mas sim descendente de pais nobres.

Certo dia, abriu-se uma flor no pequeno jardim de Dschami, como ninguém ainda tinha visto similar. Era vermelho-escura e exalava um aroma doce e forte. Pendia do talo delgado de um tronquinho completamente coberto com folhagem verde-reluzente.

Madana tinha plantado esse pequeno arbusto, as mulheres sabiam disso. Elas perguntavam, ávidas em saber, que flor era aquela, e lhe pediram sementes da rara planta.

À noite, Madana contou uma nova história:

— No Alto, nos jardins celestes, existe um jardim, o mais belo entre eles, cheio dessas flores. Chamam-se rosas. São o símbolo do amor divino.

Ahuramazda manda tratá-las com especial cuidado, pois Ele gosta das flores vermelho-escuras, que contam tanta coisa bonita. Gosta do aroma que perpassa todos os céus, acariciando; contudo essa rara flor apenas pode crescer onde se unem amor e pureza.

A pureza, a mais graciosa de todas as deusas, pediu a Ahuramazda para que descessem algumas dessas flores até a pobre Terra. Elas deviam levar aroma e pureza à vida das mulheres.

Por toda parte, onde a pureza alenta a mulher, onde o amor ao próximo é o motivo impulsionador de toda sua atividade, ali a rosa, a rainha vermelho-escura de todas as flores, pode crescer. Existem regiões nesse grande reino que são como um jardim de rosas. Ali sopram ventos mais amenos do que aqui, ali as mulheres são menos ásperas...

Uma das ouvintes interrompeu-a:

— É a rosa a flor da princesa Dijanitra, da qual a lenda conta?

— Sim, era a flor de Dijanitra, respondeu Madana. Mas por que chamas a história de Dijanitra de lenda? A elevada e nobre princesa viveu realmente.

Mas agora as mulheres nada queriam saber da princesa, apenas queriam possuir roseiras. Será que seriam suficientemente puras para que essa flor celeste pudesse crescer também entre elas? Madana prometeu plantar, no momento propício, uma muda de roseira em cada jardinzinho; as vizinhas alegraram-se.

De onde Madana poderia receber as roseiras? Gostariam de saber, mas nenhuma ousava perguntar. Algo de intangível envolvia Madana, que, no entanto, era tão amável.

De tempos em tempos vinha Dschami para ver o menino. Encontrava-o desenvolvendo-se maravilhosamente e de novo saía contente.

Saadi aprendia a andar e a falar, exatamente como qualquer outra criança. Gostava também de brincar com as crianças da vizinhança, mas apresentava-se aí uma vontade firme. Não queria mal a ninguém, mas aquilo que pretendia, ele o conseguia. Evitava brigas.

Ele conseguia o que almejava; ou por insistente exigir ou por solicitação, conforme o caso. Em todas as brincadeiras era o chefe e aquele que as idealizava. Geralmente eles eram os deuses, representando as lutas com as forças más.

As crianças viviam, completamente, as narrações de Madana. Era-lhes algo natural pedir a ajuda dos deuses em cada pequeno ou grande malogro.

Os anos foram passando. Em todos os jardins floresciam rosas, e as mulheres sentiam-se felizes. Por toda a parte desenvolviam-se crianças boas, sadias e dispostas. A influência de Madana se fez sentir em todos os lugares.

Saadi tinha completado sete anos, quando seu pai mais uma vez voltou para casa. Dschami olhou com alegria para o troncudo menino; embora tivesse os membros delgados, sua fisionomia possuía bonitos traços e seus olhos eram risonhos.

— Está chegando o tempo de aprenderes a dominar um cavalo, Saadi, disse o pai.

— Isso já sei há muito tempo, pai, soou a resposta orgulhosa do menino. Madana há muito tempo já me deixou montar.

Admirado, o homem olhou para a mulher, que relatou calmamente:

— Deste-me um menino para cuidar, Dschami, não uma menina. Eduquei-o como um menino, e ele não te envergonhará quando agora o levares contigo para o pasto.

— Devo levá-lo comigo? perguntou Dschami, incrédulo.

Nisso nunca tinha pensado. A mulher, porém, continuou naturalmente:

— É chegado o tempo de ele passar das mãos de mulher para a disciplina do pai. Muito poderá aprender de ti, Dschami, se dispuseres tua vida de acordo com isso. Tu foste colocado pelos deuses como seu instrutor, do contrário teriam dado a ele outra casa.

Sem dizer mais qualquer palavra, Madana virou-se, juntando num amarrado as vestes do menino.

— Estas coisas deves levar contigo, quando amanhã fores para o pasto. Seu corpo é ainda demasiadamente delicado para poder usar o mesmo vestuário durante semanas, pois ele não está acostumado a trajar algo sujo.

Depois se dirigiu a Saadi, que, com os olhos cheios de compreensão, levantou seu olhar para ela:

— Adeus, meu pequeno. Retribuíste ricamente meu amor. Eu agradeço a Ahuramazda, que me permitiu cuidar de ti. Não esqueças aquilo que pude te ensinar. Antes de tudo, não esqueças que uma grande missão te espera!

Com uma afável saudação a Dschami, ela deixou a moradia, tão singela e naturalmente como tinha entrado havia sete anos.

Estupefato e sem compreensão, Dschami acompanhou-a com o olhar, ao passo que Saadi rapidamente enxugava algumas lágrimas.

— Por que ela vai? Quem é ela? perguntou o pai.

O menino olhou-o surpreso.

— O pai não sabe isso? Ela é uma frawashi, enviada para nós pelos deuses, para que eu fosse criado de modo certo.

— Uma frawashi? balbuciou o pai. Sabes tu, pequeno, o que é isso?

— Sim, sei, pai. É a alma de uma falecida que, antes de entrar nas delícias de Garodemana, pode ainda ficar junto dos seres humanos.

— Sim, está certo, Dschami ainda não podia se orientar. De quem era a alma de Madana?

— Isto nunca perguntei, respondeu o menino de sete anos com aquela altivez que às vezes lhe era peculiar. Ela deve ter sido uma mulher muito nobre, quando ainda vivia.

Isso o homem também sentiu. E agora esse ente bondoso tinha ido embora, sem que ele tivesse pronunciado uma única palavra sequer de agradecimento!

Prostrou-se de joelhos ao lado da cama dela, agradecendo a Ahuramazda com toda a alma pela bênção que Ele tinha enviado. Implorou, se fosse possível retribuir com rogos humanos a Madana-frawashi, que descesse sobre ela toda a rica bênção dos deuses.*

Pai e filho fecharam a moradia na manhã seguinte e saíram para as longínquas planícies, onde os cavalos tinham que ser conduzidos de pasto em pasto.

Durante sete anos o menino ficou sob os cuidados do pai, como fora determinado por Ahuramazda. Nesses sete anos fortalecia-se física e espiritualmente.

Do pai ele aprendeu os afazeres masculinos, dos cavalos aprendeu ânimo alegre e porte nobre. Mas seus melhores mestres, encontrou-os entre os menores servos de Ahuramazda, que viviam na floresta, no campo, nas montanhas e nos rios. São muito, muito sábios; muita coisa sabiam para ensinar ao menino.

Ligavam a jovem alma firmemente à Terra, onde teria de atuar como preparadora. Mas ela ainda não o sabia. Tinha até esquecido

---

* Madana foi um ser humano terreno como todos os outros. Veio de um outro povo, guiada espiritualmente para estar presente na casa, no exato momento do cumprimento de sua missão. Ela era clarividente e clariaudiente. Não há diferença com outros acontecimentos semelhantes que ocorrem mais tarde. Trata-se sempre de seres humanos especialmente escolhidos, com exceção daqueles que Saadi via através de sua clarividência.

que uma missão especial a esperava. Os pequenos enteais não lhe diziam nada sobre isso. Chegaria o tempo em que lhe seria permitido saber, em que teria de saber.

Quando, porém, os sete anos se passaram, o pai sentiu que teria de renunciar a Saadi, pelo qual tinha tomado tanta afeição. Como tal sentimento intuitivo lhe chegara, não podia explicar, mas ele sabia que era assim. Parecia-lhe de todo impossível separar-se do menino a quem se afeiçoara tanto como à luz de seus olhos. E implorava para Ahuramazda:

"Tu, grande e sábio Deus, Tu que conheces os seres humanos. Estás vendo que não posso separar-me de Saadi. Não quero utilizá-lo para me ajudar, se não o queres. Quero cuidar dele, manda-lhe um mestre. Deixa-me, porém, o menino."

Logo sentiu ter sido errado pedir dessa forma, pois como poderia um erudito andar de pasto em pasto e pernoitar ao relento! Mas contra toda a razão, Dschami pediu e implorou:

"Encontrarás alguma saída, ó Supremo. Não posso renunciar a Saadi!"

E Ahuramazda encontrou uma saída, na qual Dschami não tinha pensado.

Certa manhã, quando Saadi acordou, o invólucro morto de seu pai estava deitado ao seu lado. O espírito tinha-o deixado, imperceptivelmente. Para onde teria ido? O menino não conseguia entender isso. Era ainda muito pouco o que sabia daquilo que não era palpável com as mãos.

Também isso agora lhe era muito menos importante do que as perguntas que o assaltavam. O que devia fazer com o corpo do pai? Como poderia cuidar sozinho da grande manada de cavalos? O que deveria fazer?

Sua juventude e sua incapacidade queriam sobrepujá-lo de modo destruidor. Aí, um dos ensinamentos de Madana despertou nele. Muitas vezes ela lhe dissera:

"Para ti nunca haverá um 'eu não posso'. Olha para cima em qualquer situação de tua vida. Se fores puro, o auxílio não te faltará."

Ele lembrou-se ainda em tempo dessas palavras. Uma coragem redobrada envolveu-o, quase como uma resposta para sua súplica não formulada em palavras. Depois vieram os pequenos enteais, seus amigos.

"Vamos abrir uma cova, e tu poderás nos ajudar, Saadi", disseram amavelmente. "Nela deitaremos o invólucro de Dschami. Assim estará certo."

Quando isso ocorreu, pareceu a Saadi como se ouvisse uma voz forte:

"Chegaste ao ponto onde teu caminho se divide em duas estradas. Tu mesmo podes escolher por onde queres prosseguir a caminhada. Podes tornar-te um criador de cavalos, como era teu pai. Tudo o que para isso necessitas, aprendeste. Encontrarás ajudante facilmente. Tornar-te-ás um homem rico e respeitado, que em tempo certo poderá casar. Essa é uma das estradas; ela é larga e cômoda. O outro caminho é estreito, conduz morro acima, passando por amontoados de pedras e entulhos, exigindo privações e abnegação. Talvez nunca encontres uma mulher disposta a caminhar junto contigo."

A voz silenciou. Aí despertou em Saadi a segunda lembrança dos ensinamentos de Madana:

"Teu caminho levará morro acima. Evita o caminhar em planícies cômodas!"

Sem hesitar Saadi exclamou:

"Escolho o segundo caminho, que me é destinado, eu o sei!"

"E não perguntas o que ele te proporcionará, a que alvo ele te conduzirá?", indagou aquela voz.

"Disso ficarei ciente quando nele caminhar", respondeu Saadi, rindo com disposição, coragem e alegria.

Aí caíram dele a infância e a juventude, surgindo nele o homem. Assim adormeceu.

Ao acordar, dois homens vieram ao seu encontro. Um parecia com Dschami, o outro tinha um aspecto mais luminoso e fora do comum.

O primeiro lhe falou.

— Estou procurando Dschami, meu irmão. Recebi uma mensagem de que ele necessita de mim.

— És Sadif, pois, respondeu Saadi, sem qualquer estranheza. De fato, precisamos de ti, pois Dschami partiu para Garodemana, de onde não há mais volta alguma. Eu, porém, não posso tornar-me um criador de cavalos. Quem deveria encarregar-se dos cavalos, se tu não o fizeres?

— Por que não deveria fazê-lo? disse Sadif, refletindo. Durante toda minha vida desejei ter cavalos próprios. Estás realmente me dando os cavalos?

Antes que Saadi pudesse responder, o outro homem falou:

"Escolhe um cavalo para teu uso, Saadi. E escolhe também uma égua que Sadif deve tratar para ti. De todos os descendentes dessa égua, ele terá de cuidar fielmente. Necessitarás deles."

E Saadi escolheu.

Ele era sábio, seu pai tinha-o instruído muito bem. Escolheu um pequeno reprodutor preto e pediu para criar para si uma égua branca.

Sadif ficou contente, prometendo cuidar fielmente da égua e dos potrinhos. Tornou-se um homem rico de um momento para outro, ele, que durante toda sua vida tinha trabalhado como servo de outros.

Como que de modo natural, Saadi dirigiu-se ao luminoso:

"É-me permitido ir contigo?"

Sadif pensou que esse homem fosse um amigo de seu irmão e não se admirou que Saadi confiasse nele. A despedida foi rápida. Saadi montou seu cavalo preto, de nome Trotador, enquanto que, a uma chamada do outro homem, um cavalo de cor clara veio galopando em sua direção. Montados, foram embora.

Sadif acompanhou-os com o olhar por um longo tempo. Soltou então um alto grito de alegria, tomando conta de sua tarefa com os cavalos.

Durante longo tempo Saadi seguiu calado, ao lado de seu companheiro. Gostaria muito de saber de onde ele viera e quem o havia enviado. Surgiu-lhe, então, o terceiro ensinamento de Madana:

"Quando entes luminosos se aproximarem de ti e cuja origem desconheces, nada perguntes. Em tempo certo saberás o que te for necessário saber."

Cavalgaram dois dias seguidos e apenas raramente trocavam algumas palavras. O luminoso tinha mantimentos nos bolsos da sela e oferecia o suficiente a Saadi. À noite, acampavam ao relento. No terceiro dia chegaram a um povoado grande, como Saadi ainda não tinha visto. As cabanas eram parecidas com a de seu pai, porém eram maiores, mais bonitas e mais claras.

Uma das maiores pertencia ao atravan, que agora procuravam. Ele já parecia ter sido avisado da chegada de Saadi, pois cumprimentou os cavaleiros como amigos esperados havia tempo.

— Veja só, meu novo mobed! É um moço vistoso!

Enquanto Saadi, conforme pedira, cuidava da sua montaria, o luminoso entrou juntamente com o atravan na moradia. Pouco tempo depois o companheiro de Saadi saiu novamente, convidando o moço a passear um pouco com ele no jardim que se estendia atrás da cabana.

Ali, lhe disse que teria de permanecer junto do atravan, por ordem superior, e aprender tudo quanto o sacerdote lhe pudesse ensinar. Nenhum serviço seria excessivamente pequeno e nenhuma tarefa incômoda demais lhe seria exigida. A tudo deveria submeter-se diligentemente. Quando aqui nada mais pudesse aprender, receberia ordem para seguir adiante.

Custou a Saadi separar-se do luminoso companheiro, o qual na realidade mal chegara a conhecer. Este notou isso e falou amavelmente:

"Agora eu te deixo, mas nos veremos novamente. Em todos os momentos decisivos de tua vida, ser-me-á permitido estar perto de ti."

Agradecido, Saadi olhou para ele, mas este já havia desaparecido. Caso o moço ainda tivesse alguma dúvida, então agora estava desfeita: o luminoso era um ser de Garodemana.

Enquanto Saadi ainda refletia sobre o que agora devia fazer, foi chamado. O atravan, um homem muito idoso, de cabelos totalmente brancos, estava na entrada de sua moradia, olhando com atenção para o novo mobed.

— Morarás comigo, Saadi, disse bondosamente, uma vez que não tens uma família neste povoado. Conta-me, primeiramente, de tua vida até agora. Quem foram teus mestres?

E Saadi falou sobre Madana, a quem devia os melhores ensinamentos, falou também de Dschami, seu pai, que o tinha educado, fortalecendo-o fisicamente, e também falou dos pequenos enteais, que lhe haviam mostrado a conexão dos seres humanos com a natureza que os circunda.

— Sou ainda muito ignorante e preciso aprender muito, meu pai, falou Saadi modestamente, quando tinha terminado de relatar.

— Vou ensinar-te o que sei. Não é muito, meu filho. Já há muito estou cansado e fraco. Não podia compreender por que Ahuramazda ainda não me chamou para deixar a Terra. Agora, surge-me a mais bela missão de minha vida, em relação a ti. Agradeço ao grande e sábio Deus por isso!

Daí em diante começou um ensino planejado para Saadi, em todas as doutrinas de fé, cujo administrador era o atravan.

Em breve o novo mobed tinha progredido tanto, que esse ensinamento podia ser ministrado juntamente ao do futuro atravan, que estava sendo preparado para seu encargo havia anos. O que este teve que aprender penosamente, em Saadi surgia de modo imediato.

Parecia que já sabia tudo e até melhor do que o ancião. Quando, vez por outra, não entendia algo, não perguntava imediatamente, ficava pensando nessa pergunta e saía para o jardim. Ali, entre os arbustos fechados, havia uma pedra onde gostava de sentar-se.

Chamava então pelos pequenos auxiliadores e com eles conversava sobre tudo quanto o preocupava intimamente. Geralmente, já pela conversa lhe vinha a clareza. Mas muitas vezes também eles nada sabiam fazer com aquilo que Saadi lhes apresentava como sendo sabedoria. Então ele se certificava de que tinha entendido erradamente, ou que o atravan tinha errado.

Foi um grande acontecimento na vida do jovem Saadi, quando lhe foi permitido acompanhar o atravan às montanhas, para a festa do equinócio. Podia atuar como mobed, ele, que nunca tinha assistido a uma solenidade.

Com afinco sem-par, juntou as pedras para as oferendas das chamas. Todo seu pensar era uma oração.

Ele viu os pequenos enteais que diligentemente ajudavam a todos que se ocupavam com os arbustos e as flores. Mas também lhe foi dado ver, em parte, os luminosos entes oriundos do alto, tornando-se consciente das forças que deles emanavam.

A própria solenidade encheu-o de grande alegria e aumentou sua veneração pelo idoso atravan. Pela primeira vez entrou em contato com sacerdotisas cujo puro servir o lembrava de Madana.

Depois chegou a noite trazendo as narrações do atravan. Saadi estava sentado entre os outros mobeds, escutando mui atentamente, para não perder nenhuma palavra, como se disso dependesse a sua vida.

— As estrelas não mentiram, contou o ancião, quando elas há dezesseis anos anunciaram que o preparador do caminho, o Zoroaster, havia nascido. Desde então temos provas seguras de que ele se encontra na Terra e que está sendo preparado para sua elevada missão.

"Dezesseis anos", pensou Saadi, "quase da minha idade. Como se sentirá ele? Será que sabe qual será sua missão na Terra?"

Subitamente uma pergunta atravessou-o como um raio:

"Para quem, pois, deverá preparar o caminho?", depois pediu despreocupadamente:

— Fala-nos daquele, meu pai, a quem Zoroaster terá permissão de preparar o caminho!

Algumas cabeças se viraram em direção ao mobed de voz infantil, que aí ousava perguntar, mas essa pergunta estava no coração da maioria. Os olhos do mestre se dirigiram penetrantes a Saadi.

"Por que perguntou?" O ancião, porém, viu que aquela pergunta foi apresentada sem nenhuma segunda intenção, então começou a respondê-la.

— Zoroaster deverá anunciar o Saoshyant, o salvador que virá para libertar a Terra das turbas de Anramainyu, falou solenemente.

A ele será dado então todo o saber sagrado, enquanto nós apenas podemos pressenti-lo através das velhas profecias. Possuímos velhas sentenças de profetas, retransmitidas de boca em boca entre os atravans. Uma delas diz que o Saoshyant limparia a Terra como se fosse uma vassoura de galhos do tragant. Outra diz que terá olhos que verão o íntimo inteiro do ser humano. Saberá o que as criaturas humanas pensam e sentem, sem que elas o informem disso. Segundo aquilo, então, as tratará, e não de acordo com o que externamente apresentam.

O atravan calou-se. Logo depois os fogos foram se apagando, e os homens dispersaram-se.

Nessa noite Saadi teve sua primeira visão.

Parecia encontrar-se no cume de uma montanha muito alta, olhando para baixo, para as planícies, onde seres humanos estavam empenhados em seus trabalhos. Subitamente, porém, não eram mais seres humanos, e sim seres que pareciam serpentes com línguas bifurcadas e cuja baba viscosa grudava em tudo que estivesse no caminho. Ele foi tomado de asco, a ponto de sentir-se mal, mas ficou como que preso e teve de olhar.

O céu então se abriu e desceu aquele que era força, Luz e Verdade ao mesmo tempo. Lançou-se entre as serpentes, cortando-lhes as cabeças. A Terra, porém, transformou-se num charco cheio de sangue e baba. Esse líquido esguichava longe, porém não alcançou aquele que havia chegado do céu. Uma voz falou:

"Olha o salvador e vê como ele purificará a Terra!"

O resto da noite passou em oração. Estava abalado até o âmago, sem, contudo, estar consciente do que lhe acontecera. Será que tinha sonhado, ou lhe foi permitido ver realmente? Quando pela manhã procurou o atravan para levar-lhe frutas, este notou que algo de especial devia ter ocorrido, porém nada perguntou.

No último dia, a suprema sacerdotisa anunciou que Anramainyu tinha conseguido criar um novo ajudante, tanta era a imundície que os seres humanos lhe haviam fornecido. Esse novo espírito mau chamava-se avareza.

Apresentava-se nu, pois queria economizar qualquer trapo ou transformá-lo em dinheiro. A si próprio não permitia nenhum bocado para comer e nenhum gole para beber. Com os dedos ávidos vasculhava seus tesouros ou aquilo que considerava como tal, e os seres humanos tinham que fazer a mesma coisa.

Fizeram-se ouvir então, aqui e acolá, vozes confirmando que já conheciam tais pessoas. Eram pobres e lastimáveis seres, que não tinham mais nenhuma alegria. Até seus tesouros haviam se tornado um tormento, pelo medo de perdê-los.

Quando as festividades terminaram, Saadi desceu para o vale em companhia do idoso atravan. Embaixo uma liteira esperava pelo sacerdote, na qual os mobeds o carregaram a sua moradia.

A Saadi era permitido montar o Trotador. Que prazer! Voava igual a uma flecha, virava com a rapidez do relâmpago, retornando para o lado do ancião que prazerosamente observava seus movimentos. Com as faces enrubescidas e os olhos brilhantes, Saadi seguiu então por algum tempo ao lado da liteira, até que a traquinice e o prazer da vida tomassem novamente conta dele, afastando-o.

— Isto é digno de um mobed? indagou um dos mobeds mais velhos com semblante carregado. Mal assistiu à sagrada festa na montanha e já brinca como um potro desenvolto.

O atravan, porém, reprovou-o.

— Deixai-o, dizia compreensivamente. Nele, tudo é legítimo. Qualquer sentimento intuitivo o domina integralmente.

Depois de um momento de profunda reflexão, acrescentou:

— Sua vida vai se tornar muito dura e séria. Deixai-o aproveitar a alegria da juventude.

Aproximavam-se do povoado onde o sacerdote morava, quando um grupo de cavaleiros veio ao encontro deles. Montavam magníficos cavalos ricamente ornamentados, como jamais tinham visto, nem mesmo os de príncipes.

Na moradia onde os carregadores agora deixaram o atravan, os cavaleiros apearam, e um dos homens aproximou-se do sacerdote, saudando-o respeitosamente. Queria falar-lhe e deixou-se conduzir por ele para dentro da cabana, enquanto os outros cavaleiros admiravam Trotador, que se diferenciava notavelmente de seus cavalos, devido a sua pequenez.

Com desembaraço, Saadi respondeu suas perguntas referentes à origem do cavalo.

— Serias um companheiro bem-vindo em nosso grupo, moço, disse rindo um dos cavaleiros, enquanto seus fortes e brancos dentes brilharam, contrastando com a barba preta.

— Quem sois? quis saber Saadi. Prontamente se seguiu a resposta:

— Nosso amo, que no momento está com o sacerdote, é um poderoso príncipe. Dele é todo este grande país, de um mar até o outro. Ele pretende conhecer seu reino a fundo, e é por isso que cavalga conosco, de província a província e de povoado a povoado.

Em geral ele viaja incógnito. Isso sempre é muito esquisito; porém dessa maneira ele se torna ciente daquilo que o povo realmente pensa dele. Vivenciamos muito do que é belo, mas também muito do que é assustador.

O informante, provavelmente, ainda teria prosseguido a falar, mas nesse momento o atravan chamou Saadi.

Lá dentro, o jovem mobed encontrou o príncipe sentado no único assento cômodo. O sacerdote tinha se contentado com alguns cobertores. Saadi não gostou disso. O príncipe era bem mais moço do que o atravan!

Já ia expressar seu desagrado quando o sacerdote começou a falar.

Disse a Saadi que o príncipe Hafis tinha gostado de suas peripécias de equitação e vinha convidá-lo para ser seu companheiro na grande jornada através do reino.

— Comigo aprendeste tudo o que eu podia te ensinar, meu filho, disse o ancião bondosamente. Além disso, os meus dias estão contados. Muito me pesava na alma a quem te poderia confiar. Será bom, se agora, sob a direção do príncipe, aprenderes a conhecer os seres humanos, não somente os bons, mas principalmente os maus. Seja o que for que a vida mais tarde exigir de ti, tal conhecimento te ajudará.

A Saadi não foi perguntado se estava disposto a seguir com o príncipe. Talvez nem tivesse sabido resolver. Sua mentalidade jovem alegrava-se com aventuras, mas a gratidão infantil o prendia ao lado do ancião, que agora provavelmente faleceria de modo solitário. Ele queria dar expressão a esses sentimentos intuitivos, mas o atravan fez um movimento, fazendo-o calar-se. O príncipe Hafis levantou-se.

— Hoje não vamos muito longe, e amanhã novamente passaremos por aqui, Saadi. Prepara-te, assim como teu animal, para que possas nos acompanhar.

Com pesados passos o príncipe deixou o compartimento, que a Saadi pareceu mais claro depois que ele saíra. Durante curto tempo ambos ficaram calados, o ancião e o moço; este último, então, começou a falar:

— É da vontade de Ahuramazda que eu siga com esse príncipe, meu pai? perguntou infantilmente.

— Já há algumas semanas, recebi a notícia de que cavaleiros viriam buscar-te logo depois da solenidade, Saadi. Agora o príncipe Hafis me informou quem o tinha mandado vir aqui expressamente, de modo que não posso duvidar que o sábio Deus, mandando orientar a tua vida, tenha determinado também essa mudança.

— Mas nunca serei um príncipe; para que então me servirá uma vida junto ao príncipe Hafis?

Pela primeira vez Saadi perguntou quando algo parecia estar firmemente decidido.

O atravan não se aborreceu com ele. Com paciência e amabilidade explicou-lhe, mais uma vez, que agora deveria adquirir conhecimentos sobre os seres humanos, conhecimentos esses que precisaria para sua futura missão.

— Minha missão? indagou Saadi. Quer meu pai dizer-me o que deverá ser de mim um dia? Apenas sei que não me tornarei um criador de cavalos. A isso renunciei voluntariamente, acrescentou ele.

O atravan sorriu.

— Além da profissão de criador de cavalos, a qual renunciaste, ainda existem muitas que poderás exercer. Aguarda o que será conduzido ao teu caminho.

Chegará um dia em que tua alma jubilosamente reconhecerá que exatamente aquilo que de ti é exigido é a tua vida verdadeira. Então não hesites um momento sequer. Apanha e segura firmemente o que for oferecido a ti. Nesse ínterim, porém, aprende tanto quanto conseguires assimilar.

Deixa-me dizer-te neste último anoitecer ainda uma coisa, meu filho: serás conduzido ao encontro de muitas pessoas más. Chegarás a conhecê-las de todas as maneiras. Escuta a voz do teu íntimo, advertindo-te sobre elas. Chegarás então a conhecê-las bem, para que mais tarde não possam te enganar, mas mantém-te afastado delas, mesmo que busquem tua benevolência. Permanece de tal maneira puro, que a qualquer momento possas olhar claramente para os olhos de Madana. Mais, não posso dizer-te.

Saadi, comovido, despediu-se de seu idoso mestre. Estava bom assim; pois, muito cedo, na manhã seguinte, apareceram os cavaleiros para buscá-lo. Não viu mais ninguém com os quais convivera nos últimos meses.

Novamente houve uma mudança em sua vida. Dessa vez foi um corte profundo. Tinha de usar outra roupa, não mais podia fazer deliberadamente o que bem entendia. Tinha de aprender a se curvar à vontade de mais de um. Era o mais moço do grupo, portanto também aquele a quem cabiam todos os serviços, pequenos e grandes.

Entre seus companheiros de infância ele sempre fora o líder, segundo o qual todos se orientavam. Agora tinha de calar. Tinha de calar, mesmo quando aquilo que os outros exigiam dele não estivesse absolutamente de conformidade com o que ele julgava certo.

O príncipe Hafis aparentemente não se interessava por ele, depois de ter determinado qual a roupa a lhe ser dada e ao lado de quem deveria montar. Mas essa falta de interesse era apenas aparente. Na realidade, o príncipe olhava atenciosamente para o mais moço, que lhe fora recomendado de modo todo especial.

Na corte do príncipe vivia um velho sábio, que outrora tinha sido o mestre de Hafis. O príncipe venerava-o como a um pai e sempre se deixava aconselhar por ele. Esse sábio, Dschajawa, havia procurado Hafis, pouco antes de ele partir a cavalo, e dissera-lhe que devia ir ao encontro de um jovem e levá-lo consigo, instruindo-o. E que o jovem naquele momento encontrava-se junto ao atravan, que o instruía. Ahuramazda havia dado essa ordem.

Mas Hafis somente deveria falar dessa incumbência para o sacerdote; fora isso, deveria achar um meio de introduzir o jovem Saadi, discretamente, em seu séquito.

Este jovem estava destinado a algo grande, e para ele seria importante conhecer os seres humanos e o país. Ele, porém, deveria aprender também a servir, pois nunca havia tido a necessidade de se submeter à vontade de outrem, quando essa vontade não concordasse com a dele.

O modo franco e sincero de Saadi alegrava o príncipe, que raramente entrava em contato com uma pessoa de real valor.

Também a maneira como Saadi enfrentava as caçoadas dos outros agradava-lhe. Fazia o que dele exigiam, sem bajulá-los. Se executava desajeitadamente o que queriam, deixava-se então instruir naquilo que errara e na próxima vez, naturalmente, já executava melhor.

Em montaria e no trato de cavalos ele os superava muito, porém era inexperiente no uso de armas, e quando o príncipe lhe dera uma espada, para que fosse instruído no manejo dela, ele balbuciou assustado:

— Senhor, será que deverei derramar sangue?

Os outros riram ruidosamente. Mas o príncipe falou bondosamente:

— Tens razão, Saadi, é um pecado derramar sangue. Se, porém, outras pessoas quiserem fazer derramar o teu, então será bom que saibas manejar a arma, para impedi-las. Aprende, pois, a dar os golpes com a espada, e somente a desembainha quando tua voz interior mandar.

Os escarnecedores então silenciaram, olhando surpresos para o príncipe, que nunca lhes tinha falado assim.

Quando acamparam ao relento, o príncipe mandou armar tendas. Isso era desconhecido para Saadi. Preferiu dormir sob o céu estrelado.

— Não tens medo de cobras? perguntaram os outros.

— Peço aos pequenos, e eles afastam-nas de mim enquanto durmo, foi a calma resposta de Saadi.

— Que pequenos? quiseram saber os companheiros.

— Os pequenos servos de Ahuramazda, respondeu Saadi com naturalidade.

Novamente riram-se os outros. E mais uma vez o príncipe proibiu-lhes disso, solicitando de Saadi que lhes falasse sobre esses invisíveis servos de Ahuramazda, com os quais ele, Saadi, o mais novo do grupo, estava tão familiarizado.

— És mais agraciado do que nós, Saadi, por conseguires ver os pequenos seres e falar com eles, falou o príncipe, quase triste. Receio não sermos suficientemente puros para isso. Perdemos essa graça.

Os outros, porém, ficaram irritados, pois Hafis começava a preferir visivelmente o novo e jovem companheiro, e resolveram prejudicá-lo.

Saadi nada tinha que prendesse seu coração, além de Trotador. Depositava nele uma confiança fora do comum. Muitas vezes parecia aos outros que ele conversava com o animal. Se eles então fizessem algum mal a Trotador, Saadi entristecer-se-ia.

No meio da noite, dois deles dirigiram-se às escondidas até o cercado onde os cavalos pastavam. Rapidamente encontraram Trotador, que era muito menor do que os outros cavalos. Um dos homens abaixou-se para pegar uma pata dianteira de Trotador, mas recebeu um golpe tão forte na cabeça, que caiu. O outro quis pular em socorro de seu companheiro, porém sentiu-se como que paralisado e preso ao local. Era como se inúmeras pequenas mãos segurassem seus pés. Apavorado, lembrou-se dos amigos invisíveis de Saadi.

"Soltai-me, ó pequenos", implorou humildemente, "não quero fazer mais nada de mal."

Num instante ficou livre. Aliviado, sentiu que os invisíveis que o circundavam desapareceram. Pegou seu companheiro aturdido, carregando-o para dentro da tenda, onde depois de horas recuperou a consciência.

Ambos resolveram nada falar dessa vivência. Mas enquanto um tomou apenas a resolução de no futuro deixar Saadi em paz, o outro saiu dessa noite com a firme convicção da existência dos pequenos. Procurava a companhia de Saadi a fim de que ele lhe contasse cada vez mais sobre os pequenos seres. Em pouco tempo estava em condições de poder ver um ou outro deles. Agora compreendia a felicidade de Saadi no trato com esses amigos, pois ele também sentia-se elevado pelo conhecimento de ser circundado por bondosos auxiliadores.

O príncipe Hafis e seu séquito continuavam a cavalgar pelo país. Saadi chegou a conhecer as mais variadas regiões e muito mais tipos de seres humanos ainda. Notou que havia extensas regiões onde nada queriam saber dos deuses. Julgavam isso histórias para crianças. Quando então Saadi, horrorizado, perguntou quem estaria dirigindo seus destinos, eles responderam:

— Nós mesmos.

No entanto, todos eles não conseguiam dominar o medo que tinham de demônios e de Daevas, principalmente de Druj, o espectro da morte. Saadi não compreendia tal coisa. Uma vez que negavam o sábio Deus, deviam então negar também o espírito mau.

À noite, muitas vezes, Saadi chamava os pequenos entes que também havia ali, inquirindo-os a esse respeito, e os pequenos informavam:

"Os seres humanos tornaram-se tão maus, que sempre têm medo. Suas almas não acham mais nenhuma saída. Temem que Anramainyu os castigue por suas más ações. Não querem saber mais nada de um Deus bom, por temerem que sua punição se tornaria pior, se o reconhecessem."

"É, pois, exatamente o contrário", retrucou Saadi. "Se os seres humanos se refugiarem junto a Ahuramazda, arrependendo-se de suas culpas, todos os deuses poderão ajudá-los. O que Anramainyu poderia fazer-lhes?"

Os pequenos escutavam com seriedade e acenavam confirmando.

"Seria necessário dizer isso aos seres humanos!", exclamou Saadi. "Não quereis vós, pequenos, fazer isso?"

Não, eles não queriam fazer. Sabiam que os seres humanos não os ouviriam.

"Os seres humanos não nos enxergam mais. Riem, quando se fala de nós", indignados, os pequenos disseram isso.

"*Tu* terás que dizer-lhes. Essa será tua missão, ó homem luminoso!"

"Minha missão?", admirou-se Saadi. "Ah! não! nada sou. Nem uma profissão tenho, não obstante ter quase dezessete anos. Eu mesmo não sei o que deverá ser de mim um dia. Mas o preparador do caminho já nasceu. Ele o dirá aos seres humanos. Como não pensei isso antes!"

Os pequenos enteais nada ainda tinham ouvido sobre o preparador do caminho. Escutaram o que ele contava, alegrando-se.

A comitiva do príncipe chegou a uma outra região. Ali os seres humanos tinham deuses, mas no fundo era Anramainyu a quem adoravam. Chamavam-no Ahriman, dizendo que ele era um grande e sábio espírito, que proporcionava poder, riqueza, domínio e felicidade aos seres humanos na Terra. Saadi ousou perguntar a um dos homens que contava isso:

— E o que será de vós mais tarde?

— Mais tarde quando? retrucou o outro, sabendo bem o que Saadi queria dizer.

Ele, no entanto, perguntou imperturbavelmente:

— Tereis de morrer um dia e abandonar vossos tesouros. Não podereis levá-los. O que então será de vós? Quereis passar para Garodemana assim miseráveis e nus?

— O que nos importa o "mais tarde"! Não acreditamos na continuação da vida após a morte; por isso arranjamos para nós, cá embaixo, tudo tão agradável quanto possível. Também Ahriman nos diz que tudo acabará quando estivermos mortos. Isto nos basta.

— Para vós, então, tudo quanto é bom estará acabado, é o que sei, confirmou o moço com seriedade.

As pessoas não o escutavam, estavam contentes por terem silenciado o incômodo indagador. Apenas uma levantou o olhar, perplexa pelo tom da jovem voz.

Quando Saadi saiu então para o cercado, a fim de cuidar de Trotador, o homem o seguiu. Perguntou o que Saadi queria dizer com aquelas explicações; e durante toda a noite Saadi lhe falou, esclarecendo. O homem, muito mais idoso, escutava com sincero anseio. De manhã agradeceu a Saadi, presenteando-o com uma pedra incrustada em ouro.

— Aceita isto como lembrança desta noite. Usa-a, debaixo de tua roupa. Talvez dessa maneira possa te retribuir o favor que me fizeste hoje. Agradeço-te!

Perplexo, Saadi pendurou a jóia no pescoço. Esta parecia-lhe cálida e viva, de modo estranho, razão pela qual gostava de usá-la.

O príncipe Hafis chegou também a regiões onde as pessoas se fixavam firmemente em Ahuramazda, cuidando dos bons costumes e levando uma vida alegre e cheia de trabalho. Era visível como tudo se desenvolvia aí. A vasta região parecia um conjunto de jardins de rosas, brilhando e exalando perfumes. E nesses jardins, belíssimas mulheres, usando um leve véu, cuidavam das flores, cantando melodias a meia voz. Crianças pulavam em sua volta.

— Assim deve ser em Garodemana, observou Saadi.

O príncipe, ouvindo isso, concordou.

— Mas, acrescentou, por que em toda a parte no grande reino não é assim como aqui?

— Porque os seres humanos, em outras partes, se esqueceram de Ahuramazda, declarou logo Saadi. Quando Zoroaster vier, ficará melhor. Ele conduzirá as almas humanas novamente para o caminho certo.

— Se ele o puder, interrompeu-o o príncipe, tristemente. Acredita-me, Saadi, o preparador do caminho terá uma missão imensuravelmente difícil.

— Imagino-a maravilhosa! exclamou Saadi com entusiasmo. Poderia ter inveja dele. Ele tem agora a mesma idade que eu. Quero ser seu servo!

Certa noite chegaram a uma região muito montanhosa. No alto, em meio a rochas escarpadas, existia um castelo que se via nitidamente. O príncipe Hafis indicou para cima.

— Vede, essas são as ruínas do castelo habitado outrora por Ara-Masdah, o mais nobre de todos os príncipes, e a encantadora Dijanitra. Conheceis sua história?

Afirmaram que sim, olhando atentamente para cima, para aquele amontoado de pedras.

— Não mora mais ninguém lá em cima? perguntou o príncipe a um dos habitantes locais que se havia aproximado.

Este respondeu-lhe negativamente. Depois da morte do filho do príncipe Ara-Masdah, a maior parte do castelo fora destruída por um terremoto. Seria perigoso subir até lá.

Dizia-se, aliás, que incalculáveis riquezas estariam escondidas sob os escombros, mas até agora todos os que pretenderam cavocar para alcançá-las não mais regressaram.

— Nossos velhos dizem, murmurou o homem de modo misterioso, que nunca existiu um príncipe Ara-Masdah em carne e sangue. Ahuramazda teria estado aqui na Terra durante uma vida humana sob aquele nome, para poder ficar perto dos seres humanos, a fim de poder melhorá-los.

A origem de tudo o que as pessoas tinham aprendido em matéria de artes lembrava esse príncipe, ao passo que a suntuosidade das flores nos vales e encostas das montanhas se atribuía a Dijanitra. Com isso tornava-se claro que não podiam ter sido seres humanos de carne e sangue. Mas não se devia falar disso em voz alta, pois era um mistério sagrado.

Meditando, Saadi presenciara a narrativa. Não acreditou nessa lenda. Compreendia que um homem muito puro, como devia ter sido Ara-Masdah, teria de trazer bênçãos ao seu ambiente. Esses pensamentos ocupavam-no integralmente.

Cedo procurou um lugar para seu repouso e o escolheu de tal maneira que avistava as ruínas daquele castelo, ruínas essas que aos raios do luar pareciam cheias de mistério.

Nessa noite teve sua segunda visão. Viu uma criancinha subir nos escombros do palácio. Era luminosa, clara e de irradiante beleza. Por cima de sua cabeça pairava uma ave branca com as asas abertas, como Saadi nunca tinha visto. Uma irradiação áurea, vinda de cima, envolveu a criancinha.

Então ela levantou a cabeça luminosa e abriu os bracinhos. Depois começou a andar numa estrada que a irradiação áurea indicava. Seus passos eram calmos e seguros, e a ave misteriosa e branca a acompanhava.

Para longe seguia o caminho da criança, a qual ia crescendo durante esse percurso, tornando-se um herói sem igual; prosseguia em seu caminho, o qual se transformou numa larga faixa dourada. Esta parecia estender-se por um longo trecho sobre a Terra, depois se elevava. O herói tornou-se uma figura de Luz, desaparecendo na luminosidade.

O coração de Saadi entristeceu-se profundamente. Então uma voz o consolou:

"Todo o viver segue em círculo, tu o sabes. Também esse círculo se completará. Ora e aguarda!"

Saadi começou a orar. Não sabia pelo que rogava. Implorou que o luminoso herói novamente se aproximasse da Terra. Subitamente não mais orava para Ahuramazda, mas clamava para a figura de Luz, que viu desaparecer:

"Ó herói luminoso, criancinha proveniente de alturas celestes, volta! A Terra necessita de ti. Nenhum outro poderá salvá-la dos grilhões com que a perfídia de Anramainyu a agrilhoou!"

Orou durante longo tempo e com todo o fervor. O céu então pareceu abrir-se acima dele. A ave branca desceu. Com um grito de júbilo Saadi levantou-se de um salto, inclinando-se a seguir em reverência, repetidas vezes. A faixa dourada de irradiações novamente se destacava no azul noturno do céu, e então ele, o herói irradiante, apareceu em armadura dourada, e com a espada na mão.

Era aquele que a Saadi fora permitido ver já uma vez, aquele que decapitara a serpente! Com júbilo Saadi orou:

"Meu senhor e meu rei!"

E o herói desceu, tornando-se novamente a criancinha. Saadi sabia com certeza que se dera isso por causa dos seres humanos.

"Que sacrifício", murmurou com a alma profundamente comovida.

Subitamente soube, e uma certeza bem-aventurada preencheu-o completamente:

"Era ele, o auxiliador, o salvador, o Saoshyant, por quem o mundo esperava!"

Este e nenhum outro o Zoroaster tinha de anunciar quando chegasse.

Tudo estava revolvido em Saadi. Não mais podia imaginar uma vida comum, como até aí tinha levado. Quando o dia raiou, uma coisa dentro dele estava decidida:

"Preciso ouvir mais do Saoshyant! Tenho de procurar e achar o Zoroaster!"

Sem refletir muito, procurou o príncipe e pediu para demiti-lo de seus serviços. Príncipe Hafis assustou-se. Se Saadi fosse embora, não poderia ele, Hafis, cumprir sua missão para com Saadi. Se ao menos pudesse perguntar a Dschajawa o que deveria fazer!

Ele viu que Saadi, decerto, não se deixaria prender. Devia dizer-lhe o motivo por que foram conduzidos um para o outro? Havia prometido silêncio ao atravan. Essa promessa ainda valeria?

Não precisou responder nesse momento, pois vieram mensageiros da capital com importantes notícias. Dirigiu-se então a Saadi, que estava trêmulo de excitação, dizendo-lhe bondosamente:

— Deixa-me tratar de meus negócios, meu amigo. Depois quero ouvir por que queres me abandonar. Se puder reconhecer teus motivos, eu mesmo quero te ajudar.

Por ora Saadi teve de se contentar com essa resposta. Colocou os arreios no Trotador e empreendeu um longo e solitário passeio a cavalo. Perdeu-se no caminho e, não obstante chamar pelos pequenos enteais para indicar-lhe a direção, não mais encontrou o caminho de volta no mesmo dia para o acampamento do príncipe.

Pelo contrário, chegou a uma cabana construída no meio de um amontoado de pedras, e que lhe fora providencial, visto irromper uma forte tempestade.

"Fazeis bem, ó entes do ar, em querer esfriar meu sangue quente", exclamou para o bramir dos elementos. "Thraetvana, ó flamejante, tem piedade de mim! Preciso procurar o Zoroaster. Ainda não posso deixar esta Terra." Clamou isso em voz muito alta, pois se julgava só.

Ao lado da cabana viu, ao fulgurar dos relâmpagos, um abrigo menor para o Trotador, para onde logo conduziu o cavalinho, esfregando-o com a capa da sela, para enxugá-lo. Depois se dirigiu à porta daquela cabana. Talvez encontrasse lá dentro algum catre onde pudesse se deitar. Começara, agora, a sentir os efeitos da noite passada em claro e do dia que passara nas costas de Trotador.

Antes que pudesse examinar de que maneira abriria a porta, esta foi aberta do lado de dentro. Dela saiu um homem muito idoso, com um feixe de galhinhos acesos na mão.

— És tu que procuras o Zoroaster? perguntou, olhando com atenção para o jovem à sua frente.

— Ouviste-me, pai? disse Saadi um tanto sem jeito. Pensei estar sozinho. Sim, eu procuro o preparador do caminho; pois dele quero ouvir sobre o elevado, o único, o Saoshyant, por quem meu coração arde, como se quisesse me queimar.

Nunca Saadi se abrira tanto. E agora falou para um estranho sobre aquilo que o agitava tão profundamente. Vergonha queria tomar conta dele, quando a luz de um relâmpago mostrou-lhe os olhos bondosos e brilhantes que lhe eram dirigidos. A timidez desaparecera.

— Posso ficar contigo, meu pai, até que o temporal termine? Queres me contar do Saoshyant e de seu preparador do caminho? Sinto que sabes dele!

Ofegante Saadi falara.

O velho sorriu sabiamente. Em lugar de qualquer resposta, recuou, de modo que Saadi pôde dar um rápido passo para dentro. Com um estrondo fechou-se a porta. Lá fora a ventania bramia.

Dentro havia um pequeno fogo aceso, espalhando um pouco de claridade e um calor agradável. O velho convidou Saadi a tirar a roupa molhada, o que ele fez com prazer, vestindo uma roupa escura que o velho lhe trouxe.

Ele não tinha notado que os olhos do ancião se haviam fixado, atentos, naquela pedra que se tornara visível por ocasião da troca de roupa.

Após o hóspede estar fortalecido com comida e bebida, o eremita perguntou-lhe se queria dormir, pois teria de ficar durante a noite com ele, visto o mato ser intransitável depois de uma tempestade como essa, que, aliás, ainda não acabara. Pedaços de pedras rolando para baixo poderiam matar facilmente cavaleiro e cavalo.

Saadi esqueceu-se de todo o cansaço e só ao tomar a refeição percebera que não tinha ingerido nenhum alimento durante todo o dia. Trotador tinha sido bem cuidado, mas ele mesmo não tinha sentido fome.

Com relação à pergunta do ancião, pediu-lhe se antes podia ouvir mais sobre o Saoshyant. Prontamente o velho satisfez esse pedido ansioso.

— Existem muitas e antiqüíssimas profecias, que foram transmitidas entre os sacerdotes e o povo. Algumas chegaram ao conhecimento geral e certamente já as conheces. A mais bela e mais sagrada, porém, é mantida em segredo; apenas poucas pessoas a conhecem. Apenas a alguns poucos pode ser revelada. Escuta:

A Terra, criada por Ahuramazda, para Sua alegria e dos deuses, teve de sofrer desde o momento em que os seres humanos a habitaram. Um grão de areia de pecado no pai tornou-se uma pedra no filho e uma montanha no neto. Pecado sobre pecado, culpa sobre culpa.

O falhar das criaturas humanas criou Anramainyu e seus maus espíritos. Não se envergonhavam de servir àquele que eles mesmos vivificaram. A cada geração de seres humanos, a Terra se torna um pouco mais pesada. Ela já se acha fora de sua órbita. Falta o seu som no coro dos astros.

Já é possível calcular a época em que a Terra afundará tão baixo, que nunca mais lhe será possível voltar ao lugar a ela destinado. Os astros já indicam que os espíritos humanos terão de ter um fim na Terra.

Entristecidos, os deuses olham para a destruição. Ahuramazda olha irado para baixo, mas Ele porá fim à má atividade dos seres humanos. Ele está chamando para o Juízo aqueles que povoam a Terra! Ele mesmo não realizará esse Juízo, mas um filho de Ara-Masdah virá para julgar as almas das criaturas humanas. Será ele o Saoshyant, o salvador que levará os bons consigo para cima, para Garodemana, para sempre.

— Um filho do príncipe Ara-Masdah? balbuciou Saadi. Não devia ser um filho de Ahuramazda, de Deus?

— Só posso retransmitir a profecia assim como a recebi, meu filho. Não cismes sobre isso e não tires de ti a bênção nela contida. O principal é que virá o Saoshyant. Quando virá, ainda não sabemos, mas creio que esse dia não está distante.

— O preparador do caminho do Saoshyant já nasceu, afirmou Saadi. O atravan viu isso nas estrelas. Foi anunciado há cerca de dezoito anos. Durante trinta anos o Zoroaster deverá viver incógnito, depois se apresentará ao mundo para anunciar o salvador. Quase nem consigo esperar mais até que possa ouvi-lo. E por isso quero ir procurá-lo e, se for necessário, percorrerei o país inteiro! Quero e tenho que encontrá-lo!

— Quando o encontrares, que desejarás junto dele? perguntou o velho amavelmente.

Ao fazer a pergunta, podia-se notar que não era por mera curiosidade. Por isso, Saadi respondeu de bom grado:

— Quero servi-lo com todas as minhas forças. Deve ser algo maravilhoso ser autorizado a anunciar o Saoshyant à pobre humanidade! Quero estar presente quando isso ocorrer.

— Não penses, meu filho, que será apenas alegria para Zoroaster, exortou o ancião com seriedade. Ele deparará com muita descrença e ingratidão, com escárnios e perseguições em seus caminhos. Sua vida será difícil.

— Príncipe Hafis também disse isso, falou Saadi pensativamente. Mas tal não posso imaginar. E se me fosse exigida a última gota de sangue, eu a daria alegremente, se assim pudesse preparar o caminho do Saoshyant.

— És um servo do príncipe Hafis? indagou o eremita.

— Estou cavalgando junto com a sua comitiva, mas hoje pedi a ele para me deixar livre, para que eu possa procurar o Zoroaster.

— E o que ele respondeu? Ele te deu permissão? Conta-me algo de tua vida. Em verdade não é por curiosidade que pergunto!

— Sinto isso, meu pai. De bom grado quero te contar o pouco que tenho a relatar.

Com franqueza e singelamente, Saadi contou. Quando terminou, o velho disse pensativamente:

— Aprendeste a crença infantil junto a Madana, virtudes másculas com teu pai, doutrinas de fé dos adultos o atravan te transmitiu, conhecimento a respeito dos seres humanos e do nosso país adquiriste com o príncipe Hafis, e os enteais te ligaram com as leis da natureza. A mim foi permitido anunciar-te o Saoshyant.

Seis sabedorias te foram proporcionadas, falta apenas que encontres o Zoroaster!

— Vê, meu pai, respondeu Saadi com alegre satisfação, eu sabia que concordarias comigo, depois que te contasse sobre a minha vida. Quero viajar pelo mundo e não quero parar nem descansar, enquanto não encontrar Zoroaster.

Levantou-se de um salto do chão, onde se havia deitado numa pele de urso. Mas sorrindo o velho o fez voltar.

— Hoje, esta noite, não poderás ir. A tempestade recomeçou. Escuta como os entes do vento bramem. Vayn abriu ao mesmo tempo todas as dobras de seu manto. Ele e Thraetvana correm atrás um do outro no firmamento. A um ser humano não é bom ficar na tempestade. Quero, porém, aconselhar-te: procura o preparador do caminho no silêncio! Quanto mais procurares a solidão, tanto mais cedo poderás encontrá-lo. Na multidão barulhenta de seres humanos vais procurá-lo inutilmente.

— Agradeço teu conselho, meu pai. Irei, pois, para a solidão. Roga por mim, para que em breve o possa encontrar!

O velho, porém, não mais parecia disposto a prosseguir a conversa. Estendeu-se numa outra pele ao lado de seu hóspede, e logo ambos adormeceram.

Na manhã seguinte acordaram cedo, simultaneamente. O sol brilhava alegremente sobre os arbustos. As rochas molhadas pela chuva e a natureza refrescada exalavam um aroma inebriante.

Pequenos ajudantes enteais estavam à disposição para conduzir Saadi até o acampamento do príncipe. Depois de uma cordial despedida, Saadi deixou o eremita, que lhe pediu que voltasse para visitá-lo quando encontrasse o Zoroaster.

— Não é necessário que seja nas primeiras semanas, Saadi, disse serenamente, mas vem logo que te for possível! Então terei uma mensagem para ti.

— Para mim, meu pai? perguntou Saadi surpreso. Não podes revelar-me agora? Seguramente encontrarei o preparador.

— Não, minha mensagem é para aquele que o encontrar. Não esqueças de retornar, meu filho.

Trotador batia as patas impacientemente. Saadi foi embora. Cavalgou metade do dia. Finalmente viu o acampamento perto de um povoado maior. Perguntou aos pequenos enteais por que o tinham abandonado no dia anterior. Riram-se.

"Será que foi sem valor aquilo que encontraste em substituição?"

Ele, então, teve de concordar que esse acontecimento poderia ser de muito valor para sua vida.

"Lembra-te, Saadi, os rogos nem sempre são satisfeitos conforme as criaturas humanas imaginam. Se fosse segundo a sua mente, então, às vezes, resultariam mais danos do que proveito."

Saadi entendeu. Agradeceu aos pequenos enteais por terem sido tão bem-intencionados para com ele.

De que maneira o príncipe Hafis receberia a sua ausência? Pensaria o príncipe que ele fora embora sem permissão, para sempre? Antes que pudesse se desculpar, o príncipe falou-lhe amavelmente:

— Foi muito sensato me mandares notícias! Assim eu soube que estavas abrigado da tempestade.

Saadi ficou calado, pois estava refletindo sobre quem poderia ter trazido esse recado ao príncipe. Este, porém, convidou-o a entrar em sua tenda.

— Junto com o grupo de cavaleiros que ontem vieram a meu encontro, chegou também meu velho professor, Dschajawa. Ele deseja ver-te, Saadi.

Com essas palavras o príncipe fez o moço entrar para o interior da tenda, onde este nunca havia estado. Saadi ficou ofuscado pela pompa que o circundava. Mas quando seus olhos se dirigiram a Dschajawa, não mais pôde tirá-los do venerável ancião. Esquecera toda a beleza em torno, ante o brilhar daqueles olhos azul-escuros. Olhos azuis! Isso parecia inteiramente extraterreno para Saadi! Logo o velho o deixou contar algo de sua vida e perguntou-lhe:

— Por que queres abandonar o príncipe, que tem tão boas intenções contigo?

— Não é ingratidão, meu pai, saiu quase que explosivamente de Saadi. Preciso encontrar o Zoroaster para que este me anuncie o Saoshyant! Se me for permitido servir ao preparador do caminho, servirei através dele também ao salvador, ao fulgurante herói que virá para julgar e libertar o mundo.

— Como queres encontrar o Zoroaster? quis saber o ancião.

— Seguirei para uma região solitária, como o eremita me aconselhou. Oh! meu pai, ele compreendeu o anseio incandescente e ardente que me consome. Ele entendeu por que não posso mais ter sossego, antes de encontrá-lo! Procura compreender-me!

— Eu te compreendo, meu filho, e aprovo tua intenção. Vai para a solidão, escuta e aprende. Tu, sozinho, terás que encontrar o Zoroaster; ninguém o mostrará a ti. Mas quando o tiveres encontrado, volta para mim! Terei, então, uma mensagem para ti.

Saadi riu, cheio de felicidade.

— Agradeço-te, meu pai, por tua compreensão. Mas exatamente assim falou o eremita. Ele também tem uma mensagem para mim, quando eu tiver achado o Zoroaster. Antes, não me poderá dá-la. Voltarei para junto de ti. Tomara que possa ser logo!

— Cedo ou tarde, meu filho, o principal é que o encontres, respondeu Dschajawa.

Príncipe Hafis, então, recomendou a Saadi que ficasse ainda aquela noite, para que lhe pudesse ser preparado um cavalo de carga com provimentos. O impaciente Saadi achou desnecessário que se preocupassem com ele. Sobreviveria de qualquer forma, porém não ousou manifestar sua opinião e obedeceu.

Seus companheiros lamentavam sua saída. Tinha-lhes sido um querido amigo, apesar de muitos sentimentos de ciúmes e inveja que haviam experimentado por sua causa. O príncipe disse-lhes que Saadi fora chamado e os deixaria. O motivo era uma missão secreta. Isso eles acataram, não mais importunando o jovem com sua curiosidade.

Novamente nessa noite Saadi arranjou sua cama de maneira a ter a ruína do castelo diante de sua vista, mas não teve nenhuma visão. Dormiu tranqüilamente o sono sadio da juventude.

A despedida foi breve, na manhã seguinte. Dschajawa pendurou-lhe uma cápsula de ouro no pescoço, com a ordem de não abri-la. Se Dschajawa não mais estivesse vivo quando Saadi encontrasse o

Zoroaster, então deveria levar a cápsula para o seu sucessor. Este também poderia transmitir-lhe a mensagem.

Príncipe Hafis tinha providenciado tudo como se fosse para um filho que se despede. Um forte cavalo estava bastante carregado com tudo o que uma pessoa solitária pudesse precisar.

Quando algumas voltas do caminho fizeram desaparecer o acampamento, Saadi perguntou a si mesmo para onde deveria dirigir-se agora.

Não tinha chegado a um momento crucial de sua vida, o ponto onde dependeria exclusivamente de si próprio? O auxiliador luminoso, porém, havia-lhe prometido que em todos os momentos decisivos estaria perto dele. Então, ousaria chamá-lo.

E enquanto o cavalo prosseguia comodamente seu trote, Saadi orou intimamente e chamou seu guia.

Algo como uma clara nuvem apareceu diante dele, e uma voz falou de dentro dessa nuvem:

"Estás no caminho certo, Saadi. Procura o Zoroaster com toda a tua alma. Encontrá-lo-ás. Vai para a solidão, aprende dos pequenos e grandes enteais, de arbustos e flores, de animais e das águas, contudo não esqueças o teu alvo. Quando tiveres encontrado o Zoroaster, ele te conduzirá ao saber a respeito do Saoshyant. Serás abençoado e abençoada a tua missão."

Antes que Saadi pudesse agradecer, a nuvem já havia desaparecido, mas um agradecimento do fundo de seu coração elevou-se para Ahuramazda.

Depois ele se entregou à condução dos pequenos enteais que prometeram levá-lo a uma magnífica cabana de eremita, que estava desocupada. Conduziram-no, então, em direção à ruína do castelo.

O coração de Saadi batia mais forte. Desde que lhe fora permitido ver aquele maravilhoso quadro, gostara daquele conjunto de muros. Mas os pequenos enteais advertiram-no de que nunca deveria escalar até o cimo e de que não deveria ousar subir além do ponto em que eles o conduziam. Aí estariam perigos à espreita; grandes enteais guardavam os tesouros de Ara-Masdah, por ordem de Ahuramazda.

"Um dia, porém, quando o legítimo herdeiro aparecer, terão de liberá-los. Isso eles sabem", diziam os pequenos guias, com ares de importância. "Não sabemos quando esse dia virá. Ninguém sabe. Mas virá, isto é certo. Daquilo que pertenceu a Ara-Masdah, nenhuma pedra preciosa poderá faltar."

"Será que os escombros, ao cair, não destruíram os tesouros?", perguntou Saadi cheio de interesse.

Em sua imaginação, viu as vasilhas fendidas e achatadas, e as pedras lascadas. Mas os pequenos enteais riram-se.

"Achas que permitimos acontecer algo àquilo que recebemos a incumbência de proteger? Os grandes enteais já estavam no local, antes de o castelo ruir em conseqüência do terremoto. Guardaram tudo cuidadosamente. Mas tinham que deixá-lo no mesmo lugar, para que o herdeiro o encontre."

"Dizeis o herdeiro?", perguntou Saadi pensativamente. "Se o filho de Ara-Masdah morreu sem deixar descendentes, não poderá existir herdeiro!"

"Sabedoria humana! Inteligência humana!", escarneceram os pequenos, e não mais quiseram conversar.

Nesse ínterim chegaram ao local onde Saadi, por ora, teria que ficar. Uma cabana espaçosa, segura contra tempestades e ventanias, feita de pedras, unidas de tal modo dentro das rochas, que quase não se diferenciavam delas.

Uma saliência da rocha cobria o teto e certamente já havia muito tempo que a protegia da chuva, de maneira que também lá dentro todo o madeiramento estava seco e firme. Ladeando toda a extensão de uma das paredes, havia um largo catre de madeira. O fogão era feito cuidadosamente de pedras e tinha uma abertura para cima, por onde saía a fumaça; a lenha achava-se amontoada ao lado.

Os pequenos mostraram-lhe, bem perto dali, um abrigo igualmente bom para os dois cavalos e para os quais tinham juntado capim seco e ervas em quantidade.

"Lembra-te de que não é permitido seguires nenhum caminho que conduza daqui para cima!", advertiram mais uma vez. "Existem muitos caminhos nos quais podes andar. O caminho para o castelo em escombros, porém, é perigoso."

Desapareceram antes que Saadi pudesse perguntar mais alguma coisa. Apenas ouviu, ao longe, suas risadas despreocupadas.

Primeiramente havia trabalho: cuidar dos cavalos e guardar as provisões. Cada cobertor, que devido à bondade do príncipe fora anexado à bagagem, alegrava-o gratamente. Estava, porém, envergonhado.

"Como fui impaciente em me tornar independente", pensou. "Impaciente quando Hafis ainda me reteve para me dar coisas que julgou necessárias com sua sábia experiência!"

Agora possuía cobertas suficientes para aquecer-se e também aos animais; pois ali naquela altitude fazia frio.

De longe soava o bramir tumultuoso de um riacho da montanha; tinha de procurar esse riacho. Tirou dois cântaros do cavalo de carga e saiu, levando-os. Não poderia errar; a desejada água anunciava-se ruidosamente.

E então ficou como que em devoção diante do borbulhante espumar que se lançava vale abaixo. Os raios solares refratavam-se nas milhares de gotas lançadas para cima e que caíam novamente. Cores e sons se entrelaçavam.

Mas ali, onde o riacho descia num trecho de duas largas faixas, uma perto da outra, a água se dividia, e um rosto maravilhosamente gracioso apareceu saudando.

"Ardvisura Anahita!", exclamou jubilosamente, ajoelhando-se.

A graciosa criatura ria-se; um riso cristalino e sonante, que até parecia se expandir num eco baixinho.

"Sou apenas uma das suas mais humildes servas, ó homem", explicou ela rindo. "Anahita não se mostra a nenhum mortal. Também tu apenas podes me ver porque aquilo que emana de ti é puro. Através da água isso aflui a mim e me chamou!"

"Posso tirar de tua água?", perguntou ele modestamente. Novamente soou o riso cristalino.

"Ó homem! Toma quanto quiseres e se estiveres com fome, vou te presentear com um peixe também. Mas tu não podes pegar nenhum, nem deves exigir mais do que realmente necessitas. Quando te sentires muito solitário, também podes vir conversar comigo. Vou te mostrar muita coisa bonita e te ensinarei algo", prometeu ela magnanimamente.

Com o coração repleto de alegria, Saadi voltou com os cântaros cheios para a sua cabana.

Os dias passaram-se com passeios de reconhecimento nas redondezas. Logo notou que podia deixar os cavalos pastarem livremente. Quando estavam com frio, voltavam voluntariamente para o abrigo.

Agora reconhecia a sabedoria em lhe ser dado o cavalo de carga. Sozinho, Trotador não teria suportado a solidão. Alegrou-se de que também o bom animal tivera tudo, mas, ele mesmo, sentia-se inútil.

Subitamente começou a pensar. Por que tinha ido para a solidão? Para encontrar Zoroaster!

Poderia encontrá-lo sem procurar? Mas onde deveria procurar? Tinha sido mandado para a solidão. Conseqüentemente, teria de procurar ali. O que estaria esperando do preparador do caminho? Que este lhe anunciasse o Saoshyant!

Como se fosse uma palavra mágica, a expressão "Saoshyant" tomou conta de todo o pensamento de Saadi. O salvador, o libertador! O herói irradiante! Que mais uma vez lhe fosse permitido vê-lo!

Tentava sempre de novo relembrar o maravilhoso quadro, com toda a sua alma. A centelha nele incandescida recebia continuamente novo alimento e tornou-se com isso uma chama que ardentemente enchia todo seu ser.

Sem que ele mesmo notasse, seu anseio por Zoroaster transformou-se em ardente desejo pelo salvador. Tinha-o visto como criancinha. Teria sido por acaso que vira o menininho sobre os escombros do castelo de Ara-Masdah?

"Não existe um acaso!", murmurou uma voz baixinho. "Tudo o que Ahuramazda deixa acontecer tem sentido e finalidade. Procura em todas as experiências e com isso te será revelado aquilo que podes aprender. Só assim chegarás ao caminho do Zoroaster."

Saadi escutou atentamente. Se não foi por acaso que lhe fora permitido ver ali a criancinha, então significava que ela estava em ligação com esse castelo. Lembrou-se da profecia que o eremita lhe havia anunciado:

"Um filho de Ara-Masdah seria o Saoshyant."

Estaria certo isso? Como poderia nascer um filho de um príncipe morto? Como poderia surgir um salvador no castelo em ruínas? Pois o salvador não podia estar na Terra, visto que o preparador do caminho ainda nem tinha começado a sua missão.

Subitamente, lembrou-se das palavras dos pequenos: "Quando vier o herdeiro!" O herdeiro? Então eles também estavam esperando por um filho de Ara-Masdah?

Chamou os pequenos enteais para pedir um esclarecimento, mas eles não vieram. No dia anterior haviam chegado imediatamente, quando apenas queria saber se as frutinhas vermelhas, que ele tinha achado nos arbustos, eram comestíveis! Será que viriam somente quando lhes tinha que fazer perguntas terrenas? Teria ele mesmo que achar a resposta de todas as demais?

Certamente seria assim! Orou e depois pediu ao guia luminoso que lhe mostrasse o caminho pelo qual poderia obter a solução dessa pergunta.

Então a nuvem clara apareceu diante dele e a já conhecida voz se fez ouvir:

"Ora e espera com paciência, Saadi! Sem esforços nada se consegue. A ti será dado ver e compreender tudo aquilo que precisares saber. Mas não podes forçar nenhuma resposta.

Vê, essas perguntas baixam como grãos de semente em tua alma ainda jovem. Deixa que se fortaleçam e criem raízes. Depois se levantarão e com a Luz de cima seus botões se abrirão, um após outro. Mas deves ter paciência, não deves tentar abrir prematuramente as delicadas flores com os dedos impetuosos. Tristeza seria a tua recompensa!"

Paciência! Será que o luminoso sabia como era devoradora a chama que nele ardia? Tentaria ser paciente.

Era, pois, agora, uma época de semeadura em sua alma. Sim, era assim! Quando observava a si mesmo, notava como surgia pergunta após pergunta. Não devia, pois, procurar a solução; ela se apresentaria automaticamente.

Mas o que poderia fazer para deixar os brotos novos se robustecerem dentro de si? Orar e despertar em si mesmo somente pensamentos puros e belos!

Nos últimos tempos preocupava-se com a maneira pela qual poderia reconhecer Zoroaster. Nada sabia dele, senão que era de sua idade. Também isso se resolveria; só poderia orar e aguardar.

Muitas vezes visitava a ondina, a qual, porém, nem sempre aparecia a seu chamado. Caprichosamente, deixava-o esperar, ou caçoava dele, deixando-o ouvir sua canção distante, lá embaixo. Quando ele, então, com saltos largos chegava embaixo, sua risada novamente soava de cima.

"Estás te tornando preguiçoso demais, ó homem", caçoava ela. "Preciso cuidar para que teus membros continuem flexíveis."

E bateu com alegria na água espumante, molhando-o totalmente. "Corre para a planície ensolarada, para te secar!", gritou rindo.

Em tais dias nada podia saber através dela. Mas vieram outros, nos quais ela era comunicativa. Do fundo da água trazia maravilhosas pedras e conchas. Uma vez trouxe até pérolas reluzentes, de um branco-leitoso, como já havia visto no diadema do príncipe.

"Existe tudo isso no ribeirão da montanha?", quis saber Saadi. A ondina respondeu negativamente.

"Isto recebo de outros enteais, para ter algo de belo para brincar. Aqui existem apenas pedras amarelas, que os outros trocam comigo, por não as possuírem."

Em outra ocasião, mostrou-lhe ovas de peixe, esclarecendo-lhe como se originam os peixinhos. Tudo isso lhe parecia um milagre. Ah! Milagres encontravam-se escondidos na natureza inteira. Quanto mais de perto convivia com a natureza, tanto mais sentia intuitivamente a grandeza de Ahuramazda. Quanto mais intimamente se ligava ao tecer da natureza, tanto mais profundamente venerava seu Criador.

Certo dia, quando os raios solares caíam quase verticalmente, a ondina já estava esperando Saadi. Ela pôs o dedo sobre os lábios, como sinal para que não falasse nenhuma palavra. Com a outra mão, branca e delgada, indicou para uma pedra, em meio do brilho solar, coberta de musgo verde.

Silenciosamente e de mansinho, Saadi se aproximou, vendo então uma cobrinha de cor verde-acinzentada, em cuja cabecinha estava uma coroa dourada. Serpenteava ao calor e levantou a graciosa cabecinha, fulgurando e brilhando então a minúscula coroa. Com toda a energia, Saadi teve de controlar seu júbilo.

Ouviu um barulhinho no chão; uma segunda cobra algo maior que a primeira, adornada igualmente com uma minúscula coroa, aproximou-se serpenteando e deslizou depois graciosamente para a pedra.

A ondina nadou para bem perto e levantou metade do corpo para fora da água, contemplando com olhos brilhantes o quadro encantador.

As cobras pareciam conversar; então seus corpos reluzentes enlaçaram-se e novamente deslizaram, separando-se. De súbito, sem qualquer motivo exterior, saíram serpenteando em direções diferentes.

Irrompeu então a alegria de Saadi. Sempre de novo agradecia a ondina por lhe ter mostrado aquela maravilha. Depois quis saber por que era permitido às cobrinhas portar coroas.

"Ó homem!", riu-se a ondina. "Por que, pois, portam coroas os seres humanos?"

"Por serem príncipes!", respondeu Saadi rapidamente. "Ambas as cobras também são príncipes?"

"São rei e rainha. Ahuramazda outorgou-lhes algo mais do que às cobras comuns. Por isso também têm de cuidar das outras e servi-las com aquilo que possuem. Fazem isso facilmente. Entre os animais não há príncipes egoístas nem cobiçosos."

Mais uma vez Saadi aprendeu algo que lhe era importante. Mas a alegria pela beleza preenchia-o totalmente.

Também seus pequenos auxiliadores, os gnomos, ensinavam-lhe muita coisa. Fizeram-no olhar nas covas dos animais. Mostraram-lhe como eram maravilhosos os minérios que estavam incrustados na rocha, fielmente guardados por guardiões especialmente destacados para isso, os quais tinham uma aparência completamente diferente da dos enteais que saltitavam entre as árvores e os arbustos.

Mas era como se tudo isso narcotizasse seu espírito apenas por curto tempo. Cada vez mais ardente se tornava seu anelo, cada vez mais impetuoso seu anseio. Havia épocas em que não suportava mais a inatividade. Então, levantava-se de um salto e corria para a floresta.

Assim aconteceu também num dia ensolarado, após longas semanas de chuvas. Saadi saiu morro abaixo para inalar os deliciosos odores que se desprendiam das árvores e dos arbustos, evaporando na luz solar.

De repente, na orla da floresta, viu diante de si uma delgada gazela. Com os olhos inteligentes, de cor marrom, o animalzinho fitou-o de modo tão compreensivo, como se pudesse captar cada pensamento do ser humano.

— Que formidável companheiro serias para minha solidão! exclamou Saadi, correndo para o pequeno animal.

Este deixou-o aproximar-se até poucos passos, depois deu um grande salto, desaparecendo no matagal. Saadi correu atrás.

Seus nervos agora estavam tensos. Tinha que conquistar o animalzinho como amigo. Começou uma alegre corrida. Repetidas vezes o rapaz teve o pequeno animal tão perto, que já julgava poder pegá-lo; a gazela então virava a cabeça e com um salto fugia.

Longe, cada vez mais longe, ele a perseguia, não prestando atenção ao caminho. Sem fôlego e ofegante corria montanha acima. Aí, subitamente, ouviu um estrondoso urro:

"Não sabes, homem, que não deixamos ninguém subir esta montanha?"

A voz pertencia a um gigante. Durante um momento Saadi viu o colossal corpo poderoso por cima de si, ameaçadoramente, depois sentiu-se apanhado e jogado rocha abaixo.

Embaixo ficou estendido e desacordado. Sangrava uma ferida em sua cabeça. Delicadas mãos amigas tratavam dele.

"Temos que esperar até que acorde", disse um dos pequenos. "Certamente ele se machucou ainda mais."

"Contudo não devemos deixá-lo perceber que estamos com pena dele", aconselhou o outro. "Ele mereceu mesmo o castigo, pois tinha sido advertido."

"Mas também Holder, o gigante, sabia acerca dele, e poderia ter deixado o caso, repreendendo-o. Ele é sempre tão bruto e pega logo!", resmungou o primeiro.

Saadi começou a acordar. Os pequenos esconderam-se atrás de um tronco de árvore. Primeiramente o ferido apalpou a cabeça.

Queria levantar-se, mas não lhe foi possível. As dores eram muito fortes e ele nem conseguia dominar seus membros. Com uma exclamação de dor deixou-se cair novamente. Assim ficou durante longo tempo, depois olhou ao redor da melhor maneira possível.

A região era-lhe completamente desconhecida; devia estar bem longe de sua cabana, pois conhecia tudo naquelas proximidades. Agora se lembrava de sua corrida atrás da gazela e também do trato que havia recebido do gigante.

"Esqueci a vossa advertência, ó pequenos. Por isso tenho que sofrer!", exclamou melancolicamente.

Então eles saíram do esconderijo.

"É permitido que te ajudemos porque reconheces teu erro", disseram com alegria. Rapidamente se inclinaram sobre a perna dolorida:

"Ai! isto é ruim! Fraturaste a perna! Terás de ficar deitado por longo tempo, até que sare."

"Não podeis trazer Trotador para que ele me carregue até a minha cabana", propôs Saadi.

"Como poderás montar e descer novamente?", perguntaram os pequenos. "É uma sorte que a temporada de chuva tenha terminado. Contra os excessivos raios solares sabemos proteger-te."

Saíram correndo e, depois de curto tempo, já estavam de volta em companhia de cerca de trinta homenzinhos semelhantes.

Como formigas sobre um camundongo morto, assim os gnomos se lançaram por cima dele. Mexeram nos ossos como se esses não pertencessem a um ser vivo. Apesar de todas as dores, Saadi teve que rir alto da apressada atividade dessa tropinha de enteais.

Depois o grupinho saiu correndo, afirmando, porém, que cuidariam dos cavalos e também a ele nada deixariam faltar.

Aí estava ele, imóvel por um longo tempo. Ele, a quem a solidão nas montanhas parecera insuportável, agora estava impedido de qualquer movimento. E os pensamentos vieram, não podendo ser banidos.

A voz, naquela época, lhe dissera que teria que procurar aprender algo de todas as vivências. O que deveria aprender desse acidente?

Não deveria mais correr às cegas, como era seu costume fazer e como era de seu feitio.

E também teria que obedecer às advertências bem-intencionadas.

Mas o principal, decerto, é que deveria aprender a se conformar pacientemente com qualquer situação. E se agora, nesse ínterim, o Zoroaster passasse por sua cabana? Pensando nisso, sentiu um calor no corpo.

Implorou desesperadamente pelo luminoso auxiliador, e este não tardou. Dessa vez apareceu em delicadíssima formação corpórea e tinha o aspecto de um homem nobre e belo.

Amavelmente, abaixou-se sobre o ferido que esperava por repreensões.

"Coitado", disse o luminoso com voz bondosa, "agora tens de aprender de modo tão doloroso aquilo que é muito importante para toda a tua vida: deixar que as coisas se aproximem!

Mas por causa do preparador do caminho não precisas te preocupar: ser-te-á mostrado de tal forma, que não terás dúvidas. Ele não poderá te escapar. Fica agora deitado, bem quieto. Acaba com as auto-repreensões e procura aprender o que te é dado.

Quando tiveres alcançado a necessária serenidade interior, certamente serão proporcionadas em teu íntimo novas experiências vivenciais. Não procures querer forçar algo artificialmente. Pensa nas flores que, por si, têm de se abrir à luz de cima, para se desenvolverem e frutificarem."

Uma grande serenidade entrou na alma de Saadi, depois que o seu guia o deixou. Sabia agora que lhe era permitido tirar proveito dessa aflição. Tudo faria para não deixar escapar tal ensinamento.

Os pequenos enteais vinham diariamente cuidar da ferida e da perna fraturada. Traziam-lhe comida e bebida e mostravam-lhe toda a sorte de brincadeiras, saltando, subindo e descendo, para diverti-lo.

Às vezes contavam-lhe também o que estava ocorrendo na floresta. Mas sempre ainda sobrava bastante tempo para a alma ficar serena e se aprofundar nas coisas sagradas.

Numa noite, então, novamente foi presenteado com uma visão. Viu um amplo recinto, como nunca havia visto. Era luminoso e claro, apesar de não ter, aparentemente, aberturas de janela. Toda a luz parecia vir de cima.

Ela descia em feixes radiantes para uma taça vermelho-dourada, na qual começou um borbulhar.

Saadi esperava que a taça, que parecia cheia até a borda, transbordasse a qualquer momento. Mas tal não aconteceu. Ao redor iniciou-se um soar e um tinir, como se cantassem muitos milhares de graciosíssimas vozes. Depois o quadro desapareceu.

Mas voltou, noite após noite. Apresentava-se cada vez mais nítido e mais irradiante, até que certa vez apareceu durante o dia. Um silêncio solene reinou em torno, como se para toda a natureza também fosse permitido ver.

Em cima, bem lá em cima, o luminoso recinto abriu-se e novas ondas de luz penetraram nele. Indizivelmente maravilhoso era todo esse brilho.

A taça resplandeceu como nunca havia resplandecido. Figuras luminosas pareciam circundá-la. Subitamente, ele, o sublime, o herói irradiante, encontrava-se atrás da taça, levantando as alvas mãos.

Aí, transbordou a preciosa luminescência, irradiando para baixo, alimentando e refrescando todos os céus e tudo na Terra.

Uma força inédita perfluiu o contemplador. Ele não podia tirar os olhos dessa visão, apesar de que o brilho o ofuscasse. Viu o abençoado, o salvador!

"Meu Senhor e rei!", exclamou em jubiloso anseio, não sabendo que tinha dito essas palavras. Nem sequer ouviu o tinir ao redor.

Lentamente o quadro se desvaneceu. O céu novamente se fechou em límpido azul. Mas a força que lhe fora outorgada ficou com ele! Essa o vivificava. Ergueu então a parte superior do corpo.

Conseguiu! Quis levantar-se, mas nada havia em que pudesse se apoiar. Teria de esperar até que os pequenos viessem. Esperar é o que agora tinha aprendido. Isso não lhe era mais tão difícil.

Nesse momento chegaram os pequenos; pareciam rejuvenescidos.

"O que aconteceu convosco!", exclamou Saadi.

"O mesmo que a ti", foi a rápida resposta. "A todos nós foi permitido receber da força que uma vez ao ano desce fluindo para a Criação inteira. É um sublime dia de solenidade na Terra, mas já esquecido por vós, seres humanos.

Todos nós, e os animais e as plantas, sabemos disso, assimilando a força conscientemente. A vós outros, também, ela é doada. Porém vós quase não mais a percebeis, e se percebeis algo que vos haja fortalecido, então não refletis sobre isso, nem de onde chega para vós!"

Alegraram-se por ele querer experimentar levantar-se. Hoje provavelmente seria possível. Depois de muitas tentativas infrutíferas, conseguiram que ele ficasse de pé.

"Só mais alguns dias de paciência, Saadi", animava-o um dos gnomos, "depois iremos buscar Trotador e poderás voltar a cavalo para casa."

Depois de alguns dias, de fato, trouxeram o animal, que demonstrou grande alegria ao rever seu dono. Com a ajuda dos prestimosos gnomos, Saadi conseguiu subir no cavalo.

Vagarosamente seguiu o caminho indicado pelos pequenos enteais. Como lhe era familiar sua cabana, e como era cômodo seu catre! Também o outro cavalo saudou-o com um alegre relinchar.

Depois chegou algo correndo apressadamente, com pés ligeiros e leves: a pequena gazela veio até a cama onde ele tinha se deitado com a ajuda dos homenzinhos.

"Como chegaste até aqui, gazelinha?", perguntou, acariciando o manso animalzinho.

Pareceu-lhe então poder entender a resposta:

"Quem puder esperar, a esse chegará tudo o que lhe estiver destinado. Se não tivesses saltado tão insensatamente atrás de mim, então já na floresta teria sido permitido que me pegasses."

"Permitido?", perguntou Saadi surpreso. "Quem te proibiu tal coisa?"

"O Senhor", respondeu o animal seriamente. "Tinhas de aprender comigo. Assim como eu cheguei a ti, porque me desejaste tanto, com teu coração puro, assim também reconhecerás o Zoroaster, quando o tempo tiver chegado. Nem uma hora antes."

Era uma novidade para Saadi poder entender o animal. Temia que este pudesse deixá-lo novamente, mas ele ficou, e a faculdade de se comunicar com a gazela crescia.

Quando, lentamente, começou a andar de novo, o ágil animalzinho da floresta pulava em sua volta, e ele não se cansava de admirar seus graciosos movimentos.

Mas o que aprendera com a gazela ainda lhe deu o que pensar. Será que não era certo ele próprio se esforçar? Deveria esperar sempre, até que as coisas desejadas caíssem em seu colo?

Até parecia que essa era a vontade de Ahuramazda, mas, no fundo de sua alma, Saadi sentiu intuitivamente que não era assim. Quem lhe tiraria tal dúvida?

O luminoso apareceu-lhe essa noite, sem ser chamado.

"Saadi, escuta! Há uma grande lei traspassando a Criação inteira: quem não semeia, também não deverá colher. Quer dizer: quem deseja possuir algo terá de se esforçar por isso.

Mas esforçar-se não quer dizer avançar impetuosamente, querendo forçar a realização de sua vontade sob quaisquer circunstâncias. A época em que o desejo se realiza, a época em que a colheita está madura, isso depende da vontade de Ahuramazda.

Quando o ser humano tiver feito o que a ele compete, então terá de esperar. Exatamente na hora determinada pelo sábio Deus, lhe será permitido receber aquilo que lhe couber. Isso é o que deves aprender!

Foi permitido conquistares a amizade do animal. Tua impetuosidade afugentou-o. Quando ficaste quieto, ele veio voluntariamente.

Podes esforçar-te para te tornares apto a conhecer Zoroaster e, com ele, sua missão sagrada. Mas, enquanto suspirares impetuosamente por tal data, ainda não estarás suficientemente preparado, e afastas cada vez mais de ti a concretização de teu desejo."

Saadi compreendeu tudo o que o luminoso ensinou e ficou grato a ele.

Deveria, pois, preparar-se na solidão, para tornar-se maduro. Isso é o que desejava. Almejava-o com toda a alma. Em profunda oração dirigiu-se a Ahuramazda para que lhe concedesse forças.

Só agora se tornava ciente da amplitude que a solidão lhe poderia proporcionar. Quando em oração e em calma expectativa pensava sobre uma pergunta, então, como que brincando, solucionava-se aquilo que lhe parecera insolúvel. Mais ainda: em seu ouvido vozes murmurantes transmitiam-lhe sabedorias, aprendendo sem esforços e ampliando cada vez mais a sua visão.

Já havia tempo que podia andar como antes. Também a ferida na cabeça não mais doía; estava cicatrizada. Sobre tudo isso passaram-se meses; ou seriam anos? Não prestara atenção ao tempo, perdera o controle de seus próprios anos de vida.

Certo dia, ao anoitecer, um forte temporal desabou, assemelhando-se àquele que o empurrara, em outra época, para a cabana do eremita. Relâmpago sobre relâmpago e o trovão ribombava tão forte, que Saadi não ouvia as batidas na porta. Então um dos gnomos puxou-o pela roupa, indicando a porta.

Surpreso, abriu-a. Durante aquele tão prolongado tempo, jamais chegara alguém. Hoje, porém, um viandante encontrava-se ali fora. Sua roupa estava encharcada, seu rosto irreconhecível.

Saadi nem sequer interrogou o visitante. Preocupou-se em proporcionar ao hóspede, o mais depressa possível, roupa seca e algo quente para beber.

Somente quando tinha preparado tudo para o estranho e o fogo queimava com chamas claras, Saadi olhou mais atentamente para o hóspede. Era um homem vistoso, aparentemente de casta ilustre, de meia idade.

As roupas molhadas, penduradas ao lado do fogo, eram de tecidos caros e ricamente bordados. Os traços de seu rosto eram bonitos. Saadi era um grande admirador da beleza, mas no rosto do forasteiro tinha algo que o repelia.

Automaticamente virou-se para ver os homenzinhos que pouco antes brincavam com a gazela. Haviam desaparecido, e o pequeno animal estava agachado, aparentemente dormindo, no canto mais escuro.

O estranho devia ter notado o olhar perscrutador de Saadi. Dirigindo-se ao anfitrião, com um sorriso esquisito, disse:

— Que achas, queres dar-me pouso por esta noite, ou devo voltar para o temporal, logo que tenha descansado um pouco?

— O senhor está acostumado a coisa melhor, disse Saadi, servindo-se sem querer desse modo formal de falar, modo que nunca tinha usado. Se, porém, o senhor se contenta com isto, seja bem-vindo sob este teto.

O estranho deu uma breve risada.

— Não me resta outra coisa, senão contentar-me; pois lá fora é decididamente bem mais incômodo. Tens algo para comer? Quero pagar-te.

— Neste lugar não é costume retribuir a hospitalidade com pagamento disse Saadi, recusando o oferecimento.

Calado, trouxe o que tinha em casa para comer e beber.

— Divide a refeição comigo, pediu o forasteiro.

Saadi estava com fome. Sentou-se junto à comida; antes, porém, elevou as mãos, como era seu costume, e agradeceu ao bondoso Deus por Suas dádivas.

O estranho tinha se levantado, abrindo um pouco a porta como se quisesse olhar para o tempo; voltou-se, então, com movimentos negligentes para o catre onde ambos haviam se acomodado.

— Oras sempre, ou fizeste-o agora por minha causa? perguntou sarcasticamente.

Saadi olhou surpreso para ele.

— Pode-se orar por causa de outrem? perguntou ele. Oro porque, do contrário, nenhum bocado teria sabor. O senhor nunca agradece quando recebe algo?

O estranho preferiu não responder, e começou a comer. Saadi não conseguiu comer. Não podia participar da refeição com o hóspede.

Sob o pretexto de precisar ver os cavalos, deixou a cabana, voltando somente quando estava seguro de o forasteiro já haver terminado a refeição.

E assim aconteceu. Numa pele, que havia tirado da cama e estendido ao lado do fogo, o hóspede estava deitado, olhando para as brasas.

Saadi pensou poder voltar para fora, sem ser visto, mas o estranho viu-o, chamando-o para seu lado. Parecia acostumado a comandar; seus movimentos eram imperiosos e como que dominantes. Contra a vontade, Saadi obedeceu, mas fazendo isso aumentou ainda mais sua antipatia para com o hóspede.

Acocorou-se ao lado do fogo, como se não quisesse ter nenhum contato com aquele homem. Este virou seu belo rosto para ele, rosto que, no reflexo vermelho das brasas, quase parecia reluzir, começando então a perguntar:

— Estás aqui voluntariamente, meu amigo, ou foste mandado para o exílio pelo príncipe Hafis?

Saadi não gostou de sua maneira de perguntar.

— Sou senhor de mim mesmo e posso fazer e deixar de fazer o que bem entendo, respondeu em tom revoltado.

O outro deu uma breve risada.

— Foste atingido em teu amor-próprio? escarneceu. Perdoa-me, se te feri. Não foi intencionalmente. Pois bem, vieste para a solidão, aqui, depois de bastante reflexão? Que motivo tiveste para isso?

— Vários motivos, respondeu Saadi, querendo levantar-se. O hóspede impediu-o.

— Não, fica ainda. Não precisas responder minhas perguntas, quando te forem incômodas. Não é curiosidade comum que me impele a fazê-las.

Põe-te em minha situação. Estou a caminho para a montanha, o temporal me apanha, e encontro uma cabana de eremita. Em lugar de um inculto beato, como era de se esperar, deparo com um moço, quase adulto, pertencente às mais altas castas, culto, talvez filho de um príncipe. Isso tem que provocar minha curiosidade!

E se agora souberes que estou viajando de um país a outro, incógnito, pois terás notado que não sou um homem simples, a fim de procurar uma pessoa para um encargo de responsabilidade na corte de um grande potentado, então compreenderás que eu *tinha* de te fazer perguntas.

Novamente o homem virou seu rosto em direção às brasas. Saadi viu-o de lado, viu as finas narinas palpitando por cima da boca bem traçada. Talvez o estranho não fosse ruim, como de início lhe parecera, mas apenas diferente das outras pessoas desse país.

— O senhor vem de longe? perguntou hesitante.

— Sim, de muito longe. O país para onde eu te quero levar é pomposo. É como um jardim de flores. Beleza se apresenta para onde quer que tua vista se dirija. Felizes são os seres humanos que ali vivem. Despreocupadamente passam seus dias, pois possuem tudo o que necessitam.

Aquela voz soava maravilhosamente! Como Saadi não tinha notado já antes esse som melodioso, insinuando-se no ouvido como música? De fato, ele ainda era um menino sem experiência alguma, deixando-se dominar tanto pela primeira impressão.

Automaticamente seus membros se tornaram mais frouxos, os quais mantivera como que colados rigidamente ao corpo. O estranho notou isso e um leve sorriso apresentou-se em seus lábios.

— Naquele país abençoado reina um sábio príncipe. Ninguém se iguala a ele em inteligência e intelecto...

— Ele também é bom? interrompeu Saadi tempestuosamente.

— "Ser bom" não é a mesma coisa que "ser inteligente", Saadi? perguntou o forasteiro com pouco caso, e quis prosseguir. Mas dentro de Saadi alguma coisa despertou, não o deixando calar.

— Inteligência é geralmente um dom de Anramainyu, disse esclarecendo. Nesse caso, porém, ela não está unida a "ser bom".

— Não estás pensando de modo algo mesquinho, amigo? perguntou o estranho, dirigindo em cheio seus belos olhos a Saadi. Esse olhar atingiu-o no âmago, magoando-o; Saadi sentiu isso nitidamente.

— Não compreendo o que estás entendendo como mesquinho, forasteiro; disse, usando inconscientemente, pela primeira vez, a forma direta ao falar-lhe.

Também isso o estranho logo notou.

— Provavelmente foste ensinado que tudo aquilo que foi trazido por Anramainyu é ruim. Se, porém, tu mesmo pensares sobre isso, reconhecerás que somente os seres humanos têm tornado mau o que em si é bom, sim, excelente até.

— Exatamente como com as dádivas de Ahuramazda, foi a resposta de Saadi.

Foi como se a cabana fosse iluminada por uma súbita claridade, quando pronunciou esse nome! Inconscientemente Saadi intuiu isso.

— Quando Anramainyu ou Ahriman, como ele prefere ser chamado, outorgou inteligência aos seres humanos, isso foi então uma dádiva maravilhosa. Altruisticamente, ele deu-a para favorecer os seres humanos. Aplicada corretamente, ela os ajuda a organizar melhor sua vida terrena e a utilizar mais sabiamente tudo o que a Terra produz e tudo o que lhes é conduzido em seu caminho.

Reflete, pois, Saadi: o que serias, se não tivesses a luz do intelecto? Queres falar de algo que não podes compreender plenamente. Já por esse motivo, seria bom para ti se ficasses em outro ambiente, onde poderias aprender a olhar as coisas também de outro modo. Muita coisa nova então se abriria para ti, tornando-te mais vigoroso para a luta da vida.

O estranho levantou-se. Saadi levantou-se também. O forasteiro então colocou a mão no ombro de Saadi. Como uma corrente de fogo, fluiu algo através do seu corpo.

Isso, porém, não foi nada de vivificante, como a força que às vezes fluía para ele, através do seu luminoso auxiliador. Narcotizante languidez foi o que Saadi sentiu.

Durante um momento entregou-se a tal sensação. Mas logo depois retesou-se, e a mão estranha caiu do seu ombro.

Novamente o hóspede começou a falar.

— Ainda não sei se serias capaz de ocupar o cargo vago. Mas cheguei a gostar de ti. Vejo que vastos campos ainda se encontram abertos, mas sem proveito em tua alma. Seria um prazer para mim colocar sementes aí, as quais produziriam magníficos frutos.

Faço-te uma proposta: vem comigo. Abandona a solidão por um curto prazo de tempo. Aprende a conhecer e a julgar a vida real. Só quando conseguires isso, serás capaz de decidir como organizar a tua vida. Mais ainda: de maneira nenhuma estarás comprometido. Ninguém te obrigará; sim, ninguém tentará persuadir-te. Poderás escolher livremente. Acredita que quero o melhor para ti.

Insinuante soava a voz, e sua figura e seu rosto pareciam brilhantemente belos. Mas Saadi não hesitou um momento sequer:

— Agradeço-te, senhor, por te lembrares de mim tão amavelmente, querendo ajudar-me em minha ignorância. Sei, sim, que o meu íntimo ainda está vazio, mas eu espero o mestre que me auxiliará a preenchê-lo. Não necessito da sementeira estranha. Meu caminho encontra-se nitidamente à minha frente!

De onde sabia isso, assim repentinamente?

— Espero pela chamada de Ahuramazda! A Ele eu pertenço, sou Seu servo! Ninguém me arrancará Dele!

O forasteiro estremeceu como se fosse golpeado. A recusa devia tê-lo atingido profundamente, parecia completamente decaído.

— Isto ainda não considero uma recusa, Saadi, disse mais baixinho do que até então. Muitas vezes, a noite traz decisões mais claras. Vamos dormir, amanhã poderás comunicar-me tua resolução.

Deitou-se sobre a pele, esperando que Saadi fizesse o mesmo. Este, no entanto, chamou a gazela e com ela deixou o recinto. Queria passar a noite no abrigo, junto aos animais.

Encostado aos corpos quentes não sentiu frio e era-lhe mais agradável ali fora do que em sua cabana, onde parecia haver uma atmosfera sufocante.

Não pensou mais no estranho, nem em seu oferecimento. Orou como era seu costume, e o sono levou sua alma para outras regiões, para fortalecê-la e alimentá-la.

Cedo, na manhã seguinte, levantou-se, foi buscar água e cuidou dos animais. Depois olhou para o quarto. O forasteiro parecia dormir ainda. Quieto, estava estendido ao lado do fogo apagado.

Saadi olhou-o com curiosidade. O que, no dia anterior, lhe havia parecido tão belo? Em verdade, os traços do rosto eram grosseiros, marcado por linhas acentuadas.

Então o hóspede acordou. Reconhecimento deslizou sobre a face, que de repente parecia transformada.

— Pois bem, Saadi, estás disposto a vir comigo? Podes emprestar-me teu cavalo de carga, até chegarmos ao povoado onde minha comitiva está a minha espera. Aí, vai se acabar a pobreza para ti, meu caro. O que desejares, será teu.

— Agradeço-te, senhor, por tuas boas intenções. Não posso seguir. Tenho de ficar aqui e esperar o Zoroaster.

Uma risada estrondosa e escarnecedora respondeu-lhe:

— Tolo, cego, o Zoroaster nunca cruzará teu caminho, mesmo que esperes até o fim de tua vida.

Mas a risada reacendeu na alma de Saadi todas as chamas que estavam dentro dela. Respondeu com orgulho e altivez:

— O senhor pode pensar e falar o que quiser. Não poderá me convencer. Para o hóspede, porém, seria mais correto não escarnecer de coisas que não entende.

— Então passa bem, seu tolo, seu bobão! exclamou o forasteiro, deixando o recinto sem ter tocado na comida que Saadi aprontara.

Este respirou aliviado. Foi até à porta, abrindo-a totalmente. Um outro ar deveria perfluir o quarto! Viu então o hóspede, já bem distante, desaparecer com passos apressados, como se alguém o perseguisse. "Que bom que ele foi embora!"

Saadi sentou-se em frente à cabana e começou a comer. Sua refeição era modesta, consistindo em água, cereais, nozes e um tipo de fruta-pão. Muito feliz, comeu contente por não precisar dos pratos opulentos que o estranho sedutoramente lhe tinha oferecido.

Subitamente seus pequenos amigos estavam de novo junto dele. Ele repreendeu-os:

"Onde estivestes ontem à noite? Eu me senti tão só e não viestes!"

"Tinhas uma visita, Saadi", lembraram. Mas ele não concordou.

"Esse era um perturbador e não um visitante bem-vindo. Teria ficado grato se tivésseis me ajudado."

"Não nos era permitido, Saadi", esclareceram. "Tinhas de te arranjar sozinho com ele. Tu mesmo deverias reconhecer de que espírito ele estava falando."

"De nenhum bom!", afirmou Saadi. Depois, porém, ocupou-se com outras coisas. Queria esquecer aquele forasteiro.

Passaram-se meses em harmonia e feliz aprendizagem. Saadi tentou dominar sua impaciência. Queria esperar até que o Zoroaster chegasse. Como é que o visitante falara daquela vez? "Nunca o Zoroaster cruzará o teu caminho!" O que é que o estranho saberia do preparador do caminho? Saadi não se deixou enganar. Um dia o prometido viria.

Levemente bateram na porta. Antes que pudesse chegar até ela para abrir, um homem velho, de cabelos brancos, entrou. Uma roupa rústica cobria-lhe o corpo, e seus pés estavam envoltos em couro.

Apesar dessa roupa rudimentar, o homem não tinha aspecto de pobreza. Seus movimentos eram ágeis e juvenis. Modestamente parou, depois de poucos passos, e pediu algo para comer e beber.

Saadi convidou-o a descansar no banco. Depois lhe trouxe o que no momento tinha à disposição. O velho elogiou a qualidade das frutas e a limpa e refrescante água. Comeu vagarosamente, olhando ao redor.

Quando se refez, começou a falar. Perguntou a Saadi seu nome e idade, parecendo alegrar-se com esta última. Depois quis saber por que um homem tão jovem tinha se retirado para a solidão.

Algo em Saadi o advertiu para não falar livre e desimpedidamente. Assim, deu como resposta:

— Quero poder viver um tempo exclusivamente com meus pensamentos.

— Não está certo desviares perguntas bem-intencionadas, meu amigo, censurou o velho. Sei muito bem que toda a tua vida é uma espera.

— Pode ser que estejas com razão, concordou Saadi, mas isso é assunto exclusivamente meu.

— E daquele por quem estás esperando, soou a rápida resposta. Surpreso, Saadi olhou para o visitante, em cujos olhos lampejou uma irradiação de fogo juvenil. Seria esse o Zoroaster? Mas este era um homem velho. Saadi ainda não estava certo do que devia pensar; aí, o velho falou com ênfase:

— Fui mandado para cá por forças extraterrenais, para procurar alguém que espera pelo Zoroaster. Estás me devendo a resposta: és tu esse homem?

Com todos os membros tremendo de agitação, Saadi respondeu:

— Sim, eu espero o preparador do caminho. Onde está ele?

— Então olha para cá! exclamou o velho, arrancando os cabelos brancos juntamente com o pano da cabeça. Eu sou aquele por quem estás esperando!

Um homem jovem, mais ou menos de sua idade, estava diante do atônito Saadi.

Sempre que Saadi imaginava esse encontro, tinha certeza de que, completamente comovido, deveria cair de joelhos perante aquele que finalmente encontrava. Um elevado e grande sentimento intuitivo deveria levá-lo às alturas luminosas; assim é que tinha imaginado isso. E a realidade era totalmente diferente!

Ficou surpreso e sentiu grande decepção. Criticou a si mesmo por não sentir dentro de si a jubilosa alegria que sempre o tinha preenchido, quando pensava no encontro. Estava prestes a chorar!

Ficou calado diante do preparador do caminho. Então, este recomeçou a falar. Com amável indulgência criticou a imobilidade de Saadi.

— Em verdade, Saadi, imaginei isto de modo diferente. Depois que fiquei sabendo que há tanto tempo estavas fielmente esperando por mim, alegrei-me por encontrar-te, finalmente. Por isso, cheguei também disfarçado, para que a surpresa fosse tanto maior, e agora ficas calado e imóvel. Não queres mais ser meu servo e ajudante?

Saadi finalmente conseguiu falar:

— Se tu és o Zoroaster, irei contigo para onde quiseres. Serei teu servo, pois só assim poderei servir ao Saoshyant, que preenche minha alma.

Impacientemente o outro exigiu:

— Pois bem, apressa-te. Vem comigo! Podes levar teus cavalos. Além disso, certamente, nada possuís que te interesse. Como meu servo, terás de ser pobre, assim exige nossa profissão. Farás isto, Saadi?

— Posso ser pobre, e posso ser rico, assim conforme for a vontade de Ahuramazda, de meu Deus! respondeu Saadi seriamente, mas não se movimentou.

— Vem então, Saadi! apressou o outro. Como meu servo terás que saber obedecer. Há pouco tu mesmo disseste que querias ser meu servo!

Isso soou quase ameaçadoramente.

De onde vinha a Saadi a coragem, e de onde lhe afluíam as palavras? Serenamente levantou o olhar e falou singelamente, porém com ênfase:

— Falei: *se* és o Zoroaster! Prova que és!

— Terás que sentir isso, Saadi, respondeu o outro impacientemente. Como devo provar isso?

— Fala-me do Saoshyant!

— Para isso teremos ainda muito tempo no caminho. Tenho pressa em prosseguir. Mas quero dizer ainda uma coisa. Escuta: agora me acompanha. Eu te contarei tudo o que quiseres. Se então ainda não ficares contente, poderás abandonar-me!

Saadi arregalou os olhos. Horrorizado fitou o outro:

— Quem és tu? Não és o Zoroaster! Se fosses o preparador do caminho, eu o saberia, pois me foi prometido ver o Zoroaster de tal modo que não haveria dúvidas para mim. Se fosses o Zoroaster, logo terias refutado com indignação minhas dúvidas. O fato de quereres fazer uma negociata comigo está me provando que és um mentiroso. Sim, és um mentiroso! – exclamou fora de si.

Saltou para a porta, abrindo-a violentamente:

— Fora daqui, espírito mau, seja lá quem fores! Fora!

Apressadamente o visitante obedeceu, mas lá fora voltou-se e exclamou, escarnecendo:

— Vais te arrepender por expulsares o Zoroaster de tua porta. Perdida será tua vida doravante!

E logo a figura havia desaparecido numa curva do caminho. Respirando profundamente, Saadi encostou-se na parede de pedras de sua cabana.

"Expulso o Zoroaster!", repetiram seus lábios, sem pensar em algo. "E, se, apesar de tudo, fosse ele?"

Pensativamente ficou assim parado um longo tempo; depois levantou a cabeça.

"Se esse era o Zoroaster, então ele não é digno de anunciar a ti, ó irradiante herói! Não, não era ele! Sua boca deveria ter transbordado em louvor a ti, ó salvador dos seres humanos! Se fosse ele, deveria ter conhecimento de ti. E quem poderá conhecer-te, sem te adorar em cada respiração?"

"Tens razão, Saadi", soou então a voz do luminoso. "Esse foi um espírito mau, que veio para te desviar do caminho certo. Passaste pelo teste. O saber sobre o Saoshyant está firmemente encravado em tua alma. Em breve estarás preparado completamente."

"Isso foi um teste?", balbuciou Saadi. "Foi a visita do estranho, meses antes, talvez igualmente uma prova?"

"Sim, Saadi, ambos os casos foram provas impostas a ti pelo espírito mau, porque tua pureza não servia a seus planos. Queriam desviar-te de teu caminho."

"Sou grato a Ahuramazda, que me outorgou forças para resistir!", disse simplesmente Saadi.

Ambos permaneceram calados, depois o luminoso perguntou bondosamente:

"E nem perguntas, Saadi, por que o sábio Deus permitiu que fosses posto à prova tão duramente?"

"Não me compete perguntar", respondeu Saadi com simplicidade. "O que Ahuramazda determinar ou permitir constitui a mais sublime sabedoria, perante a qual eu me curvo com veneração e agradecimento."

"Saadi, Saadi!", disse o luminoso auxiliador, e emoção vibrou através de sua voz. "Estás devidamente preparado para reconhecer o Zoroaster e sua missão. Não passará mais muito tempo, e então te será permitido iniciar tua incumbência."

"Agradeço, pois, a Ahuramazda, por minha espera ter um fim", murmurou Saadi, ajoelhando-se em adoração.

Longo tempo permaneceu assim. Quando se levantou, o luminoso havia desaparecido. Saadi, porém, começou a viver jubilosamente. Seu caráter fogoso irrompeu novamente.

Cheio de júbilo, percorreu a floresta até o córrego, chamando pela ondina. Queria contar-lhe que em breve seu tempo de espera terminaria.

O gracioso rostinho sorriu para ele:

"Já sei, Saadi", disse ela alegremente. "A mim já foi permitido ver Zoroaster."

"Tu, tu o viste!", exclamou Saadi, quase com inveja. "Onde está ele?"

Então, rindo, ela desapareceu:

"Espera e ora!"

"Se a ondina já o viu, então deve estar por aqui, não muito longe", raciocinou Saadi, cujo íntimo estava alvoroçado. "Vós, pequenos", chamou em altos brados, "também já o vistes?"

Todo um grupo de homenzinhos auxiliadores dançava em seu redor:

"De fato! A nós também já foi permitido vê-lo. Nem está tão longe!" E saíram correndo.

"Se ele está tão perto, não devo deixar mais a cabana." Apressadamente voltou para lá. A gazela veio aos pulos ao seu encontro, esfregando confiantemente a fina cabecinha em seu braço.

"Será que tu, por fim, também já o viste?", perguntou ele.

Mas a gazelinha ficou muda. Dirigiu seus grandes olhos para o rapaz que tinha se tornado seu amigo. Nisso, ele leu a tristeza da breve separação.

"Tens razão, bichinho", disse, ficando mais calmo, "teremos agora que nos separar. Não poderei levar-te comigo."

Serenamente se sentou em frente da cabana, ao lado do animal, e começou a refletir.

No fundo, até devia ser grato ao espírito mau que o havia testado. Desse modo ficou sabendo que o Zoroaster estava perto e, ele mesmo, suficientemente preparado para então poder auxiliá-lo.

Quem seria aquele que o procurara na figura do falso velho, pela manhã?

Provavelmente um dos sequazes de Anramainyu, talvez Druj, a mentira? Seja lá quem for, Saadi tinha que pensar sobre coisa melhor! Em breve saberia algo definitivo sobre o Saoshyant.

Sempre de novo relembrava os quadros que lhe fora permitido ver. Não percebia como o sol estava desaparecendo, adquirindo o céu a coloração azul-escura e aparecendo os astros. Já muito antes, a pequena gazela tinha procurado o calor de seus companheiros no abrigo. E ele continuava sentado, meditando.

Sua alma tinha caminhado para longe do invólucro corpóreo. Ela não estava ciente disso. Sua vontade de servir e seu anelo pela Verdade tinham se tornado sobremodo poderosos nela, elevando-a para reinos mais luminosos. Ela estava procurando aquele a quem lhe era permitido servir. E seu anseio teve resposta.

Mais uma vez lhe foi permitido ver um quadro; mais nítido e mais belo, como jamais havia visto, pois a alma se encontrava um pouco mais próxima da origem daquilo que viu.

Novamente o céu se abriu, apresentando-se um maravilhoso recinto. Figuras brancas elevavam-se, parecendo suportar o teto, mas este era invisível, devido ao brilho e magnificência que irrompiam de cima.

No meio do recinto havia um trono de ouro. Nele estava sentado alguém, cuja irradiação era tão poderosa, que os olhos da alma quase não podiam olhar para lá. Mas exatamente ele é que a alma queria ver! Pois ele era o herói irradiante! O salvador! O Saoshyant!

"Como és magnificente e maravilhoso, ó Senhor e rei!", exultou a alma, prostrando-se ali mesmo onde estava.

Mas ela mantinha o olhar dirigido para cima. E viu que os raios atrás do salvador se cruzavam. Quase lhe pareceu ser o salvador mesmo essa cruz áurea, a qual logo depois parecia pairar novamente atrás dele.

Acima do Saoshyant estava o maravilhoso pássaro no mais puro branco. Na mão, o herói segurava a espada.

A alma olhou e adorou. Então, luminosas figuras femininas colocaram-se ao lado do Saoshyant. Surgiu uma incandescência de vislumbre róseo do lado direito do herói. Ali, em imensidão, as rosas pareciam entrelaçar-se. No meio delas havia uma graciosíssima mulher parecendo uma rosa tornada criatura humana, cujos olhos irradiavam no mais puro brilho de amor.

"Ó maravilhosa mulher, rainha do amor!", murmurou a alma, exultante de alegria.

De frente, aproximou-se uma mulher alvíssima, luminosa e delicada. Segurava maravilhosas flores brancas. Entes luminosos flutuavam em seu redor.

Ela ajoelhou-se aos pés do rei, atrás do qual, no mesmo momento, apareceu uma terceira figura de mulher, com um véu, envolta num manto azul-escuro e com uma radiante coroa na cabeça. Os raios dessa coroa, no entanto, uniam-se àqueles do rei.

Da alma de Saadi, totalmente subjugada, elevou-se uma ardente oração:

"Senhor e rei, deixa-me servir-te na Terra!"

Aí soou uma voz poderosa, porém contida, fazendo estremecer a alma de Saadi até as profundezas:

"És escolhido para servir-me, preparador do caminho do salvador!"

Como o rei o chamou? Preparador do caminho do salvador! Sentiu-se atordoado, mas a alma dominou qualquer emoção, para não perder nenhuma daquelas palavras sagradas.

"Tu te preparaste com pureza, serve com pureza! Comunica à humanidade, comunica a teu povo que o filho de Ahuramazda virá para julgar o mundo e que conduzirá os fiéis a Garodemana.

Estás apto a transmitir bênçãos, e a bênção do Altíssimo te acompanhará, meu servo, meu preparador do caminho!"

Mais uma vez a sagrada voz o chamava assim. Alma, és capaz de assimilar tanta felicidade? A alma sentiu-se muito pequenina. O que representava todo seu querer e todo seu servir em comparação a essa indizível graça?

"Senhor e rei, eu prometo, pois nada mais quero do que ser teu servo e obedecer-te em todas as coisas. Senhor e rei, eu te agradeço!"

Trêmula de felicidade a alma assim falou, acrescentando ainda, com o sentimento intuitivo a transbordar:

"Ó vós sagrados, luminosos! Eu vos agradeço, pois a mim, pobre ser humano, foi permitido ver a todos vós. Também quero ser vosso servo. Saadi nada mais é, o Zoroaster será tudo."

Lentamente o quadro celeste se apagou, lentamente a alma de Saadi voltou para seu invólucro terreno abandonado. Com um leve estremecimento, Saadi despertou na Terra.

"Entra, Zoroaster!", saudaram as vozes dos pequenos enteais. Quase com veneração, acompanharam-no para sua cabana, onde a gazela já estava esperando por ele. Agradeceu a todos, depois se sentou e começou a raciocinar sobre tudo o que acabara de vivenciar.

Seria possível ser ele mesmo o Zoroaster? Ele, o pobre Saadi, filho de um criador de cavalos? Ele, o ignorante Saadi?

Mas os lábios mais sagrados não tinham falado isso? Não tinham ouvido isso, também, as puras e luminosas mulheres? Ele o tinha chamado de preparador do caminho! "Seu" preparador do caminho!

Não devia ser servo do Zoroaster, mas servo do Saoshyant, do abençoado, do sagrado! Nenhuma palavra lhe era suficientemente elevada para louvar aquele ao qual lhe fora permitido ver e para quem sua alma vivia.

Uma tênue luz de raios invisíveis teceu-se em sua volta: o guia luminoso saudou-o.

"Bênção sobre ti, preparador do caminho do Senhor de todos os mundos! Procuraste fielmente, agora te foi permitido encontrar! Semeaste com humildade, colherás força!

Findou o teu tempo nesta cabana. Amanhã serás conduzido a um outro lugar, conforme a vontade de Ahuramazda, para que possas aprender o que ainda te falta em sabedoria e reconhecimento.

Aprende e assimila o que puderes. Apenas aquilo que adquire vida em ti mesmo perdurará nas tempestades que igualmente não te faltarão, mas também isso poderás transmitir aos seres humanos.

Quando, porém, a compreensão se tornar demasiadamente difícil para ti, ou o caminho excessivamente escuro, então chama por mim. Não chamarás em vão, enquanto servires com pureza."

Nessa noite Saadi nem pensou em dormir. Nele palpitavam alegria, esperança, agradecimento e impetuosidade para começar a servir. Isso criou um sentimento de bem-aventurança.

Cedo, na manhã seguinte, pôs o que era necessário no cavalo de carga e selou Trotador. Depois correu até a água para ver a ondina pela última vez. Mas ela não apareceu.

Com os vasilhames cheios, voltou para sua cabana; aí estavam dois de seus pequenos auxiliadores, prontos para conduzi-lo. Ainda uma breve despedida da gazela – e agora podia ir ao encontro de uma nova vida. Não mais Saadi – de agora em diante, sempre, Zoroaster.

Cada um dos pequenos auxiliadores pegou nas rédeas de um cavalo. Seguramente conduziam os animais nos trechos sem trilha.

Quando o sol estava no ponto mais alto, já haviam deixado as montanhas atrás de si, procurando caminhos sombreados numa extensa floresta. A Zoroaster parecia difícil respirar o ar da planície. Mas teria de se acostumar a isso.

Na saída da floresta estavam outros enteais, prontos para assumir a incumbência de guiar.

"Não nos é permitido continuar a conduzir-te, Zoroaster", disseram seus pequenos amigos de até agora. "Cada tribo tem a sua região. Mas esses auxiliadores te servirão com fidelidade, da mesma forma como nós o fizemos. Nós agradecemos por teres sido nosso amigo."

Como num sopro, desapareceram imediatamente. Os outros, porém, conduziam os cavalos com a mesma mão firme. À noite, Zoroaster teve de pernoitar ao relento. Estava acostumado a isso e o fez de bom grado.

Dessa maneira cavalgou durante vários dias. Intencionalmente os pequenos evitavam todos os povoados.

Certo dia, porém, desviaram-se das florestas protetoras, seguindo o caminho que beirava um rio. Zoroaster procurou descobrir a ondina desse rio, mas nada enxergou além de ondas turvas e revoltas, que seguiam naturalmente seu curso.

Finalmente perguntou por ela aos pequenos. Riram-se.

"Este rio é muito pisado por rebanhos de gado. Pensas que a ondina ou o Neck[*] gostam de habitar numa água tão turva? O senhor deste rio retirou-se para cima, até a nascente. Quando a água estiver novamente limpa e clara, ele também descerá até a planície. Isso ele faz raramente, pois não gosta do fluir lento do rio na planície."

Calado, Zoroaster cavalgou durante um longo tempo, quando um dos pequenos lhe mostrou diversas cabanas, que bem juntas ladeavam uma espécie de pequeno bosque.

"Ali está teu alvo, Zoroaster. Até aqui tínhamos de conduzir-te. Permaneceremos ali também perto de ti, pois nos tornamos teus amigos. Se precisares de nós, chama. Viremos, se não for contra a vontade de Ahuramazda."

"Aceitai meus agradecimentos, pequenos enteais, eu vos chamarei", afirmou Zoroaster.

---

[*] Enteal masculino que se encontra nas águas límpidas de nascentes, rios, riachos, etc.

Olhou atentamente para seu novo lar. Quanto mais se aproximava, tanto maiores pareciam as cabanas. Eram edificações vistosas, construídas cuidadosamente, e com certo senso de beleza.

Logo na primeira, os pequenos fizeram os cavalos parar e desapareceram. Antes que Zoroaster soubesse o que deveria fazer, abriu-se uma porta e um servo saiu. Devia estar servindo um senhor nobre, pois estava rica e pomposamente vestido.

— Entra, preparador do caminho do Saoshyant, cumprimentou-o o homem, com muitas e profundas reverências.

Isso era para Zoroaster algo tão novo, que, sem querer, olhou em redor para ver a quem era dirigida essa saudação. Então lembrou-se e apeou do cavalo, entrando na cabana junto com o servo. Esta consistia aparentemente em vários aposentos.

O primeiro que atravessaram, caminhando sobre esteiras macias, estava extraordinária e ricamente instalado. Por toda a parte apresentava-se beleza, mas Zoroaster agora não dava atenção a isso.

O servo afastou uma cortina em forma de esteira, convidando Zoroaster para entrar em outro aposento um pouco menor. Neste estava sentado, num largo divã coberto de peles, um homem muito idoso, de cabelos totalmente brancos.

— Dschajawa, jubilou Zoroaster, e correu para cumprimentar o venerável ancião, que lhe estendeu as mãos trêmulas.

— Desculpa, meu filho, por não me levantar para receber o preparador do caminho do salvador, assim como é devido. Sou velho e meus membros falham. Mas Ahuramazda prolongou o número de meus anos, para que me seja permitido servir-te, ó abençoado.

— Posso agora ficar contigo, Dschajawa? perguntou Zoroaster muito feliz.

— Sim, por enquanto deves ficar aqui, para te acostumares às pessoas e à tua missão, depois da total solidão, meu filho.

Em seguida vieram os servos, que acompanharam Zoroaster a um aposento ricamente mobiliado a ele destinado. Mais tarde lhe serviram comida e bebida, e depois então pôde voltar a Dschajawa.

— Hoje quero que fiques exclusivamente a meu lado, Zoroaster, declarou-lhe o ancião. Tens de me contar sobre tua vida. Talvez possa te esclarecer ainda umas tantas coisas que tiveste de deixar de lado provisoriamente, por não te serem compreensíveis.

— Não terminaremos isso hoje, afirmou Zoroaster com franqueza.

— Então pergunta o que lembras no momento.

— Posso perguntar sobre tudo, meu pai? quis saber Zoroaster.

— Podes perguntar por tudo; porém talvez eu deixe para o futuro algumas respostas.

— Então quero perguntar o que mais me ocupa: o herói irradiante, ele próprio, disse que é o filho de Ahuramazda, e o eremita me afirmou que ele é o filho do príncipe Ara-Masdah. E mais, os enteais estavam falando do herdeiro do príncipe!

Zoroaster suspirou; pois pensando nisso tudo, sua cabeça ficou confusa. Mas corajosamente continuou:

— Sei, com absoluta certeza, que o herói irradiante me disse a verdade. Ele é o filho do supremo Deus. Agora, pois, eu poderia afastar todo o restante, mas algo em mim diz que também aquilo é verídico. Sabes disso, meu pai? É permitido que me esclareças isto?

Suplicantes, os olhos de Zoroaster estavam dirigidos para o velho.

— Sei disso, meu filho, e posso dizer-te que também aquilo que o eremita e os gnomos disseram é verdade. Mais tarde saberás as respectivas conexões. É ainda um grande mistério para os seres humanos. Dá-me a cápsula que naquele dia pus em teu pescoço, então verás que também esta verdade deves ouvir um dia.

Rapidamente, Zoroaster tirou a cápsula da corrente de ouro que se encontrava por baixo de sua roupa, puxando conjuntamente a pedra que recebera outrora do outro homem. Quando quis repô-la, Dschajawa perguntou:

— Que significa essa pedra? Quem te deu?

O mais breve possível, Zoroaster contou sobre aquele homem. Dschajawa acenou com a cabeça e disse depois:

— Mais tarde te contarei também sobre essa pedra. Hoje será suficiente saberes sobre o conteúdo da cápsula. Olha!

As mãos de Dschajawa abriram cuidadosamente a jóia. Dentro achava-se a Cruz irradiante, feita de ouro, como Zoroaster tinha visto em imagem.

— Esta é a Cruz do Saoshyant, disseram ambos ao mesmo tempo. O ancião, porém, acrescentou:

— É a Cruz da Verdade eterna, como nos foi transmitido já desde tempos remotos. Quem portar esta Cruz a este é permitido ficar ciente da Verdade. Tu também poderás ouvi-la, quando o tempo para isso chegar.

Zoroaster guardou a cápsula cuidadosamente sob a roupa, tornando-se duplamente valiosa depois de ter visto seu conteúdo. Conversaram ainda um pouco, separando-se a seguir para dormir.

No dia seguinte Zoroaster ficou sabendo que as edificações ali existentes pertenciam ao príncipe Hafis, o qual gostava de vir a esse lugar na época mais quente do ano, para descansar. Assim, Zoroaster, na realidade, era seu hóspede.

Alegrou-se em poder rever o bondoso príncipe, que era esperado ainda nesse dia.

— Também ele se alegrará em te ver, meu filho, assegurou Dschajawa. Hafis mal podia esperar que o pequeno Saadi encontrasse o Zoroaster.

— Sabíeis, então, que eu próprio o era? perguntou Zoroaster admirado.

— Sabíamos; o atravan havia contado ao príncipe Hafis. Eu, porém, da mesma forma que o atravan, fiquei sabendo disso através de uma mensagem do alto.

— Então todos vós sabíeis o que ainda estava oculto para mim, disse o preparador do caminho pensativamente. Como o meu caminho foi conduzido tão maravilhosamente pela bondade e graça de Ahuramazda.

Ouviu-se um tropel de cavalos, altos e alegres gritos e o rebuliço que sempre se dá quando alguém chega.

Depois o príncipe Hafis entrou pela soleira e correu alegremente ao encontro de seu hóspede. O príncipe envelhecera visivelmente. Os traços de sua fisionomia tornaram-se mais másculos, porém os olhos tinham conservado o brilho bondoso que sempre atraíra o jovem Saadi.

Perguntas e respostas foram trocadas rapidamente. Notou-se que o príncipe Hafis se alegrou sinceramente com esse encontro.

Zoroaster quis agradecer-lhe por tudo quanto fizera para ele. Rindo, Hafis recusou.

— Não sabes como fiquei feliz por ser permitido, exatamente a mim, auxiliar e ser útil ao preparador do caminho! disse rindo. Esperei ansiosamente esses longos dez anos pelo atual momento.

— Dez anos? balbuciou Zoroaster completamente atônito. Foram realmente dez anos que permaneci na solidão? Pareceram-me como se fossem dez meses!

— Para nós pareceram mais longos, afirmou Hafis, e teu aspecto exterior mostra que o adolescente se tornou um homem. És vistoso! Deves, porém, vestir-te de modo diferente. Essas peles não são mais adequadas para um preparador do caminho do rei de todos os reis.

A um chamado, vieram os servos com pomposas roupas, que já estavam prontas. Mais tarde Zoroaster teve que vesti-las, e Hafis alegrou-se com seu aspecto.

Também o preparador do caminho alegrou-se, mas considerou essa alegria quase imprópria. Aí Hafis lhe fez ver a quem, a que elevado Senhor, estava servindo.

— Pela pompa da roupa dos servos avalia-se o amo, não esqueças disso, Zoroaster, exortou ele. Depois acrescentou novamente em tom alegre: Dá-me alegria que existam algumas coisas terrenas que eu ainda te possa ensinar, se não, deveria envergonhar-me verdadeiramente diante de ti.

Uma vida totalmente nova iniciou-se para aquele que estava acostumado à solidão. Príncipe Hafis empenhou-se em ensinar-lhe a conhecer a vida dos nobres.

Como hóspede do príncipe, teve que participar de recepções e de festas. Aprendeu a movimentar-se desembaraçadamente e logo se familiarizou com os costumes; antes de tudo, porém, observava com atenção. Parecia-lhe poder ver os pensamentos das pessoas, os quais muitas vezes não estavam de acordo com suas ações nem com seu modo de falar.

Então ficava com vontade de mostrar-lhes sua falsidade, mas intimamente algo o impedia. Tal não compreendia. Certa noite chamou pelo seu guia luminoso, a fim de consultá-lo a esse respeito.

Afavelmente este lhe perguntou:

"Qual o resultado que esperas, ao dizer às criaturas humanas que não estão falando a verdade?"

"Terão de ficar cientes de que não se acredita nelas. Aí deixarão de fazer isso em outra ocasião."

"Achas, realmente, Zoroaster? Pois bem, na próxima oportunidade poderás falar sem hesitar o que estás sentindo intuitivamente. Disso aprenderás mais do que agora, mesmo que eu te esclareça prolongadamente."

"Quero perguntar-te ainda uma coisa, ó luminoso", pediu Zoroaster, "pois ainda é tempo de aprendizagem para mim. Está certo reter sem nada anunciar daquilo que minha alma sente?"

"Por enquanto estragarias mais do que auxiliarias. Em tempo certo teus lábios se abrirão para anunciar o mistério divino", falou o mensageiro solenemente. Depois deixou o aluno sozinho.

Tendo agora recebido licença para falar, Zoroaster ficou quase receoso. As duas primeiras oportunidades que surgiram não lhe pareceram suficientemente importantes para desmascarar o homem mentiroso. Queria esperar por algo maior. E isso aconteceu.

Um dos príncipes dependentes de Hafis mandou uma mensagem dizendo que lhe seria impossível, dessa vez, pagar o tributo devido. O emissário discursou longamente, relatando que más colheitas e mortalidade do gado tinham empobrecido a região. Logo que as coisas melhorassem, o tributo seria liquidado.

O príncipe Hafis percebeu que o emissário estava dizendo mentiras, mentiras bem pensadas, mas acautelou-se para que o mesmo não percebesse.

Quanto mais calmo ficasse e quanto mais despreocupadamente o estranho se portasse, tanto melhor, pois Hafis poderia pensar sobre sua futura atuação. Amavelmente continuou sentado no assento que ali lhe servia de trono, deixando o estranho falar ininterruptamente.

Subitamente, então, ecoou a voz clara de Zoroaster:

— Não confies nele, príncipe Hafis! São mentiras que ele profere. Seu amo nem pensa em te pagar o tributo uma vez sequer. É apenas uma tentativa para saber até onde acreditas nele!

Hafis assustou-se e pediu que se calasse. Zoroaster, porém, considerou o susto como sendo o reconhecer repentino daquilo que ele havia dito ao príncipe. Queria comunicar ainda mais ao pobre príncipe assim enganado. Novamente começou:

— Vejo os pensamentos do emissário como vermes nocivos se movimentando em tua volta, príncipe Hafis. Manda-o embora para que o ar, aqui, novamente se torne puro!

Os cortesãos ficaram como que estarrecidos. Como o mais novo podia ousar tal coisa!

Hafis, contudo, levantou-se. Com voz calma pediu a Zoroaster para não se intrometer nas negociações. Sim, mais ainda: pediu ao emissário não dar ouvidos àquilo que o afoito jovem tinha falado.

Enraivecido, Zoroaster deixou o aposento. Colocou os arreios no Trotador, sem solicitar ajuda dos servos, e cavalgou.

Era esse o agradecimento do príncipe pela advertência tão bem-intencionada? Sabia que tinha visto de modo certo. Hafis não deveria ter aproveitado a verdade a ele revelada, mandando embora o mensageiro? Jamais Zoroaster compreendera tão pouco o mundo!

Chamas de revolta ardiam nele. Teve de cavalgar um longo tempo, até poder novamente refletir direito. Depois dirigiu Trotador de volta para casa.

Não queria ficar afastado da refeição, como um menino repreendido. Com os pensamentos mais calmos, lembrou-se das palavras do luminoso, "que de todas as experiências deveria tirar proveito e respectivo ensinamento".

O que deveria aprender hoje? Que não deveria intrometer-se? Sim, mas então não poderia ter mostrado ao mensageiro que suas más intenções haviam sido descobertas. E o luminoso lhe dera permissão para falar!

Agira assim, e agora o príncipe o maltratara! Nesse momento percebeu que sua raiva se referia à maneira pela qual Hafis tinha recebido a advertência. Portanto, tinha sido o amor-próprio ferido que o irritara.

87

Isso era digno de um Zoroaster? Não queria o preparador do caminho depositar todo o seu "eu" inteiramente nos degraus do trono celeste? E, agora, esse "eu" sentia-se ferido! Isso estava errado.

Não devia estar com raiva de Hafis e de modo algum ficar triste com ele por não ter dado ouvidos a sua advertência. Advertira-o, e Hafis podia fazer com isso o que bem entendesse.

Acalmado e até um pouco envergonhado, voltou, mas não queria encontrar com o estranho mensageiro que talvez agora deixasse a casa. Por isso, escolheu um caminho raras vezes utilizado e que conduzia, pelo lado de trás, aos abrigos dos cavalos.

Escutou, então, vozes discutindo acaloradamente.

— Precisamos nos acautelar com Zoroaster, disse uma. Se realmente ele pode ver nossos pensamentos, teremos de camuflá-los melhor ainda do que até agora.

— Ainda não acredito que ele possa ver tudo, respondeu a outra ponderando. No caso do mensageiro todos nós tínhamos percebido como mentia grosseiramente. Para isso não era necessário muita argúcia. Mas tens razão, será melhor não dar oportunidade a uma nova experiência. Pode-se obrigar os pensamentos a mentir. Não crês também que possa ser assim?

Os dois afastaram-se rindo. Mas Zoroaster sentiu um calafrio percorrer-lhe o corpo. O que é que teve de escutar?

Pensara que mostrando saber ler os pensamentos conseguiria induzir os seres humanos a meditar, a fim de que não deixassem mais surgir pensamentos errados dentro de si. E agora pretendiam mentir até em pensamentos e obrigar a si próprios a pensar de maneira mentirosa.

Tornaram-se, assim, piores ainda. Disso, então, tornou-se culpado!

"O que poderia fazer para corrigir isso? Por que não me calei?" Isso era tudo o que podia pensar e balbuciar enquanto cuidava de Trotador. No caminho para o seu aposento encontrou um servo que o procurava a chamado de Hafis.

Como poderia enfrentar o príncipe? Dentro dele, tudo ainda se achava em rebuliço. Já estava pronto a mandar dizer que iria mais tarde, quando subitamente caiu em si:

"Isto seria uma covardia!"

Virou-se e seguiu o servo. Hafis recebeu-o com a costumeira amabilidade. Viu como Zoroaster tinha sofrido e teve pena do inexperiente moço.

— Pedi que viesses aqui, Zoroaster, falou bondosamente, porque não quero que surja entre nós um momento sequer de incompreensão. Agi hoje de tal maneira, que não podias me compreender. Quero explicar-te agora.

O outro interrompeu-o impetuosamente.

— É minha vez de te pedir desculpas, Hafis, desabafou ele. Fiz tudo errado. Tive boas intenções, mas tudo estava errado, muito mais errado do que podes imaginar, acrescentou quando notou que o príncipe queria desculpá-lo.

— Certo, tua atuação foi errada, Zoroaster, concordou o príncipe. A melhor boa vontade desculpa-se, sim, mas não se pode desfazer erros cometidos. Deixa-me explicar o caso e procura ouvir sem interromper. Então verás mais claramente.

Durante toda a reunião, certamente, não havia ninguém que não tivesse percebido como o mensageiro mentia grosseiramente. Eu, porém, queria que ele falasse tudo para que eu pudesse conhecer a causa dessas mentiras. Dessa vez, devia haver ainda outra finalidade, além da recusa do tributo. Fiquei calado para conhecer isso. E quando o príncipe, a quem tais palavras são dirigidas, se cala a respeito disso, todos os cortesãos também têm que ficar calados.

Zoroaster estremeceu, mas dominou-se para não falar nada.

— Tu, como hóspede, podias falar. Para ti, tal etiqueta da corte não dizia respeito. Mas o fato de teres falado perturbou-me uma observação calma e colocou-me numa situação desagradável perante o mensageiro, o qual, como enviado, não podia ser atacado.

Tais pessoas devem ser tratadas com cortesia, mesmo que tenhamos que desprezá-las. O único resultado de tuas palavras será, infelizmente, que o mensageiro aconselhará o príncipe estrangeiro a proceder mais astutamente ainda comigo. Compreendes, agora, por que tive que tentar apagar, do melhor modo possível, a impressão desagradável?

Hafis olhou amavelmente para Zoroaster, que, agitado, mal podia falar.

— Agora sei que prejudiquei muito mais ainda, e com os lábios trêmulos relatou a conversa que escutara. O príncipe anuiu.

— Isto confirma minhas suposições, disse seriamente. Muito pudeste aprender da experiência vivencial de hoje, meu amigo. Eu também aprendi com isso. Vamos nos esforçar para que tal experiência frutifique.

— Prejudiquei-te muito? ousou perguntar Zoroaster. A que o príncipe respondeu:

— Espero ter conseguido apagar a impressão desagradável. Mas para alcançar isso, tive que fingir e mentir. E isso agora me atormenta.

O príncipe tentou dirigir os pensamentos para outras coisas, mas Zoroaster ainda estava confuso; todo seu íntimo ainda se achava em rebuliço e agitação. Era melhor deixá-lo sozinho.

Chegando a seu aposento, tristemente se prostrou de joelhos, chamando pelo luminoso guia e procurando sinceramente formular em palavras tudo o que fizera de errado. Quando terminou, o luminoso estava diante dele:

"Estás vendo agora, Zoroaster, como essa vivência foi instrutiva para ti. Terias calado por obediência, se eu tivesse te proibido de falar, mas nunca terias compreendido por que deverias calar. Agora que, qual relâmpago, o motivo se aclara em ti, então permanecerás calado por iniciativa própria.

Que possas ver os pensamentos das criaturas humanas é um dos meios de auxílio a ti concedido para te aproximares de suas almas. Deves ser o preparador do caminho. A vidência não te foi dada para a usares na luta, ferindo. Pondera bem. Não deves lutar, mas anunciar; não ferir, mas curar!"

Demorou algum tempo até que Zoroaster reencontrasse o equilíbrio de sua alma.

Com essa vivência sua natureza fogosa se acalmou um pouco. Deixou de falar irrefletidamente o que lhe vinha à mente.

Mas quanto mais se distanciava desse acontecimento, tanto mais o preocupava um pensamento:

"Como é horrível que até um homem tão nobre como Hafis possa ser obrigado a mentir."

Onde se deveria começar, para evitar isso?

Aqui e acolá, decerto se poderia melhorar algo, mas ajudar, verdadeiramente, apenas poderia o único, o herói, que decapitaria a serpente.

Finalmente as coisas se aclararam a tal ponto em Zoroaster, que ele resolveu falar com Dschajawa. Notara que o velho nunca lhe dava uma resposta direta, enquanto ele próprio não fizesse tudo para encontrar uma solução.

Mais detalhadamente do que pretendia, apresentou ao ancião os pensamentos que o invadiam. Falou sobre o que o luminoso lhe dissera e externou sua admiração pela bondade e confiança do príncipe. Por fim Zoroaster contou aquilo que mais o preocupava: o domínio da mentira no mundo. Lamentando, disse:

— Refleti muito para saber de onde vem a mentira, meu pai, e acho que na maioria dos seres humanos ela provém do medo. Falando mentiras, julgam poder se desviar das más conseqüências de sua atuação. Teria que ser banido o medo do mundo, então a mentira não teria mais nenhuma oportunidade.

— Mas não, meu filho, corrigiu Dschajawa. Pensa nas muitas pessoas que mentem para parecerem melhores do que são na realidade e para serem admiradas. Ora aumentam seus feitos, ora seu pensar.

Pensa naqueles que mentem para lisonjear um superior, para dele conseguir algo. Não, meu filho, quem quer combater a mentira terá de eliminar Anramainyu, e depois todos os seus sequazes.

— Sei disso, meu pai. Sei também que o Saoshyant vencerá o maligno, mas até ele vir, a avalanche do mal crescerá cada vez mais. E nesse nojento charco terá que entrar o mais puro dos puros? Merecemos isto?

Agitado, exclamara isso, e não ficou surpreso quando Dschajawa concordou que ser humano algum merecia esse inimaginável sacrifício.

"Tomara que eu consiga preparar um caminho para ele e reunir almas no meio das quais ele possa andar seguramente e sem perigos!", desejou Zoroaster do fundo de sua alma.

As semanas que Hafis quisera passar longe de sua capital tinham chegado ao fim. As cabanas foram fechadas, uma longa fileira de cavaleiros se pôs a caminho, em cujo meio seguia o veículo com Dschajawa.

O príncipe alegrou-se como outrora, com o andar do Trotador e com as artes de equitação de Zoroaster.

— Teu cavalinho não parece envelhecer, disse satisfeito. É um animal igualmente belo e inteligente.

Depois de breve reflexão, porém, acrescentou:

— Mas te darei ainda um dos meus cavalos, para que o pequeno possa ser poupado; pois temporariamente terás que andar muito a cavalo.

Zoroaster agradeceu alegremente e perguntou:

— Acaso já pensaste, príncipe, de que maneira me será permitido realizar minha missão? Pensando no meu futuro trabalho, nada vejo que me possa dar alguma indicação.

— Penso, Zoroaster, que isto virá automaticamente, se fizeres o trabalho que te for apresentado a cada dia: aquilo que Ahuramazda exigir de ti. A raiz também não raciocina como, um dia, as folhas e as flores despontarão em seus galhos. Ela nutre a brotação. Assim também deves fazer sem parar. E assim estará certo. Para iniciar, pediria que falasses sobre os deuses, diariamente, no mesmo horário, às pessoas que vivem na minha corte. Aí haverá suficientes oportunidades para falar do Saoshyant. Vivem muitos em meu redor, que se consideram acima de tais coisas. Despertar neles um anseio por algo superior seria uma tarefa digna de um preparador do caminho.

Zoroaster alegrou-se e se concentrava sempre de novo, em silenciosa prece, para que Ahuramazda lhe concedesse a necessária força e a eloqüência proveniente das alturas.

Depois de alguns dias, sem se apressarem, chegaram à capital, já conhecida de Zoroaster.

Agora lhe era permitido ver o interior do palácio do príncipe e até podia morar nele. Dois suntuosos aposentos lhe foram destinados e dois servos foram postos às suas ordens.

À sua objeção de que tudo isso era demasiadamente pomposo para si, Hafis respondeu:

— Estás esquecendo, novamente, que és o servo do mais sublime de todos os reis. Para ele nada é precioso demais. Pondera que muitas pessoas te procurarão, pedindo conselhos. Deverão contar, então, de tua pobreza e necessidades a outrem?

O prometido preparador do caminho tem que viver em esplendor e pompa. Aprende isso. Aprende também a utilizar-te dos servos, por causa dos seres humanos e, principalmente, porém, tens de fazê-lo por causa de teu Senhor.

Dias depois, Hafis reuniu toda a sua corte, anunciando-lhes que o prometido Zoroaster fora encontrado, vivendo agora entre eles.

Pediu-lhes que escutassem seus ensinamentos, não apenas com os ouvidos, mas especialmente com o coração. Era uma graça de Ahuramazda deixar o preparador do caminho ali, por um curto espaço de tempo. Futuramente, talvez, a oportunidade de ouvir seus ensinamentos não se oferecesse mais a todos eles.

Depois Zoroaster proferiu sua primeira alocução. As palavras fluíam livremente de seus lábios. Sabia que a força do alto o penetrava, e sentiu-se feliz.

Passaram-se assim várias semanas. Zoroaster começou a ensinar no círculo que lhe fora destinado e também hauria sabedoria de fontes eternas, que lhe foram abertas pelo luminoso guia. Aquilo que recebia, contava a Dschajawa e, assim, tudo se lhe tornava mais nítido.

Junto com a evolução interior, Zoroaster adquiriu também a perfeição terrena. Suas maneiras tornaram-se nobres. Seu "eu" tornou-se equilibrado e cheio de paz. Quanto mais esquecia de si próprio, menos motivo tinha para deixar irromper sua natureza fogosa.

Numa manhã, durante a oração, a pedra que usava pendurada no pescoço caiu no chão. Assustou-se muito. Teria negligenciado alguma coisa? Enquanto juntava os elos soltos da corrente, pensava concentradamente.

De repente, lembrou-se: não estivera com o eremita que o esperava!

Depois da alocução, pediu a Hafis consentimento para se ausentar por alguns dias, e o príncipe, que já esperava por tal pedido, concordou de bom grado.

Trotador levou-o em direção à floresta. Somente aí, Zoroaster percebeu que não sabia nem o caminho nem a direção. Quando anteriormente havia procurado o eremita, viera por outro rumo.

De novo chamou os prestimosos pequenos, e prontamente surgiu um bando inteiro.

Um deles se prontificou a dar a notícia a Dschajawa, e os outros prometeram guiá-lo. Mas ele lhes deveria dar algum ponto de referência. Contou-lhes, então, que do acampamento do príncipe pudera ver o castelo em ruínas de Ara-Masdah. Sabiam agora o rumo. Alegremente, conduziram-no através de uma vasta planície, subindo depois em direção às montanhas.

Após três dias, alcançou seu destino, encontrando-se diante da cabana.

Pulou do cavalo, deixando Trotador procurar o abrigo. O coração palpitava, pois agora deveria ouvir a mensagem que o velho guardara para ele.

Bateu na porta, mas não foi ouvido. Ninguém apareceu para abri-la. Quem sabe o velho teria ido até ao riacho? Zoroaster não ousou entrar, acomodou-se na pedra onde já sentara de outra vez. Passaram-se as horas e nenhum eremita apareceu. Não viveria mais o velho?

Sentiu remorso, pois que até poucos dias antes tinha esquecido completamente sua promessa. Como isso foi possível? Estivera tão perto do eremita, quando esteve em sua cabana. Será que nunca mais lhe seria permitido ouvir a mensagem que o ancião tinha para ele?

O dia passou e igualmente a noite. Zoroaster pediu a seu luminoso guia que lhe dissesse o que deveria fazer. Não recebeu nenhuma resposta.

Com os raios do sol matutino ousou, então, abrir a porta e entrar na cabana. No leito estava deitado o ancião, como se dormisse. Paz transparecia de seu semblante, uma paz celestial. As magras mãos estavam cruzadas sobre o peito. O trespasse podia ter ocorrido no máximo dois dias antes; o invólucro terreno estava intacto.

Zoroaster prostrou-se de joelhos e orou. Depois, baixinho, começou a lamentar.

— Ah! Se tivesse chegado mais cedo, meu pai! Tendo chegado tarde, não me foi possível estar perto de ti, em tua última hora. Não mais saberei da mensagem.

"Consola-te", fez-se ouvir baixinho a voz do ancião. "Eu sabia que terias de vir e me foi permitido te aguardar, antes de iniciar minha caminhada para o alto."

O eremita estava de pé ao lado do leito. Era a mesma figura que ali jazia, porém parecia transparente e luminosa, estando em constante e leve movimentação.

A voz ouvida por Zoroaster não vinha dessa figura. Parecia ouvi-la no seu próprio íntimo. Continuou então:

"Se queres me prestar um serviço de amigo, então enterra meu corpo ao lado da cabana, no solo macio. Não será um trabalho pesado. Os pequenos poderão ajudar-te. Eu, porém, quero transmitir-te a mensagem que tenho para ti:

Nenhum ser humano vive apenas uma vez na Terra! Isso deves saber, preparador do caminho; pois tal é importante. Voltamos sempre de novo, até que tenhamos aprendido a ser conforme a vontade de Ahuramazda, para que Ele possa consentir que vivamos em Seus reinos eternos.

Essa é a chave para a compreensão de toda a vida terrena! Entrego-te assim como a recebi outrora, de mãos luminosas.

Se tivesses chegado quando eu ainda me encontrava no corpo terreno, teria te falado mais ainda sobre isso. Agora, porém, vejo que para ti será melhor te aprofundares nesse novo saber, encontrando, com o auxílio do alto, aquilo que ainda deves conhecer.

Uma coisa, porém, ainda me é permitido dizer-te: também o Saoshyant já esteve uma vez na Terra. Pensa também sobre isso!"

Vagarosamente, a figura parecia desfazer-se. Do fundo do coração, Zoroaster pronunciou uma oração de agradecimento, não podendo compreender ainda a magnitude daquilo que acabava de receber.

Em seguida começou a escavar a terra. Queria fazer a cova sozinho, sem o auxílio dos pequenos enteais. Mas logo percebeu que sem eles não o conseguiria. Chamou-os, então. Acorreram prontos para ajudar e durante o trabalho contaram-lhe como o eremita tinha sido bom.

"Não queres habitar na cabana dele, por algum tempo?", propuseram-lhe. "Isso o alegrará e te será útil. Lá encontrarás muitos bons pensamentos emanados dele. Esses pensamentos poderão te ajudar a prosseguir. Fica conosco."

Essa proposta agradou a Zoroaster. E, uma vez que já tinha mandado recado a Hafis, não hesitou em ficar fora por mais tempo.

Carinhosamente deitou o eremita na cova enfeitada de ramos verdes, orou e depois foi até a cabana, que realmente parecia estar tomada da presença do eremita.

Somente no dia seguinte conseguiu apreender aquilo que o ancião lhe tinha confiado. Ainda não compreendia bem o profundo sentido, mas conseguia rememorar as palavras.

Primeiramente, lembrou-se das palavras que falavam sobre o salvador. O Saoshyant já esteve uma vez na Terra? Mas ninguém sabia algo disso. Nunca Zoroaster tinha ouvido falar sobre isso! Será que viera para o Juízo?

Mais uma vez chamou seu luminoso guia e dessa vez ele apareceu. Ajudou Zoroaster com palavras compreensíveis, para que se tornasse cônscio daquilo que lhe fora permitido ouvir.

Começou perguntando sobre aquilo que o eremita lhe havia comunicado primeiramente. Todas as criaturas humanas chegam à Terra várias vezes, para se desenvolver em direção ao alto. O guia deu a Zoroaster, como a um escolar, o problema de pensar, primeiramente, sobre o porquê do ser humano estar na Terra.

Quando o preparador do caminho conseguiu responder à pergunta de modo que o luminoso ficasse contente, este então mandou-o refletir sobre as repetidas vidas terrenas, e se elas seriam um castigo ou uma graça.

"Castigo, naturalmente", queria responder Zoroaster, mas lembrou-se de que nunca mais deveria falar irrefletidamente.

Raciocinando, assim, abriu-se sua visão para a graça divina, que dá aos seres humanos a oportunidade de corrigir o que erraram numa vida e recuperar o que antes tinham negligenciado.

Quando Zoroaster compreendeu isso, abriram-se para ele maravilhosas perspectivas diante das leis inflexíveis de Ahuramazda e de Sua infinita misericórdia. E por causa dessa misericórdia enviou Seu Filho como salvador e como juiz do Universo.

"Como imaginas a vinda do Saoshyant?", perguntou o luminoso.
"Ele chegará como herói irradiante", exclamou Zoroaster entusiasmado. "Só assim posso imaginar o juiz universal."

O luminoso ficou calado. E com esse silêncio, Zoroaster percebeu que sua resposta não estava certa.

Raciocinou. Não lhe fora mostrado uma criancinha em crescimento, andando sobre a Terra? Será que o Saoshyant, o Filho de Deus, nasceria como criancinha? O luminoso tinha desaparecido. Zoroaster ficou sozinho com os seus pensamentos.

"Ó tu, criancinha, que sacrifícios estás fazendo por nós!", refletiu. "Sagrado és tu, e deixas tua Pátria celeste para te tornares criatura humana!"

Sim, o Filho de Deus tinha de se tornar ser humano para poder ajudar os seres humanos.

"Bem-aventurada a mãe, à qual é permitido formar o teu corpo!"

Mal Zoroaster acabou de pensar nisso, quando, como um relâmpago, lhe surgiu uma idéia: a mãe! Aí estava a chave do grande segredo! O Filho de Deus já estivera na Terra uma vez, como filho do príncipe Ara-Masdah.

Voltaria, isto é, o filho do príncipe Ara-Masdah voltaria, pois era o Filho de Ahuramazda, Filho de Deus!

Como era tudo maravilhoso, embora acima de toda a compreensão! Zoroaster dizia isso para si mesmo sempre de novo. Depois, de repente, compreendeu também a expressão dos gnomos: o herdeiro voltaria, para exigir os tesouros do palácio de Ara-Masdah.

O herdeiro, o Saoshyant, e nenhum outro!

Zoroaster sentiu-se sobremaneira feliz com esse saber, que teve necessidade de falar com alguém sobre isso. Chamou, clamou até, pelo luminoso. Aí, ele apareceu.

"Encontraste agora o que te pareceu um enigma até então! Acredita-me, assim uma coisa após a outra se desvendará, se procurares fielmente e não intrometeres teu pobre saber humano.

Deves assimilar do alto, de modo puro, o que te é permitido receber. E se carregares algo contigo, sem compreender durante anos, um dia a solução se apresentará. E ela é sempre bem simples. Toma isto como saber seguro dessa vivência.

O que agora foi permitido saberes sobre o Saoshyant, guarda-o por enquanto contigo. Ainda é cedo demais para anunciar isso aos seres humanos.

Podes falar sobre isso a Dschajawa. É tempo de retornares. Amanhã, segue o caminho, cavalgando para casa. Os pequenos te guiarão seguramente."

Zoroaster fez como lhe foi ordenado, chegando à capital poucos dias depois.

— Foste presenteado com um elevado saber, meu filho, cumprimentou-o Dschajawa. Ahuramazda colocou um signo luminoso em tua testa, como sinal de que foste considerado digno de anunciá-lo.

Zoroaster relatou com alegria o que tinha vivenciado, escutado e aprendido. O ancião escutou-o com grande felicidade.

— Estás me trazendo muito, meu filho, eu te agradeço.

Hafis, porém, ficou sabendo apenas de uma parte dos acontecimentos que enriqueceram Zoroaster intimamente, todavia não perguntou por mais. Ele sabia que existiam coisas que o preparador do caminho, no máximo, podia falar com um espírito assim elevado como Dschajawa.

Zoroaster recomeçou suas preleções, mas todos os ouvintes perceberam algo de novo. Ele encontrava palavras novas e sabia anunciar melhor aquilo que os olhos humanos não conseguiam ver. Tinha adquirido algo de fascinante. Esqueciam sua juventude e ouviam com toda a alma.

Em toda a corte não havia um sequer que não aceitasse com alegria o que Zoroaster anunciava.

O preparador do caminho, porém, não mais perguntou a si mesmo quando lhe seria permitido iniciar sua missão. Com toda a confiança assegurou-se de que o momento certo lhe seria mostrado. Apenas rogara, então, que lhe fosse possível reconhecer o sinal.

Quando, porém, esse momento chegou, deu-se de maneira tão poderosa, que pessoa alguma jamais poderia imaginar.

Nesse ano, a época de chuvas parecia não ter fim. Os cereais e as frutas estragaram-se em todo o grande reino do Irã. Finalmente, reabriu-se o céu azul sobre a terra transformada em charco.

Agora, porém, os raios solares tornaram-se tão fortes, a ponto de queimar as plantas fracas, de secar os corpos humanos e de fazer cair morto o gado.

Não havia lembrança de ter acontecido desgraça igual a essa. Alguns deixavam a calamidade passar por eles com apática resignação. Outros lamentavam-se desesperadamente. Aqui e acolá amaldiçoavam Mithra como culpado de tudo.

Sobreveio então uma grave epidemia em todo o reino, atacando os desesperados, bem como os praguejadores, e também não poupou os apaticamente resignados.

Unicamente a capital, onde morava o príncipe, ficou salvaguardada, mas isso ainda não era conhecido no resto do reino. Tinham de cuidar demais de si próprios, para ainda poderem perguntar por outrem.

Pesadas nuvens cor de chumbo cobriram o céu, estendendo-se opressoramente sobre a Terra. Preocupados, os seres humanos atormentados olhavam para o alto: que mais ainda viria?

À noite começou um troar, como se fragmentos de rocha se soltassem das montanhas, caindo estrondosamente para baixo. Ouviu-se um quebrar e um rebentar.

De súbito, o chão começou a oscilar.

Atormentadas de medo, as criaturas humanas lançaram-se para fora de casa. Ali, porém, era quase pior ainda. Árvores inclinavam-se, para logo depois serem arrancadas com as raízes e carregadas num turbilhão pelos ares. Vayn havia soltado todos os ventos para brincarem no meio de toda aquela destruição.

Em muitos lugares ruíram as edificações, sepultando os seres humanos sob os escombros. Ninguém pensou em procurar por eles. Cada um tentou salvar a si próprio. Mas onde havia segurança?

Os seres humanos que se haviam refugiado nas cavernas tiveram de presenciar vivencialmente o deslocamento da montanha, comprimindo as cavernas como se estas nunca tivessem existido.

Tempestades de areia, vindas do deserto, sopravam sobre as regiões vizinhas e, nas praias, do mar, as ondas avançavam muito para terra adentro, arrancando partes do solo.

Aí também os praguejadores silenciaram. Gritos de dor perpassavam o vasto reino:

"Ai de nós, a Terra perecerá! A ira de Ahuramazda está sobre nós!"

Durante três dias e três noites houve um bramir retumbante e um ribombar. Notícias de pavor vieram das montanhas, de onde as criaturas humanas fugiam em multidões para as planícies:

"Uma das altas montanhas está queimando! Expelindo pedras e fogo. Sua fumaça impossibilita qualquer respiração."

E na cidade do príncipe Hafis, quase nada se percebia de toda aquela desgraça. Apenas ruíram duas edificações, e morreram umas poucas pessoas. Foi só.

— Realmente, falou Hafis com profundo agradecimento, percebe-se que o preparador do caminho se encontra entre nós.

Finalmente, na quarta noite, a terra em convulsões acalmou-se. Os seres humanos quase não acreditavam que lhes era possível caminhar de novo seguramente. Depois silenciou o zunir dos ventos. Devagar, mui vagarosamente, desapareceu aquilo que em fúria sobreviera às criaturas humanas.

Nessa noite, Zoroaster, concentrado em oração, ouviu a poderosa voz que já uma vez lhe fora permitido ouvir:

"Preparador do caminho, prepara-te! É chegado o tempo de começar a tua obra. Os servos de Ahuramazda libertaram o caminho para as almas.

Reergue os feridos, abatidos e alquebrados, com mãos brandas e transmite-lhes a notícia de que o Saoshyant virá para mostrar novamente o caminho para o alto, à humanidade que se perdera.

Ensina-os a reconhecer que seguiram caminhos errados. Mostra-lhes que todos os acontecimentos foram provocados por eles próprios. Deixa-os sentir intuitivamente o verdadeiro remorso.

És meu servo, preparador do caminho, minha força estará contigo!"

Com alegre humildade, Zoroaster estava prostrado de joelhos. Não lhe foi permitido ver o herói irradiante, mas já lhe era suficiente a graça e a felicidade de poder ouvir a voz, cujo som ecoava nele durante dia e noite, acordado ou dormindo.

Na manhã seguinte falou com Dschajawa. Ainda não sabia dizer como queria começar. Aí o príncipe Hafis entrou no aposento e disse:

— Quero aprontar-me para viajar pelo meu reino. Quero levar alívio onde me for possível. Quero ver onde um auxílio se faz necessário.

— Posso cavalgar um trecho do caminho contigo? perguntou Zoroaster.

Logo compreendeu que seria esse o seu novo caminho. O príncipe consentiu de bom grado que o sábio cavalgasse com ele. Ele poderia proporcionar aos seres humanos algo mais do que auxílio terreno!

Rapidamente tudo ficou preparado para a viagem. Desta vez Trotador deveria ficar. Um cavalo branco e forte, denominado Raio, deveria carregar o preparador do caminho, o qual recebeu como acompanhantes particulares dois servos com cavalos e animais de carga.

Com esse pequeno grupo, Zoroaster se juntou ao séquito do príncipe.

A intenção do príncipe era procurar primeiro aqueles que provavelmente tinham sido mais prejudicados. Por isso, passando por muita devastação e sofrimento, deixavam o auxílio para mais tarde.

Mas o príncipe não pôde avançar tão longe, como pretendia. Após dois dias de viagem, o aspecto do país era tão apavorante, que nenhum coração sensível poderia seguir adiante.

Incansavelmente, Zoroaster ajudou em tudo o que era possível, para amenizar os sofrimentos. Não falou sequer uma palavra, enquanto as almas se mantinham fechadas por causa dos horrores e do pavor.

Somente quando o príncipe Hafis seguiu viagem com os seus, para proporcionar os mesmos serviços humanitários a outros, aí então o preparador do caminho julgou ter chegado o seu tempo.

Rapidamente levantaram um abrigo, parecendo uma barraca, e acomodaram juntos os feridos. Zoroaster responsabilizou-se por lavar as feridas, tratá-las com ervas e cuidar daquelas pessoas.

Assim ganhou a confiança de todos. Agradeciam-lhe os cuidados e apresentavam-lhe suas queixas. Outra coisa ainda não conseguiam pensar a não ser em se lamentar.

Ouvia-os pacientemente, entremeando apenas uma palavra aqui e acolá. Mas essas poucas palavras transmitiam sempre algo determinante que os impressionava.

As criaturas humanas acostumaram-se a escutá-las e a refletir sobre elas. Ainda morriam pessoas diariamente, e às vezes não eram as mais gravemente feridas. Porém, ninguém se impressionava com isso. Pouco a pouco melhorou o estado de todos.

Paulatinamente começavam a se movimentar, a andar e a procurar por aquilo que lhes havia pertencido. Aí, geralmente, achavam mais do que tinham esperado. Acima de tudo viam que fora construído, pela gente do príncipe, um bom número de cabanas e que também haviam restaurado as outras menos danificadas. Cada convalescente podia encontrar novamente um lar. Louvavam então a sábia previsão e a grande bondade do príncipe.

Zoroaster, porém, dirigiu os pensamentos dessas pessoas Àquele, por cuja ordem o príncipe havia agido dessa forma.

Mostrou-lhes como gravemente tinham pecado contra Ahuramazda, que o pesado castigo os tinha atingido com justiça e que eles próprios tinham culpa de tudo isso.

Não parou de exortá-los e de lhes falar sobre a sua grande culpa, e as almas, que estavam tão abaladas, aceitavam as suas palavras.

No primeiro lugarejo de sua atividade, Zoroaster aprendeu muito. Antes de tudo, tornara-se consciente de que sua missão não dependia da quantidade de palavras; pelo contrário, muitas vezes o silêncio podia ser mais eficiente. Para ele mesmo, o silêncio tinha se tornado um hábito em sua solidão de dez anos.

E também sabia, agora, que ainda não deveria começar a anunciar o salvador.

Primeiramente as almas deveriam ser levadas à convicção, por vivência interna ou externa, de que necessitavam de um salvador. Só então lhes poderia falar do sagrado Senhor.

Esse retraimento era, para Zoroaster, mais difícil do que o silêncio; seu coração estava tão cheio daquele que lhe fora permitido anunciar, que queria falar somente sobre ele.

Depois de algum tempo, deixou as pessoas, às quais tinha ajudado a sarar, prosseguindo a cavalo na direção indicada por Hafis.

Onde então chegava, encontrava já feitos os trabalhos de remoção e de restauração. As pessoas procuravam se arranjar do melhor modo possível com aquilo que lhes restara.

Muito mais fácil era falar a esses seres humanos. Estavam tão abatidos e desanimados, que rapidamente entenderam que apenas eles mesmos eram os culpados de tudo aquilo. O dom de poder ver os pensamentos auxiliou-o muito e, devido a isso, respondia sempre acertadamente às criaturas humanas.

Não demorou muito para que o considerassem um sábio, um vidente, escutando credulamente o que ele tinha para lhes anunciar. Suas almas se abriam, quando ouviam-no falar do vindouro salvador.

E foram tomados como que por um alvoroço ao escutarem suas palavras, ditas com tanta convicção. Entusiasmado, como ele mesmo era, entusiasmava também todos os outros.

Agora a notícia de sua vinda e de sua atuação corria até o próximo povoado, já antes de sua chegada. Grande era o anseio dos seres humanos em encontrá-lo o mais depressa possível, para poderem ouvi-lo falar do Eterno.

Mas por toda parte havia pessoas duvidando de que o salvador ainda viesse a tempo, para que elas pudessem também ser beneficiadas com isso. Pois o preparador do caminho não lhes podia dizer *quando* o tão ansiosamente "Esperado" desceria para a Terra.

Contudo de que lhes adiantaria um salvador que talvez aparecesse após três ou quatro gerações? Não precisariam então se esforçar em viver de modo correto.

Quando Zoroaster deparou com tal pensamento quase desesperou. Como era possível que cada um, por si mesmo, não reconhecesse que deveria fazer tudo para que a Terra não resvalasse mais profundamente ainda no pântano! Dependia de cada pessoa!

Incansavelmente se esforçou por essas criaturas que tinham dúvidas a respeito. Em seu caminho encontrou também outros que nem perguntaram por um salvador.

"Nossa vida terrena não é tão longa assim, e nesse curto espaço de tempo poderemos suportar o que nos for imposto. Não necessitamos de um salvador."

Onde Zoroaster deparava com tais argumentos, com dificuldade abafava o ardor em seu íntimo. Então sempre perguntava aos seres humanos o que eles esperavam após a morte. Em geral eles respondiam:

"Nada. Pereceremos como as flores nos jardins."

Bem poucos eram os que falavam sobre Garodemana, para onde esperavam entrar. Mas, sobre esse lugar bem-aventurado, nada puderam dizer.

Zoroaster compreendeu claramente, então, que deveria retroceder muito em suas explanações. Falaria primeiro como surgira Anramainyu e os seus asseclas, para que os seres humanos entendessem a quem haviam se entregado.

Pelo modo como tal mensagem foi recebida, o preparador do caminho percebeu que agora se achava na trilha certa. Pacientemente e sem descanso ensinava-os, para depois lhes poder falar do salvador.

Em alguns lugares permaneceu um longo tempo, pois tinha muito trabalho. Conseguiu preparar ambos os servos para que o ajudassem. Havia muito que o ajudavam, ensinando apenas aquilo que já deveria ser conhecido por todos. Não lhes era permitido anunciar coisas novas.

Como sempre, os pequenos auxiliadores eram os seus melhores amigos, onde quer que Zoroaster se encontrasse. Indicavam-lhe os caminhos para outros povoados, quando pretendia prosseguir em sua viagem.

Pela maneira como tinham diminuído suas provisões e o dinheiro recebido de Hafis, percebeu então que se achava em viagem havia alguns anos.

Sentia-se como um semeador e gostaria de semear; antes, porém, teria que preparar o solo.

Peregrinava de povoado a povoado, transmitindo sempre alegria. Com pesar deixavam-no ir embora, e de longe já vinham outros, esperançosos e alegres, ao seu encontro.

Não dizia aos seres humanos que ele era o prometido Zoroaster. Eles conheciam-no como Zoroaster, porém não entendiam o que expressava o seu nome e tampouco pensavam sobre isso.

Certo dia, chegou a uma região que já visitara alguns anos antes. Era um daqueles povoados onde trabalhara depois do grande terremoto. Encontrou as pessoas numa alegre expectativa. Seus campos não estavam tratados, suas cabanas estavam ruindo; não obstante, uma especial alegria tinha tomado conta de todos.

Quando o reconheceram, aproximaram-se, rodeando:

— Senhor, temos uma boa nova para ti! O prometido Zoroaster nos visitou. Trouxe-nos a notícia de que o Saoshyant viria ainda este ano. Disse-nos que deveríamos nos preparar com alegria; pois ele nos quer levar consigo para Garodemana. Devemos nos abster de todos os trabalhos, a não ser os absolutamente indispensáveis. Devemos nos acostumar, já aqui embaixo, a uma vida de alegria e felicidade, para que possamos suportar a bem-aventurança lá em cima!

Zoroaster, apavorado, ouviu essa notícia. O que dizer a isso? Em lugar de qualquer resposta, levantou as mãos e orou em voz alta. Em sua aflição clamou para Ahuramazda.

"Ahuramazda, Senhor do Céu e da Terra! Olha para este povo desviado! Tem misericórdia para com ele, pois nada posso fazer. Um outro semeou, onde preparei o solo. E a semente maléfica brotou. A colheita trará desgraça. Ahuramazda, eu te imploro: auxilia-nos!"

Como que estarrecidas, as pessoas ouviram a oração. E muitas ficaram profundamente emocionadas. Refletiam: e se de fato estivera com eles um falso preparador do caminho? Mas como poderiam reconhecer isso? Era mais cômodo agora prosseguirem como haviam começado.

Se o Saoshyant não viesse neste ano, aí, de fato chegariam a uma situação calamitosa; pois nada tinham preparado. Tinham abatido o gado e seus campos não estavam cultivados. Porém não deveriam pensar sobre isso! Seria terrível demais.

Zoroaster tentou falar com alguns, pois viu que seria impossível falar a todos. Qualquer esforço, porém, seria em vão.

De momento, desistiu de influenciá-los de algum modo e cavalgou, o mais depressa possível, atrás do falso Zoroaster.

Onde quer que chegasse, encontrava a mesma euforia desenfreada, a mesma indolência e a mesma perniciosa volúpia, degradando em alguns lugares em total depravação os seres humanos. O falso Zoroaster havia lhes permitido fazer tudo o que tivessem vontade.

Zoroaster não se deteve mais em nenhum lugar, a fim de encontrar aquele demônio o mais depressa possível. No caminho, porém, rogou para achar as palavras adequadas para vencê-lo, mostrando-se digno do seu Senhor.

Muitas vezes, seu luminoso guia aproximava-se, exortando-o para ter paciência.

"Por que Ahuramazda consentiu tal coisa?!", exclamou Zoroaster em desespero.

Seriamente o luminoso respondeu: "Não é de tua alçada perscrutar isto. Tudo que Deus deixa acontecer tem a sua finalidade. Um dia tu também o saberás".

Zoroaster entrou em mais um povoado, onde o informaram sobre a mensagem de alegria. Aí, não conseguindo se dominar, perguntou:

— Como sabeis que aquele que assim vos falou é o verdadeiro Zoroaster? Vede, eu também sou um preparador do caminho!

As pessoas então riram e falaram:

— Antes já estiveste conosco e nos falaste sobre os deuses, mas nunca disseste que eras o Zoroaster. Mas o outro nos disse isso abertamente. Por isso também acreditamos nele.

Algo frio como gelo perpassou Zoroaster.

Teria sido sua a culpa de que o impostor tivesse tido um jogo tão fácil? Deveria ter anunciado antes o seu nome? Sentira-se inibido em explicar esse nome às pessoas. Se era modéstia, então esta não estava em lugar certo. Percebia isso agora. Deveria ter se apresentado como servo de seu Senhor.

Estava muito deprimido e, calado, continuou cavalgando. No caminho, porém, chamou por seu guia luminoso; queria contar-lhe tudo. Mas em vão. Ele mesmo deveria atravessar essa muralha que seus pensamentos estavam levantando diante dele.

De início, sem dúvida, estava certo que apenas falasse com os seres humanos sobre os deuses. Mas depois deveria ter dito: "Sabeis que um preparador do caminho foi prometido e que anunciaria o Saoshyant. Esse Zoroaster sou eu! Deus deu-me essa graça".

Além disso, todos acreditavam nele, embora o outro houvesse usurpado o seu nome e outorgado a si próprio a sua missão, colocando de lado a ele, Zoroaster, o "sem nome". Agora, subitamente, ele sabia como deveria ter agido.

Contudo, era tarde demais!

Tarde demais? Não, nunca! E se precisasse lutar com o próprio Anramainyu, lutaria e venceria com a força do supremo Deus.

Um novo vivenciar, um novo sofrimento e uma nova têmpera para a missão!

Não havia prestado atenção no caminho. De súbito, Raio ergueu-se sobre as patas traseiras. Diante deles estava um pequeno enteal, indicando de modo insistente para outra direção do caminho. Zoroaster compreendeu que o impostor tinha mudado de rumo.

Em breve o legítimo preparador do caminho enfrentaria o falso.

"Ele ouviu falar de ti", disse o pequeno com ar importante. "Ele está com medo; pois sempre e por toda a parte as trevas temem a Luz. Ele quer evitar um encontro."

Zoroaster então riu-se pela primeira vez após muito tempo. E esse riso libertou-o de invisíveis algemas que o tinham atado e oprimido. Quase se alegrou com o encontro.

Uma ardente oração elevou-se a Ahuramazda, uma súplica implorando amparo dos luminosos. Queria então avançar com novo ânimo. Porém, o pequeno levantou a mãozinha, retendo-o ainda:

"Estás te esquecendo de nós?", perguntou, repreendendo-o. "Necessitarás de nós, para seres protegido dos ataques do falso preparador do caminho. Não nos desprezes, nem nosso auxílio."

Zoroaster assegurou sinceramente que nunca duvidara da boa vontade dos pequenos. Quantas vezes os chamara, e quantas vezes eles o tinham ajudado! O gnomo, então, deixou-o seguir.

No caminho explicou aos servos sobre o acontecimento que estava a sua espera. Fazia tempo que os servos estavam descontentes com seu amo, por ele não lutar contra as mentiras. Nesse momento entenderam por que ele hesitara. Ele queria primeiro esmagar a cabeça da serpente e só então procuraria sanar os danos que ela havia causado.

Aproximavam-se do povoado. Ninguém lhes veio ao encontro, como por toda a parte até agora acontecera. Cavalgaram para o meio das cabanas. Ninguém se apresentou.

"Onde estarão?", perguntou Zoroaster para si mesmo.

E logo alguns pequenos enteais apareceram diante dele, indicando afoitamente para uma das maiores cabanas. Zoroaster apeou do cavalo e mandou os servos fazerem o mesmo.

— Parece que aqui não são amistosos conosco, disse. Um de vós terá que ficar com os animais e o outro poderá me acompanhar.

Um dos servos, porém, lembrou-o de que em viagem tinham mudado de direção, de modo que agora as pessoas do outro povoado estariam esperando por ele, ao passo que neste lugar ninguém sabia de sua vinda. Isso ainda não era um sinal de inimizade.

Altos brados se faziam ouvir da cabana indicada; soavam alegremente, mas para os ouvidos de Zoroaster entremeavam-se de um tom maléfico. Decididamente abriu a porta semifechada e entrou.

Algumas pessoas viraram a cabeça para ele, mas na penumbra ninguém o reconheceu. Pensavam por certo que fosse um ouvinte retardatário e ninguém lhe deu atenção.

Entre o povo, numa elevação, encontrava-se um homem. Essa elevação parecia ser uma grande pedra coberta com um pano, e o homem falava em voz alta e de modo imperioso.

Tinha a mesma idade que Zoroaster e também o seu aspecto se assemelhava ao dele. Suas roupas eram pomposas. O signo de Mithra estava bordado em ouro sobre o peito e nas costas. Atrás dele, encontravam-se dois homens segurando um pano bordado estendido.

O orador levantou a mão, indicando os caracteres que ornamentavam o pano.

— Vede, exclamou, minha legitimação. Este é o signo do Saoshyant! Sou o seu preparador do caminho. Posso anunciar-vos que ele virá nos próximos meses para conduzir para Garodemana aqueles que o mereçam.

Um suspiro ditoso perpassou o recinto. Todos pensavam merecer tal distinção. Assustaram-se, porém, quando uma voz clara e serena perguntou:

— E quem merece isto?

Em lugar da resposta, o orador continuou:

— Aqui falo eu! Quem ousa me interromper? Sem refletir, Zoroaster retrucou com uma voz metálica.

— O verdadeiro Zoroaster!

Todos ficaram sobressaltados, como se tivesse caído um raio na reunião. As pessoas gritavam, sem saber por quê. Sentiam algo de inexplicável. Eles, porém, culparam o perturbador e com horror voltaram-se contra ele.

Zoroaster ficou calmamente parado e as pessoas que investiam contra ele retrocederam. Um delicado vislumbre de luz circundou-o, parecendo um halo. Ninguém ousou tocá-lo. Mas a confusão cresceu. O falso Zoroaster enfureceu-se, atiçando os homens para atacá-lo.

Novamente Zoroaster levantou a voz, dominando o rebuliço:

— Ó homens, olhai para mim! Vós me conheceis. Cheguei para vós por ordem de Ahuramazda, para vos ajudar em vossa grande aflição. Ainda me conheceis?

— Sim, conhecemos-te, confessou um após outro. Estavam envergonhados por quererem fazer mal a seu benfeitor.

Um velho exclamou em voz alta:

— És aquele que despertou em nós o anseio pelo Saoshyant. Sem tua doutrina nem poderíamos ter compreendido a alegre notícia que o preparador do caminho está nos trazendo hoje.

— De onde sabeis que ele é o preparador do caminho? indagou Zoroaster de modo cortante.

— Ele o diz, senhor, exclamaram de modo feliz.

— E por isso acreditais nele? Olhai para mim. Para mim a quem conheceis; digo-vos que o Zoroaster sou eu, o servo do Saoshyant! Agora é palavra contra palavra. Dizei, agora, em quem acreditais?

Sem jeito os homens se entreolharam.

Ali estava ele, a quem conheciam, a quem amavam e em quem tinham aprendido a confiar. Sabiam que ele não era mentiroso. O outro, porém, tinha o signo de Ahuramazda! Uma grave dúvida turvou-lhes a felicidade!

Antes que alguém tivesse um pensamento claro, o falso preparador do caminho, que ainda se encontrava naquela elevação, começou a falar.

Em contraste à voz serena de Zoroaster, suas palavras eram gritadas precipitadamente, soando de modo estridente.

— Não vos deixeis fascinar por alguém que apenas vos quer confundir! O que outrora ele fez para vós qualquer servo do príncipe também o faria. Ele estava a serviço de Hafis e foi pago pelo seu trabalho. Portanto, não lhe deveis nenhum agradecimento especial. Se em verdade ele fosse o Zoroaster, certamente, então, vos teria dito isso naquela época!

Zoroaster não mais compreendia a si próprio. Oh! esse infausto calar!

Visivelmente havia agora uma cisão entre os homens. Poucos acreditavam em Zoroaster, enquanto os outros inclinavam-se para o impostor, pois o que ele lhes falava soava de modo ajuizado e convincente.

Um dos homens mais velhos dirigiu-se ao preparador do caminho:

— Senhor, esse diz que o Saoshyant viria dentro de poucos meses. Tu, porém, estás dizendo que não conheces o tempo de sua vinda. Eu imagino então que seja da seguinte forma:

Quando um senhor quer enviar uma mensagem, manda primeiramente um servo para que a anuncie de modo geral. Depois de algum tempo manda outro para que, entrando em detalhes, a complete. Assim será também neste caso. Ambos são servos de Ahuramazda, enviados para anunciar o salvador.

A sabedoria dessas palavras foi aprovada por todos. Era uma magnífica saída para a situação, situação essa que desagradava a todos. O impostor riu-se.

— Falaste bem, velho. Bem se vê que sempre leva vantagem aquele que sabe usar direito o seu intelecto.

Zoroaster ficou arrasado. A tanta astúcia ele sozinho não venceria. Em seu íntimo, porém, clamou por ajuda. Mesmo tendo culpa de todo esse infortúnio, não o fez por sua causa, mas sim, pela sagrada causa de Ahuramazda. Deus lhe enviaria auxílio.

E o auxílio veio de um lado inesperado. O servo de Zoroaster, geralmente tão calado, irritou-se em prol de seu amo e da causa sagrada. E essa irritação tornou-o eloqüente. Sem querer, como que impelido por uma força invisível, exclamou:

— O que é que vosso Zoroaster sabe anunciar do salvador? Será que conhece aquele de quem fala e que o teria enviado?

— Por enquanto nada nos anunciou, a não ser que o Saoshyant virá, levando todos consigo para Garodemana.

— Pois bem, que o faça agora! Serei o primeiro a dobrar os joelhos diante dele, se anunciar de modo certo.

O servo, que ninguém conhecia, falou de modo claro e vivaz. Não sabiam que viera com Zoroaster e julgaram-no um curioso de algum outro povoado. Também o impostor se deixou iludir. Tal engano, porém, não era a intenção do servo.

— O homem que se intitula o preparador do caminho deve deixar este recinto, antes que eu fale, exigiu o impostor.

Isto era pouco inteligente, pois agora os ouvintes exclamavam:

— Se sois ambos servos do mesmo amo, então cada um de vós pode sossegadamente ouvir o que o outro tem a falar. Não será estranho para nenhum dos dois.

Uma vez que essa era a opinião geral, o impostor não ousou fazer mais nenhuma objeção. Assumindo uma pose provocante, começou:

— Escutai, ó homem! Devo falar-vos do prometido. É um grande e nobre senhor, que se apresentará entre vós como um príncipe. Ele não vos é estranho; pois é do mesmo povo, como vós. Ele é um filho de vosso príncipe Ara-Masdah, como já vos foi predito desde há muito.

A assistência começou a ficar irrequieta. Zoroaster continuou calado. Sabia que teria de esperar o momento propício, e esse lhe seria mostrado por mão superior.

— É isto algo de novo para vós, homens? Pensei que essa profecia fosse por todos conhecida. Virá um filho de vosso príncipe. Ninguém conhece um povo tão bem como alguém que seja da mesma estirpe. Ele vos conduzirá para a bem-aventurança, guiando-vos para os jardins eternos.

E por isso vos digo: preparai-vos para a sua vinda! Ele quer vos conduzir para a alegria, e alegria deveis sentir já agora, ante sua vinda. Deixai para trás tudo o que vos é desagradável ou dificultoso. Esquecei o que vos aflige ou atormenta. Abandonai todos os trabalhos; não precisais mais terminá-los.

Antes que a colheita possa estar madura, já que agora estais prestes a semear, o prometido estará em vosso meio. Aí as ferramentas cairão de vossas mãos. Com ele vos será permitido entrar nas alegrias eternas.

O impostor calou-se. Não se lembrou de mais nada que pudesse falar ainda, sem expor demasiadamente sua ignorância diante de Zoroaster.

Nesse momento Zoroaster quebrou seu silêncio:

— Vós, homens, escutai-me agora também. O que ele vos anuncia é uma mistura de profecias mal compreendidas e de mentiras!

O impostor quis defender-se, mas um dos homens gritou:

— Cala-te, pois ele te deixou falar, até que não tivesses mais nada a explanar. E tua explanação não foi muito valiosa.

Sobre isso alguns tiveram que rir, e essa risada prejudicou muito o prestígio do impostor.

— Continua, Zoroaster! exigiu o servo que se encontrava no meio da assistência.

— Sim, continua preparador do caminho, exclamaram também os outros. Queriam ouvir o que ele tinha para falar.

E Zoroaster continuou:

— Prometido vos é o Filho de Ahuramazda, do supremo Deus! Por misericórdia divina o salvador quer descer para a Terra. Por esse motivo ele deixa a magnificência dos sete céus. Se ele vier humanamente como um príncipe ou como um homem simples nada significa perante aquela inconcebível grandeza de ele fazer esse sacrifício pela humanidade.

Mais uma vez ele quer trazer Luz e Verdade à Terra, que está afundando, e à Criação, maculada pela culpa dos seres humanos. Mas também realizará um Juízo!

Escutastes, ó homens? Realizará um Juízo! Seria esse, que indiscriminadamente conduzisse os pecadores juntamente com os poucos bons para Garodemana, um Deus? Cuidadosamente será escolhido quem for digno disso. Cada um colherá o que semeou. Ponderai: talvez tendes um vizinho que vos enganou ou vos fez perder algo de vossos haveres.

Zoroaster tinha visto nitidamente nos pensamentos, que era assim. Por isso continuou com redobrada coragem:

— Refleti: acharíeis justo se tal pecador entrasse convosco na bem-aventurança eterna?

— Tens razão, Zoroaster, clamaram alguns com convicção. Isto seria contra qualquer justiça!

— E Ahuramazda *é* a justiça; pois Ele é Deus! exclamou Zoroaster jubilosamente para os ouvintes.

— Mas Ele também é a Verdade! Diante Dele nenhuma mentira pode persistir! Lembras-te ainda, ó impostor, como vieste a mim, quando eu ainda procurava, e como me disseste que eras o Zoroaster? Poucas palavras bastaram para te afugentar. Também agora poucas palavras bastarão.

Como não ousas pronunciar os nomes sagrados, assim também não ousarás orar para Ahuramazda. Se, porém, o tentares, o castigo justo te atingirá!

— Ele terá de aceitar a prova! Deve orar! gritavam os homens confusamente.

A maioria já agora estava convicta de que se tratava de um impostor. Mas queriam ver o que aconteceria.

O falso preparador do caminho levou um choque. Agora, enfatuado, falou:

— Não oro assim sob ordens, uma oração para mim é demasiadamente sagrada!

Alguns homens começaram a rir. Eram aqueles que agora estavam totalmente seguros de que esse homem não era o legítimo.

— Então *eu* orarei! a voz clara de Zoroaster soou serenamente pelo recinto.

Ali onde se achava, levantou as mãos e começou:

— Ahuramazda, ó eterno e onipresente Deus! Tu nos vês também neste momento.

Parou um pouco. As palavras caíam como fagulhas nas almas excitadas.

— Eu te agradeço, de toda minha alma, por teres me dado as palavras que continham a força para provar aos homens que quase já acreditavam num impostor! Liberta-nos desse servo de Anramainyu, para que as almas fiquem livres para te servir!

Um silêncio sagrado perpassou o recinto, interrompido, aqui e acolá, por suspiros. Agora não havia mais ninguém que duvidasse.

O impostor, porém, queria descer da pedra para deixar o recinto; aí seus olhos ficaram como que vitrificados. Estarrecido, olhava para um ponto; depois irrompeu de seus lábios:

— Tirem a Cruz, não posso vê-la! Ela me atormenta.

Todos olharam para o ponto indicado por ele. Todos julgavam ver a radiante e áurea Cruz que parecia pairar sobre Zoroaster.

Este estava profundamente comovido.

— Ó tu, herói irradiante, teu signo! jubilou em voz alta.

O impostor, porém, gemeu: Tirem a Cruz, ela me mata!

Cambaleou e pôs a mão sobre o coração, caindo a seguir sem vida aos pés dos mais próximos. A confusão geral era indescritível.

Zoroaster se retirou, deixando para os homens o trabalho de levar o defunto para qualquer lugar. Que o levassem para uma das torres do silêncio existentes junto de cada povoado maior, para pasto das gigantescas aves pretas.

Ele sentia uma ardente gratidão, que se transformou em prece. Depois ficou um pouco decepcionado. O impostor era somente um homem de carne e osso. Zoroaster, no entanto, pensara ter enfrentado um espírito mau, talvez até o próprio Anramainyu.

Mas essa decepção desapareceu tão rapidamente como viera, sob o grande sentimento de agradecimento e felicidade. Como lhe foi facilitada a vitória! Como Deus tinha ajudado maravilhosamente!

Seu servo aproximou-se dele:

— Zoroaster, os homens perguntam se aceitas juntar-te a eles ao ar livre, para falares sobre Ahuramazda e sobre o Saoshyant. Não querem te pedir que voltes ao recinto onde aconteceu o fato horrível. Mas desejam te ouvir com grande e verdadeiro anseio.

O preparador do caminho aceitou o convite.

Alegremente lhes falou. Não ocultou sua culpa por não ter revelado sua alta missão já por ocasião de seus primeiros ensinamentos, mas castigou-os também com palavras ásperas por terem caído tão credulamente vítimas de um impostor.

Mas com isso conquistou todos os corações. Sentiam um fluir, dele para eles, e, apesar de não se tornarem bem conscientes disso, essa força facilitou a compreensão. Era como se ele soubesse de antemão o que queriam perguntar. E sempre sua resposta provocava novas perguntas. Era um trabalhar maravilhoso!

Em Mursa, o servo que subitamente começara a falar, surgiu um prestimoso auxiliar para Zoroaster. Mursa, por ter seguido a voz interior no momento decisivo, impelindo-o a falar, tinha alcançado uma ligação com o alto, que não mais se rompera.

Foi guiado visivelmente, embora de modo completamente diferente do de Zoroaster. Com referência a Mursa, tudo se dirigiu mais para as coisas terrenas, práticas, mas exatamente assim era um complemento valioso para o preparador do caminho.

Foi Mursa quem tentou conduzir as almas mais difíceis, dizendo-lhes a mesma coisa todos os dias com uma paciência sempre igual.

Logo que percebia a relampejante luzinha do reconhecimento se transformar em uma pequena chama, então prosseguia mais um passo. Nas almas, assim penosamente conquistadas, se gravava inapagavelmente aquilo que então haviam aprendido.

Assim, do infortúnio florescera uma temporada de ricas colheitas e de maravilhoso crescimento. Zoroaster tornou-se consciente de que tinha que sair dali, para apagar os vestígios da atuação do impostor em outras regiões por onde ele tivesse passado.

Disse isso aos homens e eles o compreenderam. Sim, um deles até foi mais longe em seus pensamentos.

— O impostor está morto, falou. Quando agora chegares num dos povoados que se tornaram maus por ordem dele, assim como nós havíamos nos tornado, então preferirão permanecer na ruindade do que acreditar em ti. Acho que alguns de nós deveríamos seguir uns dias antes de ti e contar o que aconteceu conosco. Vimos, pois, como o próprio Ahuramazda, o Deus eterno, puniu o ultraje.

Todos concordaram com essa proposta. Aquele que falou escolheu seus acompanhantes: pobres e ricos, velhos e moços, para que um de cada camada social testemunhasse.

Zoroaster, porém, já não quis ficar mais tempo. Quase impacientemente, ainda permaneceu os dias conforme haviam combinado, depois seguiu a cavalo com Mursa e o servo.

Grande alegria animava Zoroaster, pois nitidamente lhe foi permitido vivenciar como a bondade de Ahuramazda conduz para melhor o que a incompreensão humana errou. E essa alegria deixou-o olhar com coragem e esperança para as dificuldades diante dele.

Na verdade, não imaginara que fosse tão difícil!

Haviam combinado que os mensageiros apenas informariam e testemunhariam, mas depois prosseguiriam em sua viagem a cavalo. Não se sentiam suficientemente maduros para doutrinar. Isso queriam deixar para o preparador do caminho e Mursa. Assim, ambos não encontraram mais nenhum dos que haviam enviado previamente no povoado onde chegavam.

Como um rebanho em que se lançara uma fera, apresentavam-se os habitantes. Lamentando e lamuriando, corriam de um lado para o outro. Por toda a parte havia grupos reunidos, comentando a pavorosa desgraça.

Não tinham dúvidas sobre a verdade que os mensageiros anunciaram. Os melhores dentre eles, muito tempo antes, já vinham falando palavras exortadoras contra tudo aquilo que tentou se alastrar no que se referia a imoralidade, indolência e desonestidade.

Cada vez mais claro se lhes tornara que um preparador do caminho que conduzisse os seres humanos por tais veredas, não poderia ser o legítimo. Agora, vendo confirmadas as suas opiniões, começaram a protestar vigorosamente. Mas não conseguiram fazer valer o seu ponto de vista.

As pessoas estavam completamente desesperadas.

"Tudo acabou. Não podemos mais nos modificar!", exclamavam uns, enquanto outros diziam: "Colheita e gado estão perdidos. Temos de enfrentar a mais terrível necessidade. Deixai-nos gozar o tempo que ainda nos é dado. Depois, venha o que tiver de vir!"

O preparador do caminho chegou a essas criaturas humanas, não como um portador de alegria celestial, conforme ele era, mas, sim, como um anunciador do maior pavor. Quando lhes queria falar, gritavam-lhe:

"Cala-te! Não queremos ouvir o que tens a dizer. Tuas palavras apenas aumentam nossos tormentos." Ou então diziam:

"Cala-te! Não nos tires o último que ainda possuímos. Nada queremos ouvir!"

Zoroaster então começou a escolher as pessoas cujos pensamentos reconheceu serem bons. Reuniu-as a sua volta contando e anunciando e, antes de tudo, orava com elas a favor de muitos seres humanos guiados erradamente. E, orando, abriu-se sua visão, vendo que aí tinha que ajudar primeiro terrenalmente.

Uma voz falou:

"Zoroaster, reflete: encontras um homem que teve uma briga com outro. Está sangrando de muitas feridas e não se importa mais com a própria vida, por estar demasiadamente enfraquecido. Vais lhe dizer, primeiramente, que é feio brigar? Dirás a ele que parando de brigar, no futuro, também não mais terá feridas?"

Zoroaster compreendeu. Ordenou aos homens, constantemente em seu redor, que convocassem os outros, pois queria tentar amenizar suas necessidades.

Todos vieram, temerosos de que ele não lhes pudesse ajudar. Ele, porém, perguntou-lhes há quanto tempo seus campos já se encontravam sem cultivo. E eles responderam: desde a última colheita.

— Então ainda poderá haver um meio, ó homens! exclamou alegremente o preparador do caminho. Enviai alguém para o povoado de onde eu vim e pedi que alguns homens fortes vos socorram. Com eles, se todos nos esforçarmos, poderemos preparar os campos e semear rapidamente. Assim chegaremos ainda a tempo de uma segunda colheita. Isto é melhor do que não ter nada.

Incrédulos, eles fitaram-no.

— Achas que os estranhos nos ajudarão? Por que deveriam fazer isso?

— Por gratidão em terem sido poupados de idêntica sorte, disse Zoroaster seriamente.

Depois lhes enviou Mursa e um dos homens mais velhos do povoado, para que o povo de lá logo soubesse que a mensagem partira dele.

Logo começaram os trabalhos. Cada homem queria correr para o seu campo. Isso Zoroaster não permitiu. Depois de ter inspecionado todas as terras a serem cultivadas, ordenou que fossem preparadas conjuntamente por todos e de modo planejado.

Tais idéias vieram-lhe do alto, pois ele não entendia de agricultura. Parecia-lhe que alguém continuamente o acompanhava, dizendo-lhe não apenas o que deveria ser feito, mas mostrando também os melhores métodos, de modo que era capaz de indicar como tudo teria de ser feito.

Obedeciam. De início, fizeram tudo para não afugentar esse último salvador com rebeldia, mas interiormente resmungavam. Paulatinamente, porém, compreenderam o que ele queria, entendendo a lógica de suas ordens.

Vieram também os auxiliares solicitados! Chegaram muitos homens. Com a alegria que os animava, realizavam mais do que a tarefa comum de trabalho. Seu exemplo estimulou os cansados e indolentes, que já haviam esquecido o trabalho.

Uma canção alegre soava nos campos, trazida pelos novos. Era um soar rítmico de sons agudos e graves, fazendo vibrar o trabalho. Os demais aprendiam isso e logo percebiam como ficavam alegres. Assim, caiu deles o cansaço.

Ao anoitecer, porém, os homens que vieram para socorrê-los contavam sempre de novo o grande acontecimento em seu povoado. Aí Zoroaster encontrou também nas almas um solo aberto e preparado, onde podia colocar a semeadura do alto.

Quando, ao anoitecer, Zoroaster falou a Ahuramazda, sob o céu estrelado, toda sua oração era um único louvor e agradecimento.

"Ó grande, onipotente e bondoso Deus! Como é maravilhoso tudo isso! Como estás aplainando os caminhos onde o olho humano nada mais enxerga. Como auxilias acima de todo o entendimento!"

E dessas palavras, que sem serem rebuscadas sempre da mesma maneira se formavam nos seus lábios, compôs-se para ele uma canção que ensinou aos homens.

Era um hino em louvor a Ahuramazda; os primeiros versos falados por seres humanos naquela região. Amavam sua "canção" e cantavam-na durante o trabalho, alternando com sons que haviam aprendido recentemente.

Mas Zoroaster não cuidava somente dos campos. Homens, aos quais o pesado trabalho do campo era muito penoso, foram enviados para comprar gado novo nas redondezas.

Para essa finalidade cada um tinha que contribuir com dinheiro. Assim, o gado era propriedade de todos, e podia-se estar seguro de que também os mais pobres não ficariam sem leite e mais tarde sem carne e peles.

Lentamente, então, as posses poderiam novamente aumentar, se os homens continuassem sensatos.

Quando os campos estavam preparados, novamente divididos e entregues a seus proprietários anteriores, a semeadura podia começar.

Nesse momento Zoroaster sentiu-se impelido a outros necessitados. Sabia que seus mensageiros estavam trabalhando. Mas o mais difícil ainda estava diante dele.

Falou para os homens que lá, provavelmente, encontraria uma calamidade maior ainda; pois, evidentemente, ali os campos já se achavam havia muito tempo sem cultivo. Depois se calou e em expectativa olhou em redor.

Sua pergunta silenciosa foi entendida. Um certo número de homens, de ambos os povoados, prontificou-se para seguir junto com ele e fazer aos outros o que havia sido feito com eles, pois se consideravam, por ora, desnecessários em casa.

— Alegro-me por me haverem compreendido sem que eu nada pedisse, disse o preparador do caminho. Só agora vejo que a semente celestial brotou em vossos corações.

Com apreciável número de ajudantes pôs-se a caminho. Os homens andavam a pé e ele cavalgava adiante, celeremente, com seus servos. Era melhor, para que os amedrontados seres humanos do povoado seguinte não pudessem se opor aos homens que vinham socorrê-los, como se estes fossem supérfluos comilões.

Esse povoado, distante do último um dia de viagem, dava um aspecto desolador. Cabanas haviam ruído, e havia sujeira em todos os cantos. Mesmo os cadáveres não mais eram carregados para as montanhas. Os homens sentiam-se demasiadamente enfraquecidos devido à fome. Apáticos, olhavam a esmo, parecendo estar extinta, em todos, a luz do intelecto. Como era possível!

Zoroaster tentou calcular quanto tempo teria decorrido desde a última vez que passara por esse caminho. Haviam-se passado mais ou menos dois anos! E em dois anos essa destruição!

Se nada mais mostrasse que os ensinamentos do impostor vieram das trevas, então essa ruína deveria convencer os seres humanos. Mas tinham decaído demais, mesmo para compreenderem isso.

O que Zoroaster deveria fazer? Se quisesse ajudar aí, de modo eficiente, novamente se passariam preciosos meses e, com isso, prejudicaria os outros povoados que tinha que percorrer. Deveria abandonar à própria sorte essas degradadas criaturas humanas?

À noite apresentou sua aflição a Ahuramazda, de modo infantil, crente e confiante:

"Ó Tu, supremo Senhor, não sei mais o que devo fazer. Mas Tu o sabes. Mostra-me qual a Tua vontade, pois quero segui-la incondicionalmente."

Pela manhã sabia o que teria de ser feito. Os ajudantes chegaram. Ele mandou-os fazerem uma espécie de acampamento fora do povoado, para que, pelo menos à noite, não entrassem em contato com os habitantes do lugar. Depois falou com eles, mostrando-lhes como, ali, apenas trabalhos da mais pesada espécie, executados com incansável paciência, ainda poderiam salvar algo. Pediu-lhes que tomassem a si esse trabalho, ao passo que ele próprio seguiria para mais adiante, com Mursa.

Prontificaram-se imediatamente e apenas pediram instrução para o que deveriam fazer.

Zoroaster aconselhou-os a que uma parte deles começasse a pôr os campos em ordem. Se não houvesse tempo para fazer tudo, então deveriam preparar pelo menos o setor que tivesse o solo mais fértil, para que, apesar de tudo, se pudesse esperar alguma coisa ainda para a colheita deste ano.

— Ahuramazda, ao qual servis com esse trabalho, abençoará o labor de vossas mãos, de modo que os campos cultivados produzirão tanto como nunca antes produziram, prometeu-lhes.

A outra parte, por sua vez, deveria cuidar das criaturas humanas e das cabanas. Deveriam tratar da remoção dos cadáveres e da sujeira, escorar e levantar as cabanas, e fazer as pessoas pegarem animais de caça e colherem frutas diversas.

— Nesta região rica ninguém precisa morrer de fome, disse ele, se não for corroído pela indolência.

Assim tudo ficou organizado da melhor forma, e Zoroaster quis prosseguir cavalgando. Então, um dos auxiliares o reteve:

— Senhor, já pensaste que deixando todos nós aqui não terás ninguém para as outras regiões?

— Pensei nisso, sim, mas não posso tirar daqui nenhum de vós. Demasiado é o trabalho a ser feito aqui, e Ahuramazda me mandará outros auxiliares, disso estou certo.

Os homens, acostumados ao convívio com ele, olhavam sua partida com saudade. Seria muito mais difícil trabalhar ali sem a presença dele. Mas tinham a canção e tinham o conhecimento a respeito do Saoshyant! Gratidão e alegria regiam seu atuar. Assim se consolavam mutuamente.

Zoroaster, porém, cavalgou ao encontro de outros infelizes, permanecendo em pensamento junto aos que acabava de deixar.

O próximo povoado, conforme tinha na memória, era especialmente florescente, mas estava deserto e abandonado. Ruína e destruição para onde quer que olhasse. Não se encontrava nenhuma pessoa. Teriam todos abandonado seus lares? Para onde teriam se dirigido? Teriam morrido?

Assim, pois, continuou a cavalgar mais adiante, com seus rogos e pensamentos precedendo-o. Era necessário rodear uma montanha e tinham que viajar três dias, até que novamente aparecessem outras cabanas. Nesse local, encontraram seres humanos.

Ao se aproximarem, os cavaleiros foram recebidos a pedradas. As pedras caíram em grande quantidade, porém não atingiram ninguém. Então irrompeu um vociferar dos homens, que, hostilmente, fitavam os recém-chegados, com olhos embrutecidos.

— Prossegui cavalgando; não queremos ver-vos; sois luminosos. Ao vosso lado notamos como tudo aqui é escuro. Não queremos ouvir-vos! Apenas ireis nos falar de culpas e erros e do impostor que nos enganou. Onde está o salvador que ele nos prometeu? Quem nos diz que vós também não mentis? Não existem deuses. Existem apenas espíritos maus lançando as criaturas humanas no desespero. Auxílio? Para nós não há.

Finalmente, acabou-se o vociferar. Então Zoroaster começou a falar vagarosamente, de modo incisivo e tão alto que cada um podia entender suas palavras:

— Não venho para vós com palavras, ó infelizes, mas com ações. Quero ajudar-vos, mas primeiramente a vossos corpos e depois a vossas almas!

Ficaram perplexos. Depois alguns exclamaram:

— Como podereis nos ajudar? O que são três pessoas contra tanta miséria? Prometeis mais do que podereis cumprir. Sois mentirosos como o Zoroaster que veio antes de vós.

— Não exigimos de vós que acrediteis em nossas palavras, ó pobres iludidos, mas dai-nos a oportunidade de provar, com atos, como as nossas intenções são sérias, disse Zoroaster amavelmente.

As pessoas ficaram confusas com o calor e a bondade que emanavam dele.

— Como quereis nos ajudar? perguntaram, cedendo.

— Vendo o que vos falta! Temos víveres que queremos dividir convosco. Isto deverá ser o começo.

Ouvindo essas palavras, apareceu vida em seus olhos apagados. Apertaram-se em volta do auxiliador, que rapidamente se entendeu com o seu companheiro.

Depois, Zoroaster chamou todos os habitantes do lugarejo para uma praça aberta, onde anos antes lhes anunciara as verdades da fé. Restava apenas, mais ou menos, a metade da população daquele tempo. Ele não perguntou o que acontecera com os outros. Era fácil adivinhar o seu destino.

Quando olhou as pessoas que ali se encontravam, perpassou-lhe uma idéia.

— Quantas pessoas ainda se encontram nas cabanas? perguntou de um modo que não permitia nenhuma evasiva.

Eles então confessaram que, para receberem mais, tinham fechado muitos parentes nas cabanas. Tinham obstruído as portas pelo lado de fora com pesadas pedras. Nisso, um tinha ajudado ao outro.

Embora Zoroaster estivesse profundamente assustado, não os repreendeu. As almas tinham sofrido danos com o desleixo de seus corpos. Ali havia muito trabalho. Ia de cabana em cabana, mandando abrir as entradas e sair os que estavam trancados lá. Depois, ele próprio entrou em cada uma dessas imundas habitações, para se inteirar pessoalmente de que agora, realmente, todos os habitantes estavam reunidos.

Depois de verificar o número de pessoas, Mursa, com o servo, trouxe a comida já preparada, e Zoroaster a distribuiu, após ter erguido as mãos em oração sobre a mesma, agradecendo a Ahuramazda por Sua graça.

Havendo ele mesmo oferecido as dádivas, ninguém ousou olhar para o outro, para ver se tinha recebido mais. Para isso também não havia nenhum motivo: o preparador do caminho fizera a distribuição com rigorosa justiça.

Alguns não estavam em condições de comer tudo. A esses, Zoroaster mandou guardar a sobra cuidadosamente. Depois convocou novamente todos os homens.

— Ficastes agora satisfeitos devido à bondade de Deus, na qual não acreditais mais. Dormi agora em Sua paz. Em breve, porém, vós próprios tereis que vos cuidar novamente. O caminho para isso nós vos indicaremos.

Obedientes como animais satisfeitos, todos procuraram suas cabanas. Era o que Zoroaster queria. Tinha de ficar sozinho, quando chamava seus auxiliadores.

Colocou-se no meio dos campos abandonados e cobertos de ervas daninhas e pediu:

"Ó vós, pequenos enteais que me prometestes ajuda e que tantas vezes já me ajudastes, vinde a mim. Necessito de muitos de vós."

Então eles surgiram dos campos, das cavernas, da floresta e dos prados. Colocaram-se a sua volta, esperançosos, como crianças às quais se prometeu um novo brinquedo.

"Olhai para os campos, ó vós pequenos ajudantes", indicou Zoroaster. "Estão abandonados por culpa dos seres humanos. Mas que tenham chegado a tal ponto é minha culpa também. Por isso preciso ajudar a reparar tal mal. Tenho que ajudar na medida que me for possível. Aqui, no entanto, apenas nossas seis mãos absolutamente nada conseguirão. Quereis nos ajudar a preparar os campos?"

Um movimento alegre tomou conta desse pequeno grupo de homenzinhos enteálicos. Aos tropeços e com grande alegria, correram em todas as direções, mais depressa ainda do que quando vieram. Mas voltaram com a mesma rapidez. Apenas tinham ido buscar suas ferramentas. Depois, começou um bem planejado e rápido trabalho juntamente com os homens.

Certa manhã, a terra novamente se apresentou em sua cor marrom, aguardando a sementeira.

Mas os pequenos enteais, cheios de expectativa, ficaram enfileirados e olhavam para o grande servo do seu Senhor. Será que ele os elogiaria? E ele o fez do mais fundo de sua alma, pois não tinha esperado tanto auxílio.

Foi então até as cabanas, para onde os companheiros, mais uma vez, levaram os alimentos que ele novamente distribuiu, depois de uma oração.

Enquanto comiam, ele contou que seus ajudantes, servos de Deus, tinham aprontado os campos para a semeadura. Convidou todos a ir com ele até lá.

E os homens, mulheres, crianças, pessoas idosas e velhos decrépitos, todos impelidos pela curiosidade, foram ver os campos. O que viam superou qualquer expectativa. Não podiam compreender e falavam confusamente de milagre e da onipotência e bondade de Ahuramazda.

Zoroaster, porém, dirigiu-se aos seres humanos, aproveitando esse momento em que suas almas estavam abertas, e com poucas palavras mostrou-lhes que realmente tinha sido a bondade de Deus e nada mais, que tinha derramado essa bênção sobre os renegados seres humanos.

— Agora, no entanto, posso esperar a vossa ação! exortou Zoroaster seriamente. Ide para vossas cabanas e procurai sementes. Cada grão é valioso. Todos vós deveis colocar a semente no solo preparado, depois de eu orar sobre ele.

Acharam sementes suficientes, que davam para semear todos os campos. As pessoas, no entanto, não o haviam compreendido e trouxeram as sementes para que ele abençoasse.

Isso ele fez de bom grado; depois caminhou orando sobre os campos de cultura, seguido pelos semeadores. Até altas horas da noite ficaram trabalhando. Ninguém ficou demasiadamente cansado; pois sabiam que, a cada passo que davam, entrariam num país de melhor futuro.

A refeição que tomaram em comum nesta noite quase se tornou uma festa. Zoroaster, possuindo uma bela voz, entoou com seus companheiros a canção de louvor a Ahuramazda, e os homens se esforçaram em aprendê-la, de modo que, sem demora, um coro sonoro reboou para cima, para o céu estrelado.

Agora sentiam cansaço e, um após outro, retiraram-se para suas cabanas.

Por fim, o preparador do caminho e Mursa se encontravam sozinhos na praça. Aí, falou o servo de outrora:

— Senhor, como é inimaginável a misericórdia de Ahuramazda! Lembras-te de como fomos recebidos aqui! Como mudaram essas criaturas humanas!

— Se eu não soubesse como é grande e sábio o supremo Deus, então eu o teria aprendido. Agora, porém, quero agradecer mais uma vez aos pequenos ajudantes, cuja fidelidade possibilitou esse grande acontecimento!

E os pequenos enteais vieram com os rostinhos iluminados de alegria.

Zoroaster, depois de lhes agradecer mais uma vez e lhes contar o que já sabiam sobre o efeito da atuação deles com os seres humanos perdidos, perguntou-lhes: "Dizei-me, posso retribuir-vos também com uma ação de amor?".

Cochichando, entreolharam-se; depois um dos gnomos aproximou-se e falou vagarosamente:

"Sim, de fato, podes proporcionar-nos um serviço de amor que não podemos pedir a nenhum outro. Ora sobre nós e abençoa-nos como abençoaste as criaturas humanas."

Zoroaster fez isso com alegria, pedindo para esses fiéis e pequenos servos do grande Deus Sua especial graça.

No dia seguinte o preparador do caminho distribuiu mais uma vez uma refeição matutina. Não orou logo porque queria ver quem começaria a comer sem fazer a oração. Mas, embora todos olhassem avidamente para os alimentos, ninguém tomou algo. Alguns, entre eles, exclamaram:

— Não queres orar, Zoroaster?

Depois da refeição ele lhes propôs que fossem procurar frutas. Deveriam levar armas consigo, pois talvez pudessem pegar alguma caça na caminhada. Ele mesmo nunca matara, mas sabia que essa gente necessitava agora de carne.

Fartamente carregados, voltaram para casa ao anoitecer. Tudo foi distribuído e deixado às mulheres, para o preparo da comida.

Desenvolveu-se grande atividade. Esqueceram-se do cansaço e do desânimo. Acenderam-se fogueiras em frente às cabanas, aparecendo várias famílias que se reuniram para assar em conjunto os seus pedaços de carne.

Depois, enquanto todos estavam comendo, Zoroaster observou como tentaram orar antes, assim como ele o fizera. Sem dúvida, esses seres humanos, no fundo, ainda não estavam tão corrompidos como haviam dado a impressão.

Aqui e acolá, dirigiam-se a ele para que provasse um pedacinho de carne. Fez isso, para agradá-los. Depois da refeição, porém, convidou os que quisessem a ir à praça e falou-lhes sobre os deuses, sobre Ahuramazda e sobre a ingratidão dos seres humanos.

Encontrou ouvintes de boa vontade. Nada era diferente do que já antes lhes havia anunciado, mas agora, depois da miséria, provocada por eles próprios, ter tocado suas almas, as palavras de Zoroaster penetravam mais profundamente.

Atrás dos homens se encontravam as mulheres, que tiveram a coragem de se aproximar. Estavam acocoradas ou em pé e ninguém as mandou embora, mas também ninguém lhes deu atenção. Uns olhos brilhantes, fixos como que por encanto no orador, chamaram sua atenção.

Quando as pessoas se dispersaram para procurar suas cabanas, Zoroaster viu que essa mulher, ainda muito jovem, desapareceu na moradia do chefe da tribo. Devia ser sua filha.

Durante um momento pensou inquiri-la sobre isso, pois parecia-lhe possuir uma alma que procurava; contudo, logo afastou tal idéia. O que poderia fazer com mulheres!

Nesse momento, pareceu-lhe ver os olhos de Madana fixos nele, cheios de repreensão. Madana! Ela era uma mulher. Ela o havia guiado, devia-lhe o melhor que sua infância tinha proporcionado!

Mas deveria ele por isso se preocupar com outras mulheres? Sempre fora costume as mulheres receberem quaisquer conhecimentos, mesmo em questões de crença, através dos homens, a não ser que chegassem a esses sob a influência de sacerdotisas nas cidades maiores. Para ele havia tanta coisa a modificar e a melhorar, a ensinar e a anunciar, que não queria iniciar nada de novo, nessa questão.

Mas os olhos perscrutadores que hoje o tinham tocado perseguiam-no até no sono. Não paravam de perguntar e perscrutar.

Ao amanhecer lançou esses pensamentos para longe de si. Queria fazer com que as pessoas reformassem as cabanas.

Agora talvez fosse bom se pudesse contar com a cooperação das mulheres, mas isso ele não queria, para não ficar novamente em contato com aqueles olhos.

Assim, ordenou que as mulheres e as crianças, que estivessem em condições para tal, colhessem frutas. Os outros deveriam reunir-se na praça livre. Depois, ensinou os homens como deviam arejar, afastar as imundícies e fazer limpeza nas cabanas.

Ele mesmo, junto com Mursa, ajudou eficientemente, enquanto o servo cuidava dos cavalos e guardava as provisões. Os homens tornaram-se como que vivificados com esses trabalhos de faxina. Chamavam uns aos outros e comparavam para ver quem tinha retirado mais sujeira de sua moradia.

A cabana do chefe da tribo estava conservada e tão limpa que causava espanto geral.

"Jadasa sempre foi diferente de todas as outras moças", disseram os homens, e depois, sem serem solicitados, contaram o que Zoroaster tanto queria saber:

"Jadasa era filha única do chefe, que desejara um filho varão, tendo ficado decepcionado com o nascimento de uma menina. Entregara-a aos cuidados de uma sacerdotisa, visto que sua esposa falecera no parto da pequena; até há pouco, ela havia permanecido junto à sacerdotisa.

Ela também desejara se tornar sacerdotisa, mas o pai não o permitiu. Deveria casar-se para trazer um herdeiro às vastas possessões do velho. Jadasa, porém, aparentemente se tornara orgulhosa. Em relação às mulheres, ela não é orgulhosa, ajuda onde puder, mas não liga para os homens."

Agora Zoroaster entendia aquele olhar ansioso: havia aprendido com as sacerdotisas e agora tinha vontade de conhecer mais. Não queria excluí-la, quando novamente ele falasse.

Mas à noite, na praça livre, quando à luz de um fogo oscilante falava sobre o séquito de Anramainyu, ela não apareceu. Isso não lhe agradou! Pois estava disposto a conformar-se que aquela mulher também escutasse, e ela se mantivera afastada.

Novamente o perseguiam aqueles olhos, até o adormecer. Aí, parecia-lhe que Madana se aproximava de seu leito, lamentando-se.

"Minhas irmãs até agora tiveram que ficar detrás dos homens; isto, porém, não é motivo de continuares a ser assim injusto, Zoroaster. Mas seria errado se quisesses encorajar apenas Jadasa a ouvir. Deves mandar vir todas as mulheres e moças. Muita coisa compreenderão bem mais rápido do que os rudes homens. Não esqueças: elas são as mães das crianças em crescimento. Podem colocar nas jovens almas muito daquilo que agora estás ensinando. Não esqueças as mulheres!"

Não sabia mais se havia feito uma promessa a Madana a esse respeito. Mas tal também não era importante. Ela exigiu dele algo que devia cumprir incondicionalmente, apesar de não lhe ser fácil. Consolou-se, pois queria esperar pela oportunidade. Não podia, de repente, convidar as mulheres a participar. O que pensariam os homens a respeito?

O dia ainda trouxe muito trabalho nas cabanas. Passariam ainda muitos dias até que tudo estivesse restaurado. Mas por causa disso não mais precisaria permanecer aí. O que o reteve foi a anunciação do Saoshyant, com a qual ainda não tinha começado.

Ao anoitecer desse dia, caía a chuva tão implorada, de modo que não foi possível se reunirem na praça. Mas a umidade refrescou todos e ajudou a sementeira a germinar. Tão rapidamente como desta vez, nunca os campos se haviam desenvolvido. Foi como se um halo verde tivesse se estendido sobre eles, quando depois dessa quente noite de chuva as gotas de água brilhavam ao sol.

Nesta noite, porém, despertou algo também na alma de Zoroaster. Com certo alívio, havia se deitado sobre a cama, pois fora impedido, devido à chuva, a tomar uma decisão a respeito das mulheres. No dia seguinte talvez soubesse como teria que agir.

Não estava deitado há muito tempo, quando ouviu sons sobrenaturais e belos, e ao mesmo tempo uma maravilhosa fragrância perpassava o recinto. Pulou da cama e prostrou-se de joelhos.

Nesse momento, a cabana se abriu acima dele, de modo que podia ver o céu estrelado, onde navegavam pequenas nuvens cor-de-rosa. Depois, abriu-se também o céu estrelado e irromperam raios dourados, seguidos de um fulgurante e maravilhoso colorido.

O coração de Zoroaster batia fortemente. O que lhe seria permitido ver?

Agora as irradiações se afastavam para o lado, e no alto ele viu o interior de um amplo e luminoso átrio, parecido com o que já havia visto anteriormente. Encontravam-se aí aqueles três maravilhosos vultos femininos. A portadora da coroa, com o rosto luminoso coberto por um véu, envolveu com seu manto azul os dois vultos femininos, parados na frente dele.

Durante longo tempo Zoroaster olhou cheio de bem-aventurança e ouviu, então, uma clara e luminosa voz:

"Preparador do caminho, estás nos vendo? Queremos lembrar-te de que não deves esquecer as mulheres na Terra. Elas se encontram sob nossa proteção. Ensina-as e anuncia-lhes o salvador! Aquilo que Ahuramazda lhes deu, elas têm conservado mais puro em si do que os homens. Poderão assimilar teus ensinamentos mais facilmente. Isso ajudará os homens."

Como que num juramento, Zoroaster ergueu as mãos.

"Quero agir assim, ó mulheres celestiais. Agradeço-vos por me ser permitido ver-vos."

Pareceu-lhe, então, como que se a excelsa mulher, em seu manto azul, falasse, e ela dizia:

"Coloca as mulheres novamente no lugar ao qual pertencem, conforme a vontade do altíssimo Deus: à frente dos homens!"

E a encantadora mulher, parecendo completamente envolta por nuvens cor-de-rosa, falou:

"Seu amor deve se tornar de novo desinteressado, como foi desde os primórdios, então elas poderão cumprir seus deveres no reino de Ahuramazda!"

A bem-aventurada figura branca, porém, parecia dizer, inclinando-se para o preparador do caminho:

"Ensina-lhes a pureza no pensar e no atuar, então a bênção da pureza as envolverá!"

Depois, Zoroaster nada mais viu nem ouviu, mas a aparição e as palavras ficaram gravadas para sempre em sua alma.

No dia seguinte, quando trabalhava junto com os homens, ordenou-lhes que trouxessem suas mulheres à noite. Incrédulos, olharam para ele.

— Mas são coisas para homens, o que estás contando!

Agora Zoroaster se tornou eloqüente a favor delas, do mesmo modo que antes, quando as havia recusado. Sabia falar tão convincentemente, que os homens, por fim, nada mais tinham a opor. À noite, então, vieram muitas mulheres e, entre elas, Jadasa.

Falou do vindouro Juízo.

— Deveis saber que o Saoshyant não levará indiscriminadamente todas as criaturas humanas para Garodemana. A esse bem-aventurado tempo precederá o Juízo, que todos nós merecemos!

Todos os seres humanos terão de deixar esta Terra e aí chegarão à grande ponte Tshinvat, a qual, no entanto, somente poderá ser atravessada de um em um. Nada adianta um querer agarrar-se ao outro para buscar força e apoio.

Cada um terá de percorrer sozinho esse caminho. E enquanto andar, verá, no final da ponte, dois grandes seres luminosos, servos de Ahuramazda. Atrás deles, porém, fica sentado o Saoshyant num trono áureo, com a espada desembainhada e com os olhos que transpassam cada criatura humana.

Zoroaster falou como um vidente. Nunca tinha explanado tais coisas. Aprendera isso na solidão. Nunca falara disso aos homens. Como que encantados, todos os olhos prendiam-se a seus lábios.

— Um dos servos luminosos do Eterno segura uma balança. Quando, então, um ser humano se aproxima dela, de modo rápido ou vagaroso, conforme tenha transposto a ponte, alegre ou relutantemente, acorrem já inúmeros pequenos servos luminosos, carregando todas as suas ações. As boas são colocadas num prato da balança e as más no outro prato. Apenas vale, nesse Juízo, aquilo que o ser humano adquiriu por si mesmo.

Justiça inexorável determina tudo. Amor, graça e piedade não é permitido estar presente no trono do Juiz.

E os olhos irradiantes do Saoshyant olham para a balança. Onde o prato das boas ações, palavras e pensamentos baixar, a alma humana pode acabar de transpor aquela ponte e se colocar atrás do trono do Juiz Universal. Quando, porém, se der o contrário, a alma despencará da ponte para as profundezas infindas, para nunca mais ascender!

Com um suspiro de alívio o orador terminou. Então a voz de Jadasa perguntou, trêmula de emoção:

— O que acontece com aqueles que se encontram atrás do trono do Juiz? Será permitido a eles entrar em Garodemana?

— Ainda não, Jadasa, respondeu Zoroaster amavelmente. Nem mais se deu conta de que era uma mulher quem desejava uma resposta.

— O Saoshyant novamente os levará até a Terra; pois na Terra, Ahuramazda deseja erigir Seu reino, devendo então a Terra se tornar um Paraíso no qual os seres humanos têm que ser verdadeiros servos de Deus. Depois, então, quando morrerem, suas almas automaticamente irão para os jardins da eternidade, para Garodemana.

Separaram-se silenciosamente. Cada um transbordante de conhecimentos e de receios. Quando chegasse o momento, certamente nenhum deles poderia passar pelo Juízo.

Só ao pensar em tudo quanto acontecera de mal, entre eles, depois da estada do falso Zoroaster, podiam se desesperar. A vida deles, pois, não seria suficientemente longa para juntar o bastante em boas ações como contrapeso.

Calados, entregaram-se no dia seguinte aos seus trabalhos. Tinham se acostumado integralmente a trabalhar com afinco, desde a manhã até a noite; pois viam que Zoroaster fazia o mesmo. Nesse dia ficaram pensativos e não trocaram gracejos e nem soava aquela canção.

Mas à noite assediaram o preparador do caminho com suas perguntas.

— Ainda adianta continuarmos a viver, Zoroaster? perguntaram com insistência.

Cada um queria saber a mesma coisa, apenas a maneira de apresentar a pergunta era diferente. Uma das mulheres observou, pensativamente:

— A vida deve ter ainda algum valor para nós, mulheres; pois mesmo que nós próprias não consigamos progredir, podemos ensinar nossos filhos a se tornarem melhores. Por causa de nossos filhos não devemos deixar a vida.

— Não diga isso, Salane! exclamou seu marido. Pois se vós, mulheres, deveis permanecer por causa dos filhos, então nós temos também que ficar para trabalhar e conseguir vossa alimentação! Mas preferimos morrer logo, se não pudermos sustar a ruína. Combinamos isso entre nós.

Uma tempestade levantou-se entre as mulheres, até que Jadasa ergueu a mão, pedindo que não se esquecessem totalmente de sua dignidade. Não estavam sozinhas. A agitação então se acalmou, pelo menos exteriormente.

Novamente todos se dirigiam como que perguntando a Zoroaster, que até então tinha observado suas manifestações silenciosamente.

— Seria um grave erro quererdes jogar fora, voluntariamente, uma vida que vos foi dada por Ahuramazda, começou a falar lentamente. A vida do ser humano não é sem finalidade! Talvez mais tarde possa vos explicar isto. Agora estais sentindo que não fizestes uso correto dessa dádiva. Reconheceis que vosso atuar tem sido condenável, devendo conduzir à queda na ponte Tshinvat, se não tiverdes nada de melhor para colocar no outro prato da balança.

— Tal não temos! De onde viria? exclamaram os homens novamente.

Zoroaster calou-se, até que eles se acalmassem. Aí, tomou novamente a palavra:

— Atualmente, decerto, não tendes algo para ofertar; de qualquer forma, o pouco que há de bom não bastaria. Mas agora quero anunciar-vos algo maravilhoso. É permitido retornardes à Terra, depois da morte, para reparar o que estragastes agora!

O grande pasmo inicial se desfez em júbilo, quando essas criaturas humanas começaram a compreender o que lhes fora ofertado com isso.

Poder viver mais uma vez, antes de precisarem chegar à ponte do Juízo! Agora, sabendo o que dependia disso, acautelar-se-iam para não fazer algo de errado novamente! Estavam como que embriagados de felicidade.

Passando por cima de toda a excitação, ecoou a voz de Jadasa:

— Preparador do caminho, nunca um atravan anunciou tal coisa. Também as sacerdotisas nada sabem sobre isso. Falas assim para acalmar as almas, ou recebeste uma mensagem especial?

— Digo-o, Jadasa, porque sei. É a verdade! Sou um servo de Ahuramazda, e um anunciador do Saoshyant. Achas que seria possível eu espalhar mentiras?

— Perdoa, pediu ela corando. Essa mensagem é maravilhosa demais. Queria ter a certeza.

— Sim, criaturas humanas, ainda não podeis compreender plenamente o que significa poder voltar mais uma vez à Terra. Muito pensei sobre isso, desde que me foi dada tão elevada notícia. Jaz nisso uma misericórdia ilimitada do eterno e sábio Deus. Se quereis talhar um instrumento para vós e a madeira for cheia de nós, de modo que aqui e acolá se quebre ou se torne torto, o que fazeis?

— Pegamos outra madeira, exclamaram os homens que não compreendiam por que nesse importante momento ele começava a falar de instrumentos.

— E vós, mulheres: quando o fio se rompe constantemente, o que fazeis?

— Jogamos esse fio e pegamos outro, responderam elas.

— Vede, seria um trabalho inútil, se vos esforçásseis com a madeira nodosa ou com o fio que sempre rompe. E o supremo Deus não joga fora nós, pobres e pecadoras criaturas humanas que somos! Ele permite que sempre e sempre de novo tentemos superar nossas máculas e nossas fraquezas!

Podeis compreender essa paciente bondade? Ela é divina, ó seres humanos! Serenai-vos diante dela, adorai-a e transformai vosso ardente agradecimento em alegre ação. Então ela vos trará ricos frutos.

Quando ele calou, todos permaneceram em silêncio. Pensavam. Novamente surgiram perguntas.

— Zoroaster, o que será feito com as culpas que até agora acumulamos? Ficam guardadas até o dia do Juízo?

— Isto também perguntei inúmeras vezes, ó homens, assentiu Zoroaster. Finalmente um mensageiro luminoso do Altíssimo me trouxe uma resposta, a qual vos quero transmitir:

Cada uma de nossas ações, sejam boas ou más, nos seguem como uma sombra, da mesma maneira como recentemente Tungo seguiu Tufis, que lhe tinha roubado o machado. Assim como Tungo não deixou Tufis em paz, até que este lhe devolvesse o machado, do mesmo modo, cada má ação ameaça e implora ser reparada. Compreendeis isto?

Alguns acenaram com a cabeça afirmativamente, mas Zoroaster viu que ainda não tinha falado suficientemente claro. Zoroaster gostou de seu próprio exemplo e por isso queria agora aproveitá-lo de modo diferente.

— Vede, de início Tufis agiu mal, tirando o machado de Tungo. Depois não teve mais sossego, enquanto não o devolveu. Aí, o mal fora apagado pelo bem.

Agora haviam compreendido.

— Podemos também extinguir nossas más ações? Precisamos contar todas as nossas más ações, como contamos os dedos das mãos? Agora, então, devemos fazer a mesma quantidade de ações boas?

— Não! Não quero dizer isso, corrigiu Zoroaster. Deveis reparar aquele mal que fizestes. Somente então ficareis livres disso, e mais tarde aquele mal não poderá mais cair no prato da balança.

— Isso nem sempre é possível, objetou um homem.

— Sempre é possível! afirmou Zoroaster; mas foi interrompido:

— Deixamos abandonados nossos campos de cultura, como poderemos reparar esse mal?

— Cultivando-os futuramente com redobrados cuidados, objetou um dos homens. Mas o preparador do caminho falou:

— Sim, esse seria um caminho, mas conheço ainda um outro. E ele lhes relatou sobre aquela gente que tinha saído para outras localidades, a fim de ajudar. Isso agradou a todos.

— Assim queremos fazer também! exclamaram entusiasmados. Quando tiveres que nos deixar, preparador do caminho, vamos te acompanhar e repararemos nossas culpas.

— Os outros o fizeram para assim agradecer a Ahuramazda, lembrou Zoroaster, temendo que aquela gente apenas procurasse reparar por medo de Tshinvat.

— Será que não se pode fazer isso simultaneamente? indagou um deles infantilmente.

Os demais concordaram com isso, e Zoroaster, por ora, deixou assim. Tinha que estar contente com aquilo que até agora havia alcançado.

Ao anoitecer do dia seguinte, apareceram novas perguntas. Um homem velho contou:

— Quando eu era jovem, num momento de raiva, matei meu vizinho. Arrependi-me muitas vezes disso e ainda hoje isto me oprime. Mas não posso reparar. Ele está morto.

O velho deu um suspiro. Zoroaster olhou em redor de si como que procurando.

— Quem sabe uma resposta?

Os homens ficaram calados. Mas Jadasa levantou a cabeça.

— Fala, Jadasa, estimulou o preparador do caminho. Ela, então, meio encabulada, começou:

— Se Ahuramazda nos dá a oportunidade de remir e reparar nossos erros mediante uma nova vida, então não seria compreensível se Ele a desse apenas em parte!

— Tens razão, mas continua explicando. Os outros não te compreendem ainda.

— Se nos é permitido remir, também deve estar novamente na Terra aquele contra o qual pecamos. Teu vizinho, portanto, será novamente teu vizinho na próxima vida, é o que penso. Então terás de servi-lo tanto quanto puderes.

— É essa nossa primeira vida? indagou um outro.

— Certamente não, declarou Zoroaster, a quem tal pergunta também já muitas vezes tinha dado o que pensar.

— Então devemos ser amáveis para com todas as criaturas humanas, irrompeu de um dos homens mais jovens, pois é possível que outrora tenham sido ofendidas por nós, ou até assassinadas.

— Isto devíamos saber, é o que penso, opinou um outro.

Mas Zoroaster declarou que a vida se tornaria insuportável se todos os seres humanos tivessem conscientemente diante de si todos os seus erros anteriores. É preciso, pois, viver cuidadosamente para não ofender ninguém e ser bondoso para com todos, a fim de que, de qualquer forma, se repare o máximo que for possível.

Acharam isso muito difícil; pois significava que constantemente seria necessário estar alerta diante do mal. Durante essas considerações, alguém perguntou:

— Zoroaster, já estás levando há muito uma vida correta. Isso é muito difícil?

Contra sua vontade, Zoroaster riu.

— De início é difícil, mas também isso se aprende, tendo boa vontade. Pode-se evitar a maioria dos erros, modificando a maneira de pensar, de acordo com a vontade de Ahuramazda.

Surgiram perguntas sobre perguntas. Cada vez mais profundamente Zoroaster pôde introduzir essas criaturas humanas no saber que lhe fora doado.

Depois de alguns dias, porém, achou ter chegado a hora de prosseguir em sua marcha, a fim de proporcionar auxílio também a outros. Cerca de trinta homens se juntaram a ele, querendo, até a época da colheita, ajudar também outros. Além disso, veio Jadasa junto com uma outra moça e pediu para acompanhá-los.

— Da mesma forma como aqui, muitas mulheres necessitarão de ajuda. Deixa-nos ajudá-las. Deixa-nos mostrar-lhes como podem pôr em ordem suas cabanas e conduzir seus filhos corretamente. No trabalho também poderemos lhes falar muito sobre aquilo que nos anunciaste.

Depois de breve reflexão, Zoroaster concordou em levar consigo as moças, principalmente porque também o pai de Jadasa pretendia ir junto. Ele seria a proteção natural para ambas. Mas de início o velho nada queria saber sobre isso.

— Se eu for, Jadasa terá de ficar em casa. Quem tomará conta de nossa propriedade?

— Pedi aos vizinhos, pai, disse Jadasa. Eles farão tudo direitinho e de bom grado, uma vez que anos atrás estragaram um dos nossos campos de cultura. Querem reparar isso agora.

Contra isso nada se podia dizer. Mas o velho ainda não estava contente.

— Nunca te casarás, andando assim conosco pelo país, minha filha. Sabes que este é meu desejo e minha vontade.

— Se estiver na vontade de Ahuramazda, Ele me mandará um esposo, falou Jadasa com seriedade. Então não mais me recusarei.

Assim, todas as objeções caíram por terra. As moças preparavam-se para a viagem. Tinham de andar a pé, assim como os homens, porém estavam acostumadas a isso.

Dessa vez os pequenos auxiliadores enteais indicaram um outro caminho. Se Zoroaster tivesse conservado a mesma direção, teria chegado ao deserto. Agora teve que se dirigir ao norte, e logo notou que o caminho conduzia a regiões conhecidas por ele.

Na próxima localidade encontrou pessoas denotando ainda decadência, mas que, no entanto, sossegadamente se entregavam a seus afazeres cotidianos. Os campos de cultura estavam tratados, as mulheres entrelaçavam esteiras e cestos e os homens moldavam vasilhames de barro, encontrados por toda a parte, nessa região.

Surpreso, Zoroaster perguntou se o impostor não estivera ali. E soube que também ali estivera, mas que depois chegaram mensageiros do verdadeiro preparador do caminho.

Quando depararam com a desgraça, que fora realmente grande, mandaram pessoas da região mais próxima para ajudar. Os homens desconhecidos tinham trabalhado diligentemente.

Como recompensa tinham solicitado esteiras, cestos e vasilhas, nos quais agora estavam trabalhando. Muito já havia sido entregue. Logo estariam livres de suas dívidas.

Externamente, nessa localidade nada mais havia para fazer. Agora, no entanto, chegariam as pessoas para ajudar! O que deveria fazer?

O luminoso guia, a quem Zoroaster perguntou sobre isso, aconselhou-o a esperar pelos que ainda não haviam chegado, prosseguindo depois com eles e que deixasse Mursa nesse lugar. E assim foi feito.

Até a chegada daquelas pessoas que vinham a pé, Zoroaster conversou com os homens e as mulheres, enquanto estavam trabalhando.

Preparou uma base, na qual Mursa, que ouvira tudo, poderia continuar a construir. Depois, já descansados, o grupo seguiu com Zoroaster mais para diante, embora ficassem um pouco decepcionados.

Para o poente, indicaram os pequenos enteais. Zoroaster perguntou-lhes, então, se também no próximo povoado eles não seriam necessários; mas os enteais afirmaram que ali necessitavam urgentemente de seus trabalhos.

E assim foi. O grande povoado onde chegaram era o mais decadente que o preparador do caminho tinha visto até então. O pior foi a grande depravação, que fez com que Zoroaster ficasse arrependido de ter levado as moças consigo.

Já estava pensando se deveria mandá-las de volta com o servo, quando Jadasa se aproximou dele.

— Não fiques zangado comigo, Zoroaster, se interrompi teus pensamentos e os contradigo. Sei que em parte alguma as mulheres necessitam tanto de ajuda como aqui. Elas perderam sua pureza. Um homem não lhes poderá explicar o que é a pureza; pelo menos, não o que ela significa para uma mulher, e de que maneira elas poderiam recuperar a pureza perdida. Devo ajudar essas mulheres e moças. Não te preocupes comigo, Zoroaster. Estou sob proteção...

Com voz comovida ele interrompeu-a.

— Teu pai não poderá estar sempre em tua volta, Jadasa!

— Também não me refiro à proteção externa do meu pai. Quando me foi dada a incumbência de ajudar essas pobres mulheres, aí me foi assegurada também a proteção. Em nossa longa caminhada pude senti-la diversas vezes. Não tenho medo. Tens de permitir que eu execute minha missão.

— Quem te deu a missão? indagou Zoroaster.

— Uma maravilhosa mulher vestida de branco. Ela disse-me: "Vai até as mais pobres de todas as mulheres, Jadasa, e ajuda-as. A proteção da pureza sempre te envolverá!".

— Então, Jadasa, cumpre tua missão na bênção da pureza! Não! Jamais te impedirei.

E Jadasa, impelida pelo amor, seguiu alegremente seu caminho em auxílio às mais pobres das pobres. Sua palavra amiga, seu olhar alegre e a maneira maternal com que pegava as crianças chorosas granjeou-lhe a confiança das mulheres.

Cheios de admiração, os homens olhavam para ela, pois andava como uma rainha; mas ninguém ousava falar-lhe. A altivez, circundando-a, criou uma perfeita proteção em sua volta.

Logo notou que uma grave doença tinha se alastrado nas cabanas. Ela cuidava e se dedicava com incansável paciência. Trabalho algum lhe era demasiado.

Os homens doentes foram transferidos, por ordem de Zoroaster, para uma grande barraca montada fora da vila e eram aí tratados por homens. Mas estes pediam instruções a Jadasa. Ela indicava as ervas que deviam ser procuradas e amassadas, para poder curá-los.

Nesse ínterim, os homens que vieram com Zoroaster tentavam cuidar dos campos de cultura totalmente abandonados. Mas até que estes fossem preparados, embora precariamente, a época da colheita já teria chegado. Durante horas confabularam; depois se acercaram de Zoroaster, que, juntamente com algumas mulheres que ainda tinham saúde, tentava limpar as cabanas imundas.

— Preparador do caminho, não queres mandar vir os auxílios que salvaram nossos campos? perguntaram timidamente.

Explicaram-lhe por que desejavam isso, e que não era por preguiça.

— Pensais que os cereais ainda amadureceriam, se pudésseis começar com a semeadura dentro de dois dias, mais ou menos?

Disseram que sim; estavam, aliás, convictos disso.

— Pois bem, tentarei então, se os pequenos enteais se mostrarem dispostos aqui também. Uma vez que agora nada tendes a fazer, ajudai-me na limpeza das cabanas.

De bom grado ajudaram, pois não era preguiça o que os havia afastado dos campos. Admiradas, as mulheres viam com que presteza os homens trabalhavam nos afazeres que, em verdade, não competiam a eles. Uma moça atrevida perguntou com sarcasmo:

— É costume em vossas casas que o homem execute trabalhos de mulheres?

— Em casa não temos necessidade disso; pois não temos mulheres assim preguiçosas, soou rápido a resposta.

Zoroaster, porém, desse momento em diante, separou-os durante os serviços. À noite ele foi até os campos e pediu a presença dos enteais. Vieram à sua chamada, mas não se mostraram muito dispostos a corresponder a seu pedido.

"Se tu queres, Zoroaster, ajudaremos, mas essa gente não o merece. Maltratam o seu gado, sujam as águas e estragam as plantas. Já desde há muito nos retiramos deles. Voluntariamente não ajudaremos a nenhum deles. São demasiadamente maus."

Mas Zoroaster rogou:

"Ajudai desta vez, então eu lhes direi a quem devem o auxílio. Espero que melhorem, quando eu sacudir suas almas. Mas nada poderei conseguir em suas almas, enquanto os corpos estiverem necessitados."

Então, os gnomos prometeram cooperar ainda uma vez e preparar os campos até a semeadura. Mas Zoroaster viu nitidamente a diferença entre o trabalho feito por eles em obediência e o trabalho executado com grande alegria dos outros pequenos enteais.

Culpados disso também eram os seres humanos! Somente a atuação deles tinha tornado os pequenos assim contrariados.

Não obstante de má vontade, os gnomos fizeram um bom trabalho. E, certo dia, os raios do sol bateram sobre os campos preparados.

Os homens de Zoroaster, celeremente e com grande alegria, fizeram a semeadura, enquanto o preparador do caminho implorava a bênção de Ahuramazda. Depois agradeceram aos auxiliadores invisíveis.

Com isso, os pequenos alegraram-se, pois não mais estavam acostumados com criaturas humanas que pensassem com justiça. Deram a entender a Zoroaster que de bom grado ajudariam ainda mais esses homens amáveis.

Zoroaster, por sua vez, contou aos gnomos como essas criaturas, voluntariamente, tinham assumido o trabalho dessas pessoas totalmente desconhecidas. Falou-lhes sobre Jadasa, a qual tratava carinhosamente os doentes que, em parte, nem lhe agradeciam.

E os gnomos viram que ainda nem todos os seres humanos tinham se tornado maus.

Para os gnomos também, Zoroaster queria oferecer algo, mas eles riram-se e disseram que tinham tudo de que necessitavam.

Isso deixou Zoroaster quase triste. À noite contou aos homens sobre ambas as experiências que tivera com seus pequenos auxiliadores.

— Vede, ó criaturas humanas, assim conseguimos arrastar também os pequenos servidores de Ahuramazda mediante nossa má vontade. A quanto não teremos de responder, quando tivermos que transpor a ponte para o Juízo.

Zoroaster estava sentado junto com seus auxiliares vindos do último povoado. Os homens radicados nesse lugar estavam doentes ou eram depravados demais para querer assistir a uma conversa séria. Com isso os auxiliares estavam aborrecidos.

— Se não querem modificar suas almas, então também não precisam do auxílio de outrem. Talvez em outra parte estejam pessoas esperando por nós, que de bom grado aceitariam tuas palavras, Zoroaster.

— Mas certamente não são pessoas mais necessitadas de auxílio do que estas. Mais decadentes do que as pessoas daqui ninguém pode ser. Arrepio-me todo, vendo essas pobres criaturas. Mas isto não nos deve impedir de lhes trazer todo o auxílio de que somos capazes. Lembrai sempre quanta paciência o sábio Deus precisa ter conosco.

Calmamente, Jadasa, com a moça que a acompanhava, aproximou-se dos homens.

— Depois de todas aquelas coisas horríveis que meus olhos tiveram de ver hoje, tenho vontade de ouvir algo de bom. Não queres contar algo, Zoroaster?

Ele raciocinou um momento. Se estivessem sozinhos, contar-lhes-ia sobre as três maravilhosas mulheres que lhe fora permitido ver. Mas diante dos outros não quis falar sobre isso. Então lembrou-se de uma coisa e começou:

— Outro dia, parecia que me encontrava numa planície infinitamente ampla. Abundantemente, vicejava uma grama de um verde maravilhoso, enfeitado com flores magníficas. E quando contemplei tudo isso, apareceram várias figuras luminosas, atravessando o gramado até o lugar onde me encontrava. Aparentemente não me notaram.

Mas eu vi que eram alguns dos deuses subordinados a Mithra, em via de estabelecer aqui um tribunal. Mal se sentaram em algumas pedras, quando chegou grande quantidade de animais: gado, cachorros, gatos, aves domésticas, isto é, todos os animais que o ser humano cria para a sua alimentação ou comodidade.

E um após outro levantou queixas contra os seres humanos, por maltratá-los, esquecendo de alimentá-los, sobrecarregando-os de trabalhos. Depois vieram os animais selvagens, acusando as criaturas humanas que os caçavam, mas, freqüentemente, apenas os feriam, caçando mais do que necessitavam, matando-os de modo cruel. E a cada acusação o supremo desses deuses parecia empalidecer cada vez mais.

Quando não apareceu mais nenhum animal, ele levantou-se e anunciou: "Apresentarei queixa contra os seres humanos perante Ahuramazda! As criaturas humanas não merecem ter os animais à sua disposição. Os seres humanos merecem que muitos dos animais, outrora dóceis, se tornem bravos, perigosos, sim, venenosos até. Eles não merecem outra coisa".

Vede, amigos, não sei se realmente vi isso, ou se foi apenas um quadro que nos foi dado como advertência. Seja o que for, deve nos ensinar uma grande verdade: tratar todos os seres criados por Ahuramazda do melhor modo possível!

— Devemos contar essa história às pessoas daqui, durante o trabalho, ou quando tratarmos com elas, opinou um dos homens mais jovens. Eles que maltrataram tanto o seu gado, a ponto de os pequenos auxiliadores enteais se revoltarem, é que precisarão desses ensinamentos.

— Vós sempre estais vendo apenas o que os outros precisam, ao invés de pensar em primeiro lugar em vós próprios, quando se trata de reparar danos, censurou Zoroaster. Quem foi que ontem se pendurou no rabo do cavalo de carga, deixando-se arrastar, apesar do paciente animal levar uma pesada carga?

O olhar de Zoroaster se dirigiu direta e indagadoramente para aquele que acabara de falar. O jovem virou envergonhado o rosto para o lado.

Para os próximos dias, havia bastante trabalho nas cabanas. Muitos homens doentes morriam e também algumas mulheres. Zoroaster ordenou que os falecidos fossem, contra os costumes, enterrados, para que a contaminação de suas doenças fosse banida para dentro da terra.

Fora da vila, relativamente distante, foram abertas valas, onde se enterravam sempre vários mortos. Os grandes pássaros pretos viam-se despojados de seu pasto.

Pouco a pouco se recuperavam aqueles que estavam convalescendo. Cuidados abnegados e fiéis haviam-nos salvo. Não tiveram nenhuma palavra de agradecimento, mas sorriam para seus enfermeiros, quando os viam.

Agora, Zoroaster começou a reunir os habitantes. Quem não vinha de bom grado, era conduzido à força. Se, apesar disso, corressem, afastando-se, como alguns fizeram, então nada recebiam para comer. Isso deu resultado.

No caso de pessoas tão obstinadas, como encontrara aí, Zoroaster julgou poder usar até de força, para que conseguisse influência sobre as almas. De início escutavam contrafeitos, mas quando contou as velhas lendas da serpente das nuvens, aí então ouviam com prazer.

Paulatinamente passou para assuntos mais sérios. Falou de Mithra e seus ajudantes e de Ahuramazda, que reinava sobre tudo.

Outrora, todos eles sabiam disso, mas esse saber estava enterrado, certamente, já antes da vinda do falso preparador do caminho. Este, então, teve um jogo fácil com eles, pois de muito bom grado o seguiram.

Ao anoitecer dos dias seguintes, Zoroaster falou sobre Satanás e seus sequazes. Então um dos homens disse:

— Quando duas pessoas na Terra se desentendem, não são as famílias que determinam quem terá que se tornar vencedor. As pessoas, entre si, têm que lutar. Exatamente assim deveria ser em relação aos deuses. O que é que temos que ver, se o bem ou o mal se torna senhor? Eles devem acertar isso entre si, e ao vencedor seguiremos.

Em sua sabedoria, triunfantemente, olhou em volta, mas só deparou com caras fechadas.

Esse era um dos que adoeceram mais gravemente! E, salvo agora da morte, ousou falar desse modo! Antes que Zoroaster pudesse responder, o homem gritou alto e jogou na fogueira uma daquelas pequenas víboras, mas que eram muito venenosas.

Tinha-o picado; não havia escapatória. O homem gritou de susto, dor e medo da morte. Estarrecidos, os outros olhavam para ele: dentro de poucos momentos teria de atravessar a ponte. Qual seria seu destino? Todos ficaram horrorizados.

Zoroaster aproximou-se do homem que gritava.

— Estás vendo como pecaste contra Ahuramazda? perguntou Zoroaster seriamente.

Com os olhos vitrificados o homem fitou-o. Parecia não entender a pergunta.

— Injuriaste o sábio e bondoso Deus que te dera ainda um tempo de graças, ó pobretão. Irás arrepender-te. Não queres implorar o perdão de Ahuramazda?

Zoroaster quis consolar o homem, cuja mão já estava com uma cor arroxeada. Mas este o repeliu com uma imprecação injuriosa.

Zoroaster, então, deixou o local, e os demais o seguiram. Sozinho e abandonado, morreu o malvado.

Essa ocorrência causou uma profunda impressão em todos. Os que estiveram presentes contaram aos outros que tinham permanecido afastados por algum motivo. Desses fazia parte também Jadasa, que ajudava uma mulher a ter um filhinho.

Quando a moça soube desse caso abalador, ficou muito comovida. Mas ela não podia entender por que Zoroaster não fizera nenhuma tentativa para salvar o homem. Com a franqueza inata a seu caráter, inquiriu-o a respeito.

— Por que eu deveria tê-lo salvo, Jadasa? indagou Zoroaster, por sua vez. Poderia, sim, ter tentado queimar a ferida, mas com a espécie de veneno dessa serpente certamente não teria sido possível salvá-lo. Mas por que, pergunto mais uma vez, deveria ter tentado?

— Se o homem tivesse sido salvo da morte, certamente teria reconhecido a misericórdia de Ahuramazda e melhorado, opinou Jadasa, querendo convencê-lo; mas Zoroaster disse com ímpeto:

— Há pouco a bondade de Ahuramazda o tinha libertado de uma doença que o levou à beira da morte! Nada reconheceu. E quando o lembrei disso, ele praguejou. Também desta vez, sua alma não aceitaria auxílio. Para os outros seria um perigo. Os que não estivessem bem firmes poderiam ser induzidos a seguir seus maus costumes e sua criminosa incredulidade.

Jadasa compreendeu, então, que nem tudo aquilo que parece ser bondade, em verdade o é, e que também, quando se quer ajudar, é necessário raciocinar. Humildemente falou:

— Agradeço-te, Zoroaster; aprendi muito.

Com o trabalho e os ensinamentos, os dias se passaram, decorrendo semanas sem que as pessoas o notassem. Somente o crescimento da brotação dos cereais mostrou-lhes quanto tempo já haviam se demorado aí.

Vagarosamente as almas se abriam. Livremente as pessoas vinham ouvir os ensinamentos, oravam com sinceridade e compreenderam quantas graças lhes haviam sido mostradas.

Zoroaster já pensava em deixar esse lugar, quando, certo dia, chegaram uns cavaleiros estranhos ao povoado. Isso causou grande alvoroço! Cavalgavam em belo ritmo, adaptando-se ao compasso de seus cavalos.

De repente deram um grito de júbilo. Avistando Zoroaster, o reconheceram! Eram os mensageiros que Zoroaster mandara adiante e que agora estavam voltando. Grande foi sua alegria ao encontrar o preparador do caminho.

Contaram, então, que o povoado onde Zoroaster se encontrava era o último que havia necessitado de auxílios urgentes. Nos outros, eles mesmos tiveram a possibilidade de agir. Agora todos os danos oriundos do aparecimento do falso Zoroaster estavam sanados.

Além disso, os seres humanos, com os quais o preparador do caminho havia lidado até agora, tinham se transformado profundamente.

— Também aí, as bênçãos vieram através do sofrimento! falou jubilosamente Mursa, que chegara poucos dias antes.

Os homens avisaram, também, que dentro de poucas semanas realizar-se-ia a festa na montanha. Zoroaster estava convidado a participar. O atravan e o príncipe Hafis haviam mandado procurá-lo por toda a parte.

Zoroaster resolveu retornar cavalgando juntamente com seus dois acompanhantes, mas prometeu voltar, no máximo em um ano, para ver como essas criaturas humanas assimilariam sua doutrina e se ela frutificaria.

A despedida se tornou pesarosa, principalmente para os auxiliares de outros povoados. Não mais podiam imaginar uma vida sem o "mestre". Jadasa nada falou. Seu semblante uniformemente sereno não revelou se lhe agradava ou não retornar para casa.

Zoroaster, subitamente, percebeu que as forças de seu corpo declinavam. Tinha exigido demais de si mesmo, durante os últimos anos, visto que trabalhara sem interrupção, sempre acima da normal medida humana.

Apenas sentiu uma vontade: chegar a um retiro o mais depressa possível. Mursa compreendeu-o e cuidou fielmente que a partida se realizasse rapidamente.

A despedida se fez mais depressa do que todos pensaram. Mas Zoroaster não foi muito longe. Já no fim do primeiro dia ficou doente e com febre alta. Mursa não sabia para onde levar o enfermo.

Implorou a Ahuramazda para que lhe fossem abertos os olhos espirituais apenas por essa única vez, a fim de poder ver os pequenos auxiliadores e entrar em contato com eles. Seria por causa do preparador do caminho, que estava enfermo.

E o rogo foi ouvido. Pequenos e amáveis entes se apresentaram, dizendo-lhe que bem perto dali havia uma cabana desocupada, para onde poderiam levar Zoroaster.

Alegremente mostraram o caminho que levava a uma habitação protegida da chuva, onde encontraram um bom leito.

Com mãos rápidas e hábeis ajudaram Mursa, enquanto o servo tratava dos cavalos. Mursa, porém, estava radiantemente feliz em poder ver os pequenos enteais. Sentiu um grande amor por eles. Isso eles perceberam e ajudaram ainda com maior boa vontade.

O preparador do caminho ficou acamado durante dez dias, gravemente doente. Mas nada foi negligenciado em abnegados cuidados. Finalmente podia de novo ver o que se passava em sua volta e se admirou de se encontrar nesse lugar. Mursa relatou o acontecimento, e os pequenos completaram-no, elogiando a dedicação de Mursa.

Quando Zoroaster se refez, podendo até montar novamente em Raio, apressou-se então para seguir. Assim, puseram-se em viagem, e os gnomos indicaram-lhes os melhores caminhos. Quando alcançaram os limites de sua região, como sempre, outros auxiliadores se apresentaram. Aí, Mursa, até então cavalgando em silêncio, irrompeu em júbilo:

— Posso ver os novos auxiliadores também! Será possível que possa ficar para sempre com os olhos agraciados?

Estava sobremodo feliz. Olhou para trás de cada árvore e em cada flor, anunciando triunfante quando uma fadinha das flores ou um elfo de árvore se mostrava a ele.

Como Zoroaster ainda estivesse fraco, tinham que cavalgar vagarosamente, mas com a alegria de Mursa a respeito dos pequenos enteais os dias não se tornaram demasiadamente longos para eles.

À noite, Zoroaster, como era seu costume, ainda falava com seus acompanhantes sobre coisas sérias. E com desgosto notou que o outro servo não tinha progredido em sua alma, apesar de poder sempre participar de tudo. Era como se lhe faltasse o sentido para tudo que não fosse terreno.

— Não tens vontade nenhuma de ouvir sobre Ahuramazda, meu amigo? perguntou Zoroaster bondosamente.

O servo meneou a cabeça, negativamente.

— Compreendo tão pouco disso. Não posso entender por que Mursa se alegra quando vê esses tais gnomos. Não posso compreender por que tu, um nobre senhor, te esforças com gente depravada, executando trabalhos que até para mim são baixos demais.

— Se é assim, disse Zoroaster tristemente, para tentar ainda um último meio, então não poderei levar-te comigo na próxima vez.

Esperava promessas e rogos para que o levasse consigo mais uma vez, mas ao invés disso o servo disse alegremente:

— Já queria pedir-te isso! Será pesaroso separar-me de Raio, mas, por fim, vou me acostumar também com outros cavalos. Tanto sucesso o preparador do caminho obtivera, e agora esse fracasso em sua volta! O que deveria aprender disso?

Depois de mais alguns dias, avistaram finalmente a capital e, antes do pôr-do-sol, puderam descer dos cavalos, chegando ao palácio de Hafis.

Zoroaster foi cumprimentado com grande alegria. O príncipe assustou-se quando viu o aspecto pálido e magro do amigo, mas este acalmou-o.

Sentia-se novamente forte, pois Mursa o tratara muito bem. Timidamente Zoroaster perguntou se Dschajawa ainda vivia. A resposta deixou-o feliz:

— Ele mal pode esperar para cumprimentar o preparador do caminho!

Agora Zoroaster também não queria esperar mais. Celeremente foi para junto do seu velho amigo, encontrando-o mais fraco fisicamente, porém espiritualmente muito ativo.

Narrou tudo com que deparara, o que tinha pensado e vivenciado. Encontrou compreensão, compenetrando-se de tudo mais profundamente ainda.

Poderia ter continuado a relatar assim, dias a fio. Fazia tão bem aprofundar-se com sossego depois de toda a inquietude dos últimos anos. Mas Hafis insistiu para que ele procurasse o atravan. Ele tinha algo importante para lhe falar.

Zoroaster foi ao encontro do sacerdote, que o recebeu reverentemente, apesar de ter mais idade do que o preparador do caminho.

O atravan disse, então, que recebera a incumbência de apresentá-lo a todo o povo, na próxima solenidade, como o preparador do caminho. Falaria de sua missão e pedia-lhe para fazer o mesmo. O melhor seria que falasse aos homens no segundo dia das festividades.

Zoroaster se mostrou disposto a tudo, apenas pediu que, por ocasião de sua alocução, também fosse permitido às mulheres assistir. Considerava como seu dever não deixar mais as mulheres na ignorância.

— Elas têm almas como nós, atravan, disse, e essas almas estão com fome. Querem tomar o alimento onde também seus homens o recebem, mas não querem depender desses homens para alimentar seus espíritos.

O atravan não compreendeu tal concepção. Desde que se podia lembrar e desde muito mais tempo ainda, cabia modéstia às mulheres. Elas tinham que ficar atrás dos homens. Achou que assim deveria continuar. Senão, as mulheres exigiriam modificações também em outras questões, o que poderia tornar-se incômodo.

— Não és casado, Zoroaster, continuou sorrindo, do contrário compreenderias mais rapidamente que as mulheres têm que ser mantidas subjugadas.

— Minha mãe também era uma mulher, bem como a tua, atravan, retorquiu rapidamente. Crê, se as mulheres querem predominar, masculinizando-se, por poderem ouvir as eternas verdades junto com os homens, então elas não merecem ser mulheres. Tais criaturas, então, não mais devem ser admitidas. Mas deve constituir nosso empenho diligente proporcionar à alma da mulher aquele lugar que lhe compete.

O atravan cedeu; pois sabia perfeitamente que atrás daquilo que Zoroaster falava estava a vontade de Deus. Mas recusou-se a ser informado, já agora, daquilo que o preparador do caminho queria anunciar.

— Ouvirei isto a tempo, juntamente com os outros, disse indiferentemente. Sei que trazes a Verdade, portanto não é necessário examinar antes as tuas palavras.

Dentro de dois dias deveriam partir. O atravan deixou que Zoroaster decidisse se queria cavalgar com ele ou no grupo do príncipe Hafis.

Zoroaster notou que o atravan ficaria contente se escolhesse a última alternativa, contudo, nada queria resolver antes de falar com o guia luminoso. Assim, ficou calado, deixando para dar a resposta no dia seguinte.

Um tanto oprimido pela conversa com o atravan, Zoroaster regressou ao palácio, indo imediatamente ao encontro do príncipe. Este pediu-lhe que cavalgassem juntos. No caminho teria mais tempo do que em outras ocasiões para ter as respostas a tantas perguntas que o preocupavam.

— O atravan, porém, ficará contente por não precisar ficar contigo, disse o príncipe, perguntando a seguir: o que achas do sacerdote? Entendestes-vos bem?

— Acho-o bom, mas ele parece inibido. Tenta ocultar alguma coisa. Cada uma de suas sentenças é bem raciocinada. Não compreendo por que é assim. Pois ele não tem nada a temer de mim!

— Ó Zoroaster, criança que és! riu Hafis bem-humorado. É exatamente isso! Ele tem medo de ti.

O olhar surpreso de Zoroaster obrigou o príncipe a repetir com mais ênfase ainda:

— Sim, ele tem medo de ti, pois se tu és o preparador do caminho, e tens a missão outorgada por Ahuramazda, ocupas então o primeiro lugar entre os sacerdotes do país. Isso é bem compreensível, não é?

O olhar incrédulo de Zoroaster fez o príncipe rir ainda mais.

— Se tu mesmo não notaste isso, mostras que realmente nada vês a não ser tua elevada missão. Assim também deve ser, disse Hafis ficando sério. O atravan, porém, não te conhecendo, não sabe até que ponto pretendes utilizar tal poder. Para lhe mostrar como és modesto é que pedi que o visitasses. O certo teria sido que ele te procurasse.

— Então vou procurá-lo mais uma vez, para lhe dizer que deverá continuar como supremo sacerdote no país, resolveu Zoroaster. Mas o príncipe impediu-o:

— Seria muito tolo. Pelo fato de ele ter medo de ti, terás que reconhecer a sua ânsia pelo poder. Poderá tornar-se um indivíduo difícil e atrapalhar-te, se desde já o deixares com as rédeas soltas. Além disso, Ahuramazda convocou a ti e não a ele para o supremo magistério espiritual neste reino.

Não podes simplesmente pôr isso de lado, como se fosse uma roupa imprestável. Segue teu caminho inabalavelmente. Deixa que os outros te temam ou te amem. Chegará um dia em que ficarás contente de que uma palavra tua também obrigue o atravan a obedecer!

— Agradeço-te, Hafis. Agora compreendi. Tens razão; nessas coisas, infelizmente, continuo ainda tão tolo como uma criança, suspirou o preparador do caminho. O que faria eu sem os teus sábios conselhos?

— Por isso também tenho ordem divina de ser teu protetor na Terra. Isto o falecido atravan me revelou. Por essa razão, já naquela vez te levei comigo, quando ainda estavas à procura do Zoroaster.

— Agora, uma coisa não entendo, começou Zoroaster de novo, depois de permanecerem calados por algum tempo. Por que o atravan recusou tão energicamente saber algo daquilo que tenho a dizer às criaturas humanas? Pensei que não se cansaria de ouvir sobre isso.

— Se conhecesses melhor o sacerdote, tal coisa não mais seria um enigma para ti. Ele próprio quer receber, diretamente de Deus, tudo o que sabe e transmite. Para ele, é um tormento que outro receba mais do saber sagrado. Então, se lhe falares sobre isso, ele entra numa posição de aluno junto a ti, e isto ele não quer. Se, contudo, ouvir tuas verdades somente na montanha da solenidade, ninguém saberá se ele já sabe ou não tudo aquilo que dirás.

— É uma pena esse homem ser assim, queixou-se Zoroaster. Hafis, porém, observou:

— Ele se modificará sob tua influência, ó abençoado, como nós todos nos modificamos. Só que com ele demorará mais tempo.

Zoroaster deixou para Mursa, a quem chamara, os preparativos de viagem. Esse servo fiel estava cheio de radiante alegria em vista da solenidade.

— Já sabes, senhor, o que aconteceu ao nosso servo de até agora? perguntou assim que entrou no aposento do preparador do caminho. Devia entristecer-me a respeito, mas não posso. Vejo nitidamente demais a vontade de Ahuramazda nessa ocorrência.

Quando Zoroaster respondeu nada saber, Mursa contou:

— O homem não era assim tão indiferente, como se apresentava. Não podia se fechar às verdades, se bem que assim o quisesse. Antes de tudo tinha pavor dos auxiliadores invisíveis, sabendo tê-los em seu redor. Achou que se afastando de ti, eles não poderiam mais se aproximar dele. Foi isso que o fez ficar tão disposto a te abandonar.

Aqui, foi recolocado no seu antigo posto, no séquito do príncipe, e foi incumbido de cuidar de vários cavalos de carga. Mas ele estava com saudades de Trotador e Raio, que sempre estão juntos e bem tratados. Certa noite, então, resolveu visitá-los; foi ele mesmo quem me contou isso. Antes, porém, que se aproximasse dos animais, pareceu-lhe ouvir alguém falar:

"Nada temos a ver com um covarde que perde a coragem diante dos servos do Altíssimo. E nem é permitido que um infiel, que por covardia abandona seu amo, renunciando eternas verdades, se aproxime de nós."

Assim, mais ou menos, soavam as palavras que ouvia. Assustou-se muito, e esse susto fez com que pronunciasse estas palavras injuriosas:

"Será que até aqui essa bruxaria do diabo me persegue? Sois criaturas de Anramainyu? Se eu não vir já estes pequenos entes, amaldiçoarei tudo que se relaciona a Zoroaster."

Aí, três gnomos puseram-se diante dele, nitidamente reconhecíveis. Olharam-no irados. Um deles falou:

"Não é para evitar essa maldição, que não poderá prejudicar Zoroaster, que Ahuramazda está abrindo teus olhos internos, mas talvez, ainda, para salvar tua alma, que fora escolhida para servir ao preparador do caminho. É a última tentativa, Sadi. Liberta-te da preguiça espiritual e do covarde medo."

Podes imaginar, senhor, como Sadi se assustou. Perdeu o sentido das coisas, pisou em falso, caindo de maneira tão infeliz, que fraturou uma perna. Agora ele dispõe de tempo para refletir sobre tudo. Mandou-me chamar para contar tal acontecimento e pediu-me que te comunicasse isto e que o perdoasses.

— Vou procurá-lo, Mursa, disse Zoroaster, que se alegrou com o acontecimento, da mesma maneira que Mursa. Mas para a cavalgada de agora necessitaremos de outro servo. Escolhe um, de acordo com a tua vontade. O príncipe Hafis te dá escolha livre.

— Então já escolhi, senhor, disse Mursa modestamente. Entre os peões de cavalos, há um moço de nome Marzar que me agrada muito. Parece vir de boa família, é inteligente e sedento de saber. Não se cansa de ouvir aquilo que pode me perguntar. Irás torná-lo muito feliz, se quiseres fazê-lo teu servo.

— Dize-lhe, então, que esteja pronto para nos acompanhar, concordou Zoroaster.

Mais tarde, naquele dia, procurou Sadi, que estava estendido numa cama com muitas dores. Encontrou um homem totalmente mudado e acessível a cada boa palavra.

Depois de tê-lo assegurado de seu perdão e de lhe ter prometido que novamente poderia ser seu servo, quando sua perna estivesse curada, Zoroaster olhou a fratura. Nenhum tratamento tinham dado ainda, e os ossos lascados estavam furando literalmente a pele. Será que o médico-mago não olhava para tais doentes?

O preparador do caminho foi informado de que o "maravilhoso médico" só viria caso se tratasse de gente rica, em condições de pagar muito; outras pessoas teriam que sarar sem ele, ou então morrer.

Zoroaster prometeu gratificar o médico, segundo o merecimento, mas se o servo ficasse aleijado, um castigo haveria de atingi-lo.

Isso adiantou. Ainda antes de sua partida, Zoroaster encontrou Sadi bem acomodado e sem dores. O médico, porém, curvou-se até ao chão, prometendo fazer todo o possível para que a perna se tornasse novamente boa.

Dschajawa tinha a intenção de participar da viagem a cavalo, contudo estimara suas forças em demasia. Teve de desistir, dando, com mãos trêmulas, a Zoroaster, sua bênção de viagem.

Hafis, porém, cheio de alegria, galopou para fora da cidade com Zoroaster a seu lado. Ambos tinham muito que conversar, perguntar e ver. Hafis interessou-se especialmente pelas condições reinantes nos diversos povoados, e seu acompanhante contou incansavelmente tudo que acontecera. Quando relatou sobre a ajuda dos enteais, Hafis disse:

— Comigo dá-se quase o mesmo que com o teu servo Sadi. Fico quase arrepiado, pensando que sempre estamos circundados por entes invisíveis, que nos podem ajudar ou prejudicar.

— Não posso compreender que um ser humano tenha pavor disso, retrucou Zoroaster. A mim é uma idéia tão querida saber que os pequenos enteais sempre estão em meu redor, mesmo que não os veja.

— Não os vês sempre? quis saber o príncipe. E Zoroaster esclareceu que geralmente os via apenas quando os chamava.

— Trazendo-me, porém, alguma mensagem, ou quando querem me advertir, então também os vejo, concluiu Zoroaster.

Viu, porém, que ainda não dissipara o mal-estar do príncipe e então pensou como poderia ajudá-lo. Mas não lhe veio nenhuma idéia e resolveu rogar a seu guia luminoso por um conselho e ajuda.

Durante os relatos, Zoroaster falou sobre Jadasa. Descreveu-a assim como a tinha sentido intuitivamente, e Hafis demonstrou vivo interesse pela bela moça. Isso chamou a atenção de Zoroaster que, de repente, falou:

— Príncipe, essa seria uma mulher para ti, pois não poderias desejar melhor! A mais pura das mulheres terrenas ao teu lado, isto seria algo maravilhoso para o teu povo!

Todo excitado falou o preparador do caminho. O príncipe, porém, respondeu:

— Depois que minha mulher morreu, será pouco provável que eu me case novamente. Mas após as festividades, poderemos tomar o caminho que passa por aquela região, para que possa chegar a conhecer essa mulher bendita.

Zoroaster deu-se por satisfeito.

No sopé da montanha da solenidade, estava montada a cidade com as tendas do príncipe. Reinava ali um animado movimento; pois todos se apressavam para participar das festividades.

Para Zoroaster fora montada uma tenda especial. Exteriormente, diferenciava-se bastante das outras, que apresentavam um colorido variado. Esta, porém, era coberta de esteiras simples, de cor branca, por fora e por dentro.

Bem cedo, na manhã da festa, numerosos grupos cavalgavam morro acima. Um pouco antes de chegar à praça, onde seria realizada a solenidade, apearam. Servos recebiam os cavalos; os que apeavam iam caminhando, lenta e serenamente, o último trecho do caminho.

A solenidade desenrolou-se rigorosamente dentro do ritual tradicional. Zoroaster ficou ao lado do príncipe, vivenciando com a alma todas as orações e rituais.

Depois o atravan se dirigiu a todos os presentes. Falou sobre os seres humanos que tinham se emaranhado cada vez mais em culpas, devido à sua atuação maléfica e também como introduziram coisas más por toda a parte no mundo. Em seguida falou sobre a promessa do Saoshyant e do preparador do caminho.

— Quando eu ainda era um jovem mobed, disse ele comovido, o atravan daquele tempo pôde dizer-nos: "A profecia se realizará. Entramos na derradeira época da Terra. As estrelas anunciaram que o Zoroaster nasceu".

Uma grande alegria tomara conta dos ouvintes. Todos se alegraram de o preparador do caminho ter chegado à Terra.

— Hoje, igualmente, é-me permitido anunciar-vos algo que significa grande alegria: o Zoroaster encontra-se entre nós!...

Não pôde continuar a falar, tão forte irrompeu o júbilo em toda a praça. Também os que já sabiam disso se deixavam arrastar por essa grande e sobrepujante alegria. O Zoroaster no meio deles! Agora, pois, deveriam vir tempos melhores! Agora todo o mal acabaria!

Com dificuldade o atravan conseguiu restabelecer a calma. Sempre de novo se faziam ouvir vozes, aqui e acolá, em agradecimento e júbilo, até que, de repente, uma e mais outras perguntas irromperam:

— Onde está ele?

Então, o sacerdote apontou para a figura calma, de pé, em cujo semblante havia um brilho sobrenatural.

— Vede, este é o preparador do caminho do Saoshyant e nos falará dele!

Todos olharam para o lugar indicado, julgando não ver um ser humano. Ele pareceu-lhes, nesse momento, como uma criatura de um mundo diferente.

O atravan, no entanto, prometeu-lhes que Zoroaster falaria no dia seguinte, e que, por solicitação do preparador do caminho, seria permitida também a presença das mulheres.

Irrompeu novo júbilo, parecendo interminável. Em nenhuma solenidade, ainda, houvera tanta animação; também nunca fora anunciado algo tão maravilhoso.

Hafis ficara com medo de que, na descida, as pessoas se aproximassem demasiadamente de Zoroaster. Por isso, ordenou a seus servos para que o rodeassem bem de perto, como proteção.

Mas tal precaução era desnecessária. Todos recuavam respeitosamente, dando lugar para os que passavam. Aqui e acolá, Zoroaster via um rosto conhecido enrubescer-se alegremente, quando percebia ser reconhecido. Para participar das festividades, vieram pessoas de todos os povoados que o preparador do caminho tinha libertado dos vestígios do impostor.

Quando o atravan, ao anoitecer, deu de beber aos homens, contando lendas, Zoroaster ficou sentado e calado entre os ouvintes. Dessa forma, queria dar ao sacerdote a certeza de que não queria afastá-lo de maneira nenhuma do seu ofício.

O povo, contudo, teria preferido que Zoroaster lhes tivesse falado, mas gostaram de suas lendas e estavam contentes, pensando no dia vindouro.

Esse dia, sem querer, tornou-se o ponto máximo das festividades. Zoroaster tinha passado a noite em oração, implorando por forças e por palavras certas.

Sabia o quanto dependia disso, para que cada alma visse nele o preparador do caminho do divino salvador. Depois, então, colocou-se alegremente em frente à multidão, que atentamente o escutava.

Começou dizendo que ninguém, decerto, teria dúvidas sobre a decadência dos seres humanos. E, certamente, cada um imploraria a vinda do Saoshyant como última e única salvação do descalabro.

O que os pais tinham almejado, o que todos tinham desejado, isso agora poderia se tornar realidade! Fora ele enviado por Ahuramazda, para a Terra, como preparador do caminho, podendo transmitir tudo quanto soubesse.

— Levantai-vos, ó vós desesperados! Alegrai-vos, ó vós desanimados! O herói irradiante virá para libertar a Terra da maldição de Anramainyu. Abaterá a cabeça da serpente com o gládio, cujo reluzente metal é a pura Verdade.

É ele Filho de Ahuramazda, uma parte do Altíssimo Deus! Podeis imaginar isso? Podeis compreender tão imensurável graça?

Seu delicado pé pisará nossa Terra, tornada um charco devido aos pecados! Seus olhos sagrados verão os seres humanos atados ao mal! Se soubésseis como ele é maravilhoso, não pensaríeis em outra coisa a não ser em como poder servi-lo.

A voz soante de Zoroaster tornou-se cada vez mais retumbante e mais cheia. As palavras afluíam-lhe ao descrever o salvador em sua magnificência, sentado no trono para julgar a humanidade.

Falou da ininfluenciável justiça divina. Mostrou-lhes como cada pessoa receberá aquilo que ela adquirira, como recompensa ou castigo.

— Todas vós, criaturas humanas, tereis de vos modificar! exclamou com entusiasmo. Para que no Juízo, apesar de tudo, ainda alguns de vós possais passar pela ponte Tshinvat, para poderdes servir ao Saoshyant.

Nesse momento parecia-lhes tão fácil se modificarem. Apenas deveriam deixar aquilo que tinha sido feito erradamente; deveriam se esforçar por fazer algo de bom em seu lugar. Seria fácil, facílimo. Assim lhes parecia! Assim Zoroaster sentiu seus pensamentos. Por isso, recomeçou:

— Não julgueis que a modificação seja possível sem grandes esforços. Se não gostásseis tanto de vossos vícios e erros, e não fôsseis tão integralmente entrelaçados com eles, certamente já vos teríeis livrado deles. Fostes advertidos com bastante freqüência. Agora é preciso fazer grandes esforços. Mas agora sabeis do que se trata. Mesmo que vos seja difícil, lembrai-vos, então, de que cada esforço verdadeiro afasta uma pedrinha do caminho do Saoshyant.

Falou-lhes durante longo tempo ainda, e eles desceram da montanha com bem-aventurado contentamento íntimo, como nunca haviam conhecido.

— Se tivéssemos dúvida de que ele fosse um emissário de Ahuramazda, dizia um homem velho para os que o rodeavam, então suas palavras eloqüentes teriam de nos convencer. Ser humano algum poderia falar assim, por si mesmo.

Essa era a impressão geral.

No último dia das festividades, muitos dos homens queriam saber quando Zoroaster visitaria seus povoados. Ele prometeu que em breve viajaria, visitando uma parte após outra do povo. Com isso eles tiveram que se contentar. Em seguida Zoroaster novamente se misturou entre os ouvintes e escutou o que as sacerdotisas anunciavam. Soava fraco e vazio, após aquilo que a multidão ouvira no dia anterior. Isso as próprias sacerdotisas sentiam. E de repente a superiora delas dirigiu-se ao preparador do caminho:

— Zoroaster, uma nova época se iniciou. Assim também podemos alterar os rituais, quando nos parecer necessário para o bem de todos. Nós nos calaremos, fala tu para nós! Muito ainda tens a dizer-nos. Estamos aqui reunidos em grande número. Deixa-nos levar conosco o quanto for possível de tua anunciação.

Zoroaster ficou surpreso e olhou para o atravan, que se virou para o lado. Podia-se ver que não gostara disso, mas conformou-se.

E assim, Zoroaster novamente começou a anunciar, mas pediu aos ouvintes que fizessem as perguntas conforme surgissem neles. Isso fizeram de bom grado; durante a noite, muitos tinham refletido e encontrado perguntas e mais perguntas. Com disposição sempre igual, Zoroaster respondia o que lhe era perguntado.

Não havia nenhuma pergunta feita por curiosidade ou malícia. Todas elas demonstravam que as pessoas tinham com absoluta sinceridade pensado naqueles novos ensinamentos que entraram em suas vidas.

Zoroaster prolongou a reunião até o último instante. Quando então quis terminar, todas as pessoas lhe pediram que ficasse ainda um dia mais, e Zoroaster consentiu.

O atravan objetou que a duração das festividades nunca tinha ultrapassado três dias. Zoroaster respondeu rapidamente:

— A festa terminou, atravan. Mas ainda vamos permanecer reunidos para falar do Saoshyant. Isto não é uma obrigação. Quem tiver de voltar, porque seu trabalho exige, ou quem quiser voltar para casa por algum outro motivo, pode viajar sossegadamente. Ninguém achará ruim. Mas quem quiser permanecer deverá fazê-lo desimpedidamente.

O sacerdote obedeceu, então, e ele mesmo também ficou.

Mas, em vez de ser um dia, tornaram-se três dias; sim, sete dias até. Depois desse tempo, o preparador já havia cumprido uma parte de sua missão. Todas essas pessoas, que voltavam agora para casa, eram possuidoras do saber a respeito de Ahuramazda e de Seu sagrado Filho, o libertador divino.

Nesse sétimo dia, contudo, ocorreu ainda algo de grandioso.

Zoroaster orou por todos aqueles que queriam ouvir sobre o salvador. Suas palavras levaram-no para as alturas e ele esqueceu que as criaturas humanas estavam reunidas em sua volta. Sua alma prostrou-se aos pés do divino trono.

Todos notaram que de sua testa promanava uma luminosidade, tornando-se mais clara, à medida que orava. De repente, exatamente quando Zoroaster terminou a oração, a suprema sacerdotisa exclamou, como que fora de si:

— Vede, o raio áureo caindo do alto sobre ele! Vede a maravilhosa ave branca, abrindo suas asas nesse raio!

Vede o maravilhoso signo áureo pairando sobre sua cabeça!

Todos os olhares foram dirigidos para Zoroaster, que ainda estava totalmente absorto, com o semblante erguido para cima. A muitas dessas criaturas humanas foi permitido ver o sagrado sinal, a Cruz do Saoshyant. Entre esses agraciados encontrava-se também Hafis.

Mais tarde, Hafis ordenou que fosse bordado esse sinal, em ouro, nas vestimentas do preparador do caminho, bem como na tenda branca.

Enfim, partiram todos que haviam permanecido até o derradeiro momento. Como anunciadores partiram da montanha da solenidade; como exortadores e mais sábios. Zoroaster, porém, voltou com Hafis para a cidade, seguindo o caminho mais curto.

Sentiram-se tão preenchidos por tudo quanto vivenciaram, que ninguém mais falava em visitar Jadasa.

Dschajawa esperava-os impacientemente.

Ainda que uma voz interior lhe tivesse avisado de que nada lhes acontecera, mesmo assim, mal podia esperar até que voltassem. E muito tiveram que relatar, durante vários dias.

Sadi havia melhorado, mas ainda não podia utilizar a perna. Por isso, não se podia pensar em levá-lo em uma viagem. Com grande pesar obedeceu; ele, que pouco antes se demitira voluntariamente dos serviços de Zoroaster.

O preparador do caminho, porém, quis partir e cavalgar pelas regiões afora, acompanhado de Mursa e Marzar. O príncipe Hafis tentou convencê-lo a levar junto uma comitiva, mas Zoroaster não concordou com isso.

— Tenho um pressentimento de que minha comitiva ainda se tornará desmedidamente grande, disse. E ficou por isso mesmo.

Antes de sair, procurou mais uma vez o atravan, pedindo-lhe que continuasse a exercer seu ofício como até agora e não se deixasse afastar de seus deveres, pelo fato de ele, Zoroaster, também viajar agora através do reino.

— Deves ensinar sobre os deuses, atravan; eu, porém, tenho que anunciar o salvador, disse amavelmente. Quanto melhor ensinares, tanto melhor poderei anunciar.

— Comemorarás as futuras festividades da mesma maneira que esta? perguntou o sacerdote, sem ligar para as palavras de Zoroaster. Acrescentarás, cada vez, mais sete dias para falar ao povo? Então já hoje te digo que tal não permitirei no futuro!

Em verdade, Hafis tinha razão com a sua advertência. Zoroaster ainda não tinha abrido mão de seu elevado cargo, graças à prudência do príncipe. Serenamente respondeu:

— Isto ainda não se pode resolver hoje, sacerdote. Se for necessário falar a todos mais do que aquilo que pode ser dito num só dia, então é preciso que se acrescente ainda mais alguns dias. Isto se apresentará automaticamente.

— Não o permitirei, porém, moço! retrucou o atravan impetuosamente. A festa é uma solenidade em honra de Mithra. Se quiseres falar do Saoshyant, então faz uma festa em honra dele!

— Veremos o que Ahuramazda ordenará, respondeu Zoroaster com forçada calma.

Depois disso, despediu-se, voltando ao palácio. Queria falar com Hafis sobre esse acontecimento, mas, não se oferecendo nenhuma oportunidade para isso, deixou de fazê-lo.

Havia dias que Zoroaster encontrava-se novamente em viagem. Apesar de ter tido, em realidade, apenas pouco tempo de descanso, suas energias tinham voltado. Alegrava-se em encontrar almas sedentas, às quais poderia anunciar.

Gostou da cavalgada através da região fértil. Nessa ocasião tinha seguido em direção norte, onde estivera apenas uma vez. A paisagem era acidentada, subindo a altas montanhas.

"Aqui também moram seres humanos?", perguntou aos pequenos enteais que vieram à sua chamada.

Menearam a cabeça afirmativamente.

"Aqui moram criaturas humanas, mas suas cabanas se acham distantes umas das outras porque existem montanhas separando-as. O caminho vai se tornar cada vez mais difícil. Não encontrarás povoados. Aceitas um conselho nosso?"

Zoroaster acenou afirmativamente.

"Pois escuta: permanece embaixo, onde agora te encontras. Este lugar é acessível a todas as cabanas, e isto não é muito difícil. Vamos trazer as criaturas humanas até aqui, então lhes poderás falar em conjunto, como fizeste há pouco, na festa da montanha."

Essa proposta pareceu muito boa a Zoroaster e Mursa. Mas o preparador do caminho perguntou ainda:

"Como vos comunicareis com as pessoas, ó pequenos?"

"Os seres humanos aqui ainda são bons, porque sempre se criaram entre nós", afirmaram os gnomos. "Por isso, também podem nos enxergar. Muitas vezes, quando seus animais se extraviam nas montanhas, ou quando eles próprios se perdem, nós os ajudamos. Então eles nos chamam, como tu o fizeste, e nós atendemos ao chamado. Quando falarmos de ti, virão alegremente!"

Zoroaster consentiu que os pequenos enteais então corressem às cabanas nas montanhas. Deixou erguer sua tenda, onde estava bordada a Cruz áurea sobre o fundo branco, reluzindo a distância sob os raios solares.

Agora estava esperando os que viriam. Em pequenos grupos de dois, ou mais, muitos deles chegaram. Todos estavam alegres de coração, por Zoroaster tê-los procurado.

Confiantemente, contaram de sua vida penosa no meio das rochas e amontoados de pedras.

— Nossas cabras e também as ovelhas estão acostumadas a escalar. Outros animais, porém, não podemos criar aqui em cima.

Quando os pequenos o avisaram para não esperar por mais ninguém, Zoroaster começou a anunciação que foi recebida com maravilhosa facilidade.

Os gnomos tinham razão realmente: a vida em meio à natureza, circundados pelos pequenos servidores do Altíssimo, mantivera puros os seres humanos. Alegraram-se pela vinda do auxiliador, para o qual olhavam sem medo.

Foi uma grande vivência para o preparador do caminho, que até então estava acostumado a coisa diversa. Com pesar separou-se dessas pessoas boas.

A seguir, dirigiu-se ao sul e depois em direção ao sol nascente. Na medida do possível, estava empenhado em procurar regiões onde ainda não estivera.

Depois de poucos dias de viagem, guiado pelos pequenos, encontrou um povoado envolto por jardins floridos. Era belo, maravilhosamente belo. Lembrou-se das terras em redor do castelo de Ara-Masdah. Também lá as roseiras floresciam em grande abundância. Aqui os seres humanos tinham de ser bons!

Mandou armar sua tenda fora do povoado. Isso tinha dois motivos: não queria incomodar ninguém como hóspede, mas, antes de tudo, queria despertar a curiosidade. As pessoas deveriam vir admirar e perguntar. A Cruz de ouro, algo que nunca fora visto, tinha de despertar curiosidade.

Mas aconteceu de maneira diferente.

Muitos dessa região haviam estado nas festividades da montanha e alguns deles foram agraciados com a vidência. Quando agora viram a Cruz, reconheceram-na imediatamente. Nada perguntaram. Jubilosos corriam para suas cabanas com a notícia:

— Chegou o Zoroaster! Venham todos para fora ver sua tenda branca! Falará conosco como falou na montanha. Agora vós próprios podereis ouvir o que apenas de modo imperfeito podíamos relatar!

Jubilosos, todos vieram correndo ao encontro de Zoroaster. Tinham perguntas e mais perguntas! Tudo queriam saber, com todas as minúcias, desde o começo. Falou com eles, deu-lhes as respostas, ensinou e anunciou durante dias.

Notou, então, que algo lhes dava muito o que pensar, mas não podiam formular em palavras. Amavelmente, animou-os a expor seus pensamentos da melhor forma que lhes fosse possível. Um parecia querer empurrar o caso ao outro e, entre si, pareciam estar de comum acordo. Finalmente um homem mais moço se aproximou e falou:

— Não queremos mais servir aos deuses!

Agora estava dito; todos deram um suspiro de alívio. Zoroaster, porém, ficou consternado. Em tal conseqüência de seus ensinamentos nunca havia pensado,

Quando, pelo silêncio dele, perceberam que não os havia compreendido, gritaram ao mesmo tempo. Porém, ele, nada entendendo, começou a perguntar:

— Por que quereis destituir os deuses?

— Por serem apenas servos de Ahuramazda, soou a enérgica resposta.

— Também não quereis mais reconhecer Ahuramazda?

Um riso despreocupado respondeu-lhe, como se tivesse perguntado algo muito tolo. Isso tranqüilizou-o. Estavam, pois, aparentemente, em caminho muito bom.

— Isto é, quereis continuar a adorar o sábio, eterno e bondoso Deus?

— É evidente! soou a resposta. Só Ele é realmente Deus, os outros apenas são considerados como tal, pelos seres humanos. Isto agora nos está bem claro. Não achas assim também, Zoroaster?

— Sim, também assim o creio, alegrou-se. Contrariou-o, porém, afastarem aqueles que até agora eram venerados como deuses.

— Não esqueçais que aqueles que até agora adorastes como deuses são os supremos servos do Altíssimo Deus. Eles se acham muito acima de vós, criaturas humanas. Eles vos ajudam e muito contribuem para poderdes vos desenvolver aqui na Terra. Honrai-os e estimai-os, mesmo que futuramente não mais os adoreis. Agradecei-lhes também por tudo que fazem para vós.

— Oraste para eles até agora, Zoroaster? perguntaram os homens com mais coragem.

— Não, desde que encontrei realmente Ahuramazda, os outros deixaram de ser deuses. São seres elevados e maravilhosos, mas muito abaixo do trono do Altíssimo, como nós nos encontramos, também, abaixo deles.

— Então, também é errado que se realizem festividades na montanha em honra de Mithra, raciocinaram os homens, acrescentando, porém: bem notamos que deste a ela um outro aspecto. Foi aí que começamos a pensar.

— Se notastes isso, ireis compreender-me, também, quando vos digo que por ora não devemos transformar essa festa, pelo menos antes que a maior parte dos iranianos pense como vós. Caso contrário, tiraríamos das pessoas algo a que ainda não podemos oferecer uma substituição.

Falei com o enviado luminoso de Deus, e é também da vontade do Altíssimo que deixemos as almas crescer lentamente para o novo saber.

Como para amigos e de modo franco, Zoroaster apresentou diante deles a opinião de seu coração. Ficaram felizes com isso e procuraram compreendê-lo. Mas, ao mesmo tempo, surgiu um orgulho neles, pois talvez fossem os primeiros a pensar assim.

Zoroaster logo percebeu isso e procurou não deixar crescer aí nada que talvez pudesse se tornar uma erva daninha.

— Alegro-me convosco, caros amigos, por terdes descoberto isto, que se tornou vivência para vós. Não sois os únicos em quem a solenidade assim atuou dessa vez. Também não deveis esquecer que foi a graça de Deus que vos despertou tais pensamentos.

Agora novamente compreenderam.

À noite, Zoroaster externou essa vivência em oração para o trono do Altíssimo. Tornou-se nele certeza que agora poderia começar a anunciar Ahuramazda como o Deus-Único.

Teria que proceder lentamente, tratar as almas de modo brando, e novamente ficou claro para ele: não se poderia construir algo novo sem fazer ruir primeiramente o velho.

Pouco depois prosseguiu em sua viagem. Tinha um pressentimento de que à alegria que experimentara com essas criaturas, seguir-se-iam sérias dificuldades. E tal pensamento lhe deu ainda maior força.

Nas margens de um belo lago, encontrou o próximo povoado. As cabanas eram bem construídas e com maior senso de beleza do que deparara em outras partes. Já do lado de fora, eram decoradas com pinturas e esteiras. Ao lado de cada cabana havia uma espécie de jardim, com um alegre florescer, embora faltassem as roseiras.

Aí encontraram também os primeiros homens que, aparentemente, se ocupavam com a pescaria. Várias e bonitas ondinas sentavam-se nas pedras do lago, olhando para os pescadores; Zoroaster, bem como Mursa, podiam vê-las nitidamente.

Os homens estavam vestidos de modo extravagante; suas roupas coloridas estavam excessivamente enfeitadas com colares de conchas e outros adornos. Disso Zoroaster não gostou, pois não podia coordenar tal coisa com seu conceito de masculinidade.

Não pôde se decidir a falar aos pescadores e caminhou em direção às cabanas. Lá encontrou mulheres e crianças, que, em contraste com os homens, causavam uma impressão algo decadente. Estavam temerosas. Tão logo avistaram os forasteiros, esconderam-se.

Zoroaster deixou Marzar com os cavalos um pouco mais distante, fora do povoado, como fazia geralmente. Ele e Mursa tinham de causar a impressão de simples peregrinos. Por que as mulheres estavam assim temerosas?

Amavelmente, acenava para que se aproximassem. Muito custou para que uma delas resolvesse ir até eles.

— Podes ficar sem receio, moça, sorriu, nada te acontecerá. Vedes estranhos tão raramente, para ficardes assim tão receosas?

— Nunca, senhor, murmurou a moça, muito encabulada.

— Achas que eu poderia montar minha tenda nestas proximidades?

— Não sei, foi a resposta medrosa.

— Queres me vender alguma comida? indagou ainda Zoroaster, não querendo que a conversa se interrompesse.

— Não sei.

A moça estava visivelmente empenhada em que a conversa terminasse, pois ela fugiu como uma gazela.

Zoroaster olhou em redor e viu que os homens vinham do lago. Aliviado, dirigiu-se a eles, indo alguns passos a seu encontro e pediu novamente alguns alimentos.

Os homens entreolharam-se, e o mais velho perguntou o que os dois viandantes queriam ali.

Por que Zoroaster deveria esconder isso? Serenamente disse que se achava numa longa cavalgada através de todo o reino iraniano, para ensinar e anunciar.

— E o que estás ensinando e anunciando? quis saber o chefe.

— Sou o preparador do caminho do Saoshyant, informou Zoroaster, pensando ter dito muito com isso.

Eles, porém, fitaram-no como se não o entendessem.

— Não sabeis nada sobre o salvador divino, que será enviado para os seres humanos? perguntou Zoroaster agora. Eles menearam a cabeça negativamente.

— Não estivestes, pois, na solenidade sagrada da montanha? foi a pergunta seguinte de Zoroaster.

Novo menear de cabeça, depois o velho falou:

— Não, não vamos às festividades. Não acreditamos nas coisas que os sacerdotes e as sacerdotisas contam lá. Também nossos pais não mais foram até lá.

— Mas como quereis passar a vida, sem crerdes em nada, pobres homens? perguntou o visitante.

— Economiza teu pesar, forasteiro, soou a resposta orgulhosa. Quem te disse que não cremos em nada? Não acreditamos nas coisas dos sacerdotes, temos algo melhor.

Com isso o velho se pôs a caminhar, mas rapidamente Zoroaster clamou:

— Não quereis me dizer, senhores? Algo melhor sempre se deseja ouvir.

O velho olhou perscrutadoramente.

— Tens Mithra e os outros, não necessitas de nosso Deus.

— Agora posso falar com tuas palavras: quem te disse isso? Mais uma vez quero pedir: fala-me de teu Deus; pois acredito que seja o mesmo que o meu. Sabei, eu também não adoro Mithra e nem os outros.

167

— É verdade? indagou o velho. Zoroaster, porém, respondeu quase de modo impetuoso:

— Quem reconhece o verdadeiro Deus não mente!

— Pois bem, ficai conosco esta noite. Tereis comida. Mais tarde, ao lado da fogueira, anunciaremos a vós o que quisermos dar do nosso tesouro a mãos estranhas.

Zoroaster andou junto com os homens, ao passo que Mursa, a um sinal, voltou até Marzar, para lhe informar sobre o acontecimento. Depois, também Mursa veio para a refeição, que foi tomada numa praça livre, no meio das cabanas.

Nesse local estavam reunidos apenas homens, o que correspondia perfeitamente aos costumes usuais de outras partes. Era, porém, estranho que algumas moças bonitas tivessem que servir a comida. Isto, em outros lugares, era feito por criados.

Zoroaster já queria manifestar sua surpresa, mas se conteve. Pois, falando prematuramente, apenas faria com que os homens se calassem. Os pratos estavam gostosos e foram servidos em abundância.

Os hóspedes comiam com muito prazer e isso conquistou os corações dos homens, que pareciam dar grande valor à refeição. Depois da refeição, todos se acomodaram na vasta praça. Os visitantes foram convidados a se acomodarem ao lado do mais velho, o qual, então, começou com uma espécie de interrogatório:

— Quantos deuses existem?

— Um, respondeu Zoroaster, do mesmo modo seco como fora a pergunta.

— Isto já está errado, declarou o velho. Existem dois deuses: um bom, a quem chamamos Ormuzd, e um mau de nome Ahriman.

Imediatamente Zoroaster sabia que eram apenas nomes mutilados daqueles que eles também conheciam.

— Aquele que chamais Ormuzd, também adoramos. Denominamo-lo Ahuramazda, e sabemos que é o único, eterno e sábio.

Alegre, o velho chegou-se mais perto de seu hóspede.

— Não importa o nome. Parece que nos referimos realmente ao mesmo. Mas se conheceis Ormuzd, deveis conhecer também Ahriman. Um não pode ficar sem o outro.

— Conhecemos Ahriman também, admitiu Zoroaster, mas nele não vemos nenhum deus.

— Nenhum deus?

O velho assustou-se e se distanciou um pouco de seu hóspede.

— Nenhum deus? Digo-te, forasteiro: ele é um deus e, ainda mais, é o mais forte dos dois!

Antes que Zoroaster pudesse raciocinar, escapou-lhe:

— Estais então sob o domínio dele! Pobres de vós! De fato, ele quer se tornar o supremo por toda a parte. E onde os seres humanos nele acreditam, caem em desgraça e escuridão.

Assustado, refutou o velho:

— Forasteiro, domina tua língua. A ira de Ahriman poderá alcançar a ti e a nós, junto contigo.

— Oponho-me a ele, exclamou Zoroaster irado. O que é que Ahriman poderá fazer contra mim, se Ormuzd é meu Senhor? Sou um servo do supremo Deus! Ele saberá proteger Seu servo.

Pensativamente os homens olharam para ele, que ousava falar assim.

Aí o velho retomou a palavra:

— És ainda jovem, forasteiro. Vivenciei mais do que tu. Crê, Ahriman conquistou o domínio sobre o mundo. Os seres humanos obedecem-lhe. Mesmo que não o queiram, são obrigados. Ferreamente são forçados por ele para o seu jugo.

Também acreditei outrora, como tu, que Ormuzd, o nobre e sábio, fosse aquele Deus a quem todos os seres humanos deveriam seguir! Foi uma ilusão, da qual acordei dolorosamente.

Se Ormuzd fosse aquele que consideras, por que permitiria que Seus servos se juntem a Seu inimigo?

Zoroaster sentiu uma tempestade dentro de si. Todas as chamas, já muito antes adormecidas, acordaram. Um rubor súbito lhe subiu ao rosto. Palavras apressadas queriam saltar de seus lábios.

Nesse instante sentiu-se como que envolto por um sopro refrescante. Era imensamente benéfico para sua revolta ardente. E uma voz branda falou:

"Aqui, como por toda parte, a cólera só pode causar danos. Reflete sobre o que queres dizer! Serás ajudado. Interessa-te por essas pobres criaturas humanas. Por esse motivo foste guiado até aqui. Apenas uma compreensão benevolente de seus pensamentos e uma condução lenta e segura ainda poderão ajudar aqui."

Uma calma infinita desceu sobre o coração que ainda agora batia tão impetuosamente.

"Ahuramazda, ó grande e bondoso Deus. Trata-se de Tua honra. Ajuda-me!"

— Houve uma época, começou quase sonhadoramente, quando os seres humanos eram puros, assim como saíram da mão criadora do sábio Deus, a quem chamais Ormuzd. Isso já faz muito tempo. Naquela época, porém, as criaturas humanas eram felizes; pois viviam segundo a vontade de Deus. Ele tinha inúmeros servos, venerados pelos seres humanos como subdeuses, pois bem sentiam como tais entes luminosos lhes eram superiores.

Já vistes uma fruta roída por um verme? interrompeu-se aparentemente.

Os homens, não encontrando nenhuma conexão entre essa pergunta e a narrativa, olharam-no surpresos, mas logo responderam afirmativamente.

Aí ele continuou:

— De fora não se vê que dentro um bicho está corroendo. De início, aliás, o verme é tão ínfimo, que mal pode ser visto. A fruta tem um belo aspecto. Mas o verme cresce e, à medida que aumenta, consome a fruta de dentro para fora. Ela se estraga. Depois de algum tempo não é mais o fruto que deveria ser, mas, sim, algo que causa nojo, sendo atirado fora. Compreendeis-me?

Nas almas humanas entrou um verme, pequeno e insignificante: a primeira desobediência ao grande e bondoso Deus. Ele tinha dito: Eu sou o Supremo. Ao Meu lado nada existe! Mas o ser humano achou que cada pessoa era para si mesma o que existe de mais importante e sublime. Ele não se colocou *ao lado* de Deus, mas sim, *acima* Dele!

Não é assim, meus amigos? Refleti apenas um pouco!

Zoroaster calou-se para lhes dar tempo para raciocinar. Nitidamente podia ver como suas palavras estavam remoendo em todos eles. Mas sabia, também, que as palavras lhe fluíam de cima.

De onde então teria sabido do mandamento de Ahuramazda que acabava de anunciar?

Preencheu-o uma profunda gratidão, unida à adoração. Gostou que pedissem para continuar. Tinha de falar.

— Ahriman alegrou-se quando viu nas almas humanas esse verme que saíra de suas mãos. Cuidou para que cada vez mais almas humanas fossem desencaminhadas para tal desobediência. Alegrava-se com cada alma humana que Ormuzd tinha de recusar por imprestável, pois então ela lhe pertenceria. E ele queria se tornar senhor das almas.

Estais vendo agora o preço que tereis de pagar, fazendo o séquito para Ahriman?

Consternados, olharam para ele. Assim, ninguém ainda lhes tinha falado. Antes que ele pudesse continuar, um deles teve a coragem de falar:

— Forasteiro, fomos felizes até agora! Não nos sentimos como frutos podres. Nada enxergamos do verme. Aproveitamos alegremente nossa vida. Podes ter razão em relação a outras pessoas. Tudo isso não nos diz respeito.

— A fruta, de início, também não sente que o verme a consome, retrucou Zoroaster. Também nada se vê de fora. Mas aguardai: virá o dia em que o verme não mais poderá esconder-se. E virá o dia em que a morte chegará a cada um de vós; aí o fruto será colhido e será condenado. E então? Onde ficará vossa felicidade?

Novamente foram tomados por suas palavras e novamente não queriam concordar. Um outro se levantou para falar:

— Fomos ensinados que não há um Além e que tudo se acaba com esta vida. Por que então devemos ter medo da morte? Ela, sim, põe um fim à nossa felicidade, aos nossos prazeres, mas com isso, também, acabou-se.

— Não, isto não é verdade, bradou outro. Sabemos pois, todos, que nossas mulheres se tornarão peris. Então tem de haver algo que vai além da morte!

Agora surgiram variadas opiniões. Um tumulto de vozes cada vez maior enchia a praça, até que por fim o velho bateu duas peças metálicas, uma contra a outra, que se encontravam ao seu lado.

Então, fazendo-se silêncio, Zoroaster perguntou:

— Quereis dizer-me o que são peris? Nunca ouvi tal expressão!

— Quando uma mulher morre, ela terá de entrar num reino escuro; pois as mulheres são mentirosas, vaidosas, infiéis e têm mais falhas ainda. Quando então o marido ou um filho pedir a favor dela, ela se tornará uma peri, isto é, um ente espiritual que terá de cumprir determinadas incumbências, para se libertar de suas culpas.

Apesar de Zoroaster quase não mais poder ficar calado, deixou o homem acabar de falar.

— Se a peri servir fielmente, é-lhe permitido viver num jardim do deus Ormuzd, senão ela se torna uma druj, torturando os seres humanos. Como espectro da morte, rastejará pelas casas, fazendo o mal.

O homem calou-se, e Zoroaster irrompeu então:

— Tendes toda razão pois, ao expressar vossa fé nas peris; e com isso fica desmentida vossa descrença numa vida depois da morte. Ou pensais que apenas vossas mulheres continuarão a viver, ao passo que vós, homens, sereis comidos pelas grandes aves pretas, e depois então estará tudo acabado para vós?

Não vos enganeis! Também vós tereis de responder por vossas ações. Também vós tereis que remir tudo aquilo de que vos tornastes culpados. Tereis que vos alegrar por vos ser permitido remir!

Ó vós, pobres desviados, em que caminhos errados vos encontrais! Agora sei por que os servos de Deus me conduziram até aqui. Quero ajudar-vos, se me deixardes falar. Queridos amigos, deixai-me ajudar-vos!

A voz de Zoroaster soava com insistência. Todos sentiam que ele tinha grande interesse em lhes dar o que considerava a Verdade. Por que deviam impedi-lo? Viam, pois, que não queria nada de mal. Poderiam ouvi-lo calmamente e depois esquecer suas palavras, ou conservar delas tanto quanto considerassem bom. Murmurando baixinho, se comunicaram entre si. Depois o velho se levantou, falando com dignidade:

— Forasteiro, já que nos pedes, queremos ouvir-te. Podes ser nosso hóspede durante alguns dias e a cada noite nos falar nesta praça sobre aquilo que faz transbordar teu coração. Notamos que estás tomando isso a sério.

Foi tudo o que Zoroaster pôde conseguir nesse anoitecer. Mas estava contente. Mursa, no entanto, resmungava. Admirava a disposição de Zoroaster. Por sua vontade teria abandonado essas criaturas humanas tão arrogantes e satisfeitas consigo mesmas.

Foram conduzidos para uma cabana desocupada, onde se achavam algumas peles, as quais podiam arrumar conforme quisessem. Não se preocuparam muito com os hóspedes. Mas a cabana era asseada, e as peles limpas. Mais, Zoroaster não desejava.

Bem cedo, na manhã seguinte, Mursa foi até Marzar, para buscar comida para seu amo. No caminho encontrou bonitas frutas que, sem pensar, levou consigo. Quando tornou a se aproximar da cabana, veio a seu encontro uma jovem mulher, aos gritos, e, arrancando-lhe as frutas, jogou-as no solo e pisou nelas.

Mursa, estupefato, olhou para a mulher furiosa. Podia ser, sim, que tivesse tirado os frutos sem ter esse direito, mas por causa disso ela não precisava destruí-los! Indignado, contou tal episódio a Zoroaster que, refletindo, falou:

— Não és justo com a mulher, Mursa. As frutas, decerto, são venenosas.

Mais tarde, constatou-se que a opinião de Zoroaster estava certa. Cresciam nessa região grande quantidade de frutas muito bonitas, mas que eram muito venenosas. Freqüentemente, as crianças, devido à cobiça, eram vítimas de tais frutas.

No transcorrer do dia os homens foram caçar, mas ninguém convidou Zoroaster a acompanhá-los. Então, com Mursa e Marzar, fez um grande passeio a cavalo, para apreciar essa região tão bela.

O lago situava-se como um sonho maravilhoso entre os bosques. Nesse dia não se viam seres humanos, mas nem por isso estava sem vida. Os três homens alegraram-se com a brincadeira divertida das pequenas ondinas, que aparentemente não perceberam estar sendo observadas.

Zoroaster voltou ao povoado somente ao anoitecer e como estivesse com bastante fome a refeição foi bem-vinda.

Depois da refeição, os homens acomodaram-se novamente, solicitando do visitante que lhes falasse. Durante o passeio a cavalo, Zoroaster, porém, havia implorado por auxílio. Tinha um grande anseio de que suas palavras tocassem as suas almas. Começou a falar sobre as peris.

— Dizeis que as peris têm de remir suas culpas. Será que vossas mulheres são realmente tão más como julgais? Sois vós melhores que elas?

Irrompeu uma verdadeira tempestade, da qual o preparador do caminho ouviu que os homens se consideravam virtuosos; as mulheres, porém, capazes de todos os pecados.

— De onde sabeis que sois melhores? Nascem nas mesmas famílias meninos e meninas; por que as meninas se tornam más?

— São de constituição mais fraca, por isso têm também almas mais fracas, foi a resposta, contra a qual Zoroaster, por ora, nada podia opor.

— Por que vos unis com tais mulheres más? Mandai, pois, embora todas elas! propôs Zoroaster.

— Não temos outras, e para preparar nossas refeições e nos dar filhos elas servem.

— Tenho estado em muitas regiões deste grande reino, começou agora o hóspede, mas em parte alguma achei mulheres tão más como as vossas. Pelo contrário: tenho visto mulheres cuja pureza é quase tão grande como a das primeiras mulheres que emanaram dos pensamentos de Deus.

Numa coisa dessas os homens quase não puderam acreditar. Mas ele falou sobre Madana e igualmente de Jadasa. Mursa, que estava sentado sem falar, começou a acompanhar os elogios a favor de Jadasa.

Depois Zoroaster perguntou como os homens tinham chegado à idéia de que haveria uma continuação de vida apenas para as mulheres.

Disseram que não sabiam. Foram ensinados que tudo se acabaria com a morte. Mas também lhes fora ensinado que as mulheres teriam de servir como peris. Somente com a conversa com o visitante tinham percebido que ambas as coisas não combinavam.

— Vede, amigos, disse Zoroaster, assim, muita coisa daquilo que acreditais não combina. Acreditais, pois, em Ormuzd. Sabeis que Ele é um Deus bom e sábio. Podeis imaginar que o Deus bom simplesmente deixará que Dele se tire o poder?

Aprendemos que aquele a quem chamais Ahriman surgiu da ruindade dos seres humanos. É este um deus que foi gerado da imundície?

Mursa assustou-se com a ousadia de Zoroaster, mas os homens estavam tão estupefatos, que calmamente permitiram o ataque contra seu amo.

Pois o forasteiro tinha razão! Se Ahriman fosse o mais forte, então Ormuzd lhe teria passado o domínio. E também não mais seria necessário crer em Ormuzd. Algo, porém, mexeu com eles: não queriam desistir da fé em Ormuzd, o bom.

De repente, o mais velho falou:

— Estás falando de Ahriman como se fosse nosso amo. Não está certo. Apenas temos medo dele. Nosso Senhor é Ormuzd.

— Caros amigos, exclamou Zoroaster alegremente, não precisais ter medo do escuro. Se o Luminoso é realmente vosso amo, então estais sob a proteção de Deus e podereis rir do gênio ruim!

Mais e mais, contou-lhes da bondade do Deus-Único, da proteção que concede, da força que oferece. Somente a altas horas da noite os homens se separaram.

Assim, passaram-se vários dias. A cada noite Zoroaster conquistava mais um pedacinho das almas a ele destinadas. Mas ainda não conseguira convencê-los de que nem os homens eram infalíveis e nem todas as mulheres depravadas. Sempre que tentava modificar arraigados conceitos a esse respeito deparava com uma resistência obstinada.

Novamente pediu e implorou por um esclarecimento, para finalmente encontrar a palavra certa. Voltou do passeio a cavalo mais cedo do que das outras vezes, dirigindo-se logo à praça, onde à noite se reuniriam.

Então escutou uma forte gritaria que vinha do lado, mas que inicialmente não o incomodou. Essa gritaria se tornou, porém, mais forte e ressoou de modo tão horrível, que ele, num pulo, levantou-se, procurando penetrar no bosque, na direção de onde vinham tais gritos.

Viu então dois homens fugindo, enquanto um terceiro permanecia coberto de sangue no chão. O pobre homem tinha sido tão maltratado, que não podia ajudar a si próprio.

Zoroaster quase não teve coragem de levantá-lo, de medo que se esvaísse em sangue. Nesse ínterim, veio Mursa e ajudou-o a carregar o moribundo até a cabana do chefe. Conheciam esse homem, pois sempre escutava com atenção quando se falava de coisas eternas.

A gritaria tinha atraído também outros e não demorou que se formasse um grande grupo de homens em redor da cabana. Zoroaster viu que em nada mais poderia ajudar e se retirou.

Quando os homens, mais tarde, se reuniram na praça, ele perguntou a respeito do ferido, tendo sido informado então de que ele havia falecido, depois de mencionar os dois homens que o tinham massacrado. Zoroaster sabia que ele falara a verdade, pois reconhecera os homens, e também disse isso ao mais velho, que ficou contente desse testemunho; pois os homens haviam negado.

— Por que agrediram esse homem? quis saber Zoroaster.

— Isto Nasur não nos pôde mais dizer, suas forças não resistiram a tanto, foi a resposta.

O velho, porém, ordenara sigilosamente que trouxessem os dois homens. Quando vieram, Zoroaster enfrentou-os para lhes dizer que os tinha visto.

Contudo, o preparador do caminho viu ainda muito mais. Viu como a inveja tinha corroído um deles. O outro parecia ter sido apenas seu ajudante.

Serenamente se dirigiu a ambos os malfeitores:

— Sois homens e dizeis que não sois capazes de cometer um pecado, começou. Acontece, porém, que cometestes um grave pecado. Tu, e dirigiu-se ao invejoso, mataste teu vizinho Nasur por mera e feia inveja! Tu, e olhou para o outro que estava diante dele completamente pálido, ajudaste-o. Assim, um de vós cometeu um crime, mas o outro, pelo menos dois crimes. Se ainda negardes, juntareis mais outro.

O que pensais que se passará agora convosco? Uma vez que não vos tornareis peris, tereis que, segundo vossa crença, logo servir no séquito de Ahriman!

— Não quero ir para Ahriman, uivou o ajudante com todo o corpo tremendo. Segurei Nasur enquanto Dursa batia nele.

O chefe olhou com surpresa para Zoroaster, que com tão poucas palavras conseguiu a confissão do crime.

— O que é que Nasur te fez para bateres nele? perguntou Zoroaster com calma.

A resposta, contudo, surpreendeu a todos:

— Não sei.

Um olhou para o outro. O homem estava mentindo, era evidente. Mas por que fazia isso? Deveria ter algo a esconder.

Aí, soou novamente a voz serena de Zoroaster:

— Onde está a pedra verde que tomaste para ti, na cabana do homem?

Com pavor, o malfeitor olhou para o interrogante:

— Que sabes da pedra verde, forasteiro? perguntou sem pensar que com isso se traía.

Zoroaster, porém, não respondeu sua pergunta, pelo contrário, repetiu a que fizera. Então o maldito gaguejou:

— Enterrei-a ao lado da minha cabana.

A um aceno do chefe, vários homens foram ver, encontrando uma pedra verde, de raro tamanho, embrulhada num pano.

— E por causa dessa pedra te tornaste um invejoso, um ladrão, um assassino e um mentiroso? Poderá existir algo pior? E tu te tornaste culpado no crime de Dursa, falou Zoroaster para o outro, que ainda chorava.

— Vós, ó homens, estais informados agora. Levai embora os assassinos, para que a noite não seja estragada com a presença deles, exigiu Zoroaster. Obedeceram de bom grado.

Depois, o preparador do caminho provou-lhes que também os homens podem ser maus. À vista do acontecimento, estavam mais condescendentes do que geralmente. Quiseram apresentar esse caso como uma exceção, mas isso Zoroaster não deixou valer.

177

Tinham de concordar que também eles haviam feito, às escondidas, muita coisa que não estava de acordo com a vontade de Deus. Muito ele tinha observado em segredo e agora usava contra eles, e o proveito da noite foi que os homens concordaram que não podiam subsistir diante dos olhos de Ormuzd.

— Por isso designastes Ahriman como o deus mais forte, por temerdes Ormuzd e não Ahriman. No íntimo de vossas almas sabeis que um dia tereis que estar diante do trono julgador de Deus, exatamente como vossas mulheres. Aí será feito um julgamento de cada um de vós. Como quereis então subsistir?

Quando finalmente se separaram, novamente já era tarde. O chefe se aproximou de Zoroaster e perguntou:

— Forasteiro, o que pensas que deva ser feito com os dois malfeitores?

— Qual o vosso costume em tal caso? perguntou Zoroaster por sua vez.

— Jogamos o assassino em cima dos recifes que se acham atrás das matas, foi a pronta resposta.

O velho não percebeu que, admitindo isso, então esse caso não era uma exceção, e Zoroaster tampouco lhe mostrou isso. Apenas pediu:

— Deixa-me falar com os homens amanhã.

O chefe concordou.

Mas no dia seguinte o assassino tinha se esquivado da justiça terrena. Ele mesmo tinha posto um fim na sua vida.

Apavorado, o ajudante estava de cócoras ao lado do cadáver de Dursa.

— Em breve também estarei morto, choramingava ele. O forasteiro falou que depois virá o Juízo!

Zoroaster chamou o homem para fora. Ele mesmo também teve arrepios ao deparar com o aspecto horrível apresentado pelo suicida.

Então falou seriamente ao homem que tremia:

— Estás sentindo, agora, que só com esta vida não pode acabar tudo? Sabes o que te espera se, assim como és, tiveres que te apresentar diante do trono do Juiz?

O interrogado chorou mais alto e acenou afirmativamente.
— O que queres fazer agora?
— Não sei. Ajuda-me, bom homem! implorou o apavorado.
— Por que ajudaste Dursa? quis saber Zoroaster. Com bastante falta de clareza o homem relatou que Dursa tinha ameaçado matá-lo também, se não o ajudasse. Nasur quis apresentar queixa do furto, por isso teve de morrer.

Durante longo tempo Zoroaster falou com o homem que ficara tão fora de si de medo, que não conseguia compreender coisa alguma. Tinha que esperar até que ele se acalmasse. Permitiu-lhe voltar para o recinto de onde tinham, nesse meio tempo, retirado o cadáver. Zoroaster procurou o chefe para lhe falar a respeito do ajudante do assassino.

— O melhor será jogá-lo em cima dos recifes, opinou o velho calmamente. Seria um mau exemplo se o deixássemos sair sem punição.

— Pondera, amigo, exortou o preparador do caminho, que ele ainda não está arrependido. Apenas tem medo do que virá para ele. Não podes lhe dar um outro castigo?

— Vou pensar sobre isso, respondeu o chefe, mas Zoroaster percebeu que ele não falava sério.

Por ora nada podia fazer para modificar a idéia do chefe. Apenas podia esperar que a sentença não fosse executada imediatamente.

À noite, falou sobre o caso no círculo dos homens, o que lhe deu uma entrada para a conversação. Tinham de concordar que também os homens podiam pecar. Não sabiam o que então lhes aconteceria. Não havia peris masculinos. Em sua crença não havia nenhuma continuação de vida para um homem.

À vista desses dois casos de morte, ocorridos assim, violentamente, reconheceram o absurdo de seu pensar de até então. Zoroaster ainda teve muito trabalho, mas incansavelmente lhes falou, dando-lhes provas. Depois de muitos serões, estavam convictos.

Tendo uma vida depois da morte, então bem entendiam que essa vida não poderia ser igual para a gente boa e para a gente ruim. Uma vez que todos se consideravam bons, assustaram-se em precisar conviver mais tarde com os maus.

Agora Zoroaster, finalmente, podia falar do grande Juízo, e quando compreenderam isso, até o ponto que lhes era possível compreender, então lentamente ele conseguiu familiarizá-los a pensar sobre as repetidas vidas terrenas.

Zoroaster temeu ter as maiores dificuldades com isso, porém, deu-se o contrário. Pois justamente a idéia da reencarnação, aceitaram cheios de alegria. Em sua grande presunção, pensavam que iriam nascer para uma vida cheia de prazer.

Tornaram-se tão entusiasmados, pintando mutuamente os quadros de suas futuras vidas terrenas, que de repente não mais precisavam das explicações de Zoroaster. Sim, ele com suas contínuas advertências, havia se tornado incômodo.

Fizeram-lhe notar, bem nitidamente, que sua hospitalidade estava agora terminada. No fundo, Zoroaster nada tinha conseguido com eles. Deveria mesmo ir embora?

Resolveu esperar por uma ordem de cima e, por ora, mudar para sua tenda nas proximidades.

Naturalmente fazia tempo que já haviam percebido que ele possuía cavalos e tinha também um servo; mas aparentavam nada saber. Isso, igualmente, Zoroaster não entendeu. Se de início mandara Marzar esperar a distância fora por motivos sérios. Há muito, porém, já teria falado sobre isso, mas os homens se esquivaram.

Nessa mesma noite ele já descansou em sua tenda, junto de seus dois fiéis, que se alegraram por tê-lo uma vez para suas próprias perguntas. Mursa tinha presenciado e escutado muito, sem que compreendesse. Acima de tudo, não entendeu o procedimento cauteloso do preparador do caminho, em geral tão impetuoso.

Zoroaster disse-lhe que recebera ordens para isso. E só no próprio esclarecimento, tornou-se-lhe realmente claro como tinha sido necessário tal reserva.

— Voltarás de novo à praça, amanhã à noite? perguntou Marzar, mas não recebeu uma informação certa. Zoroaster mesmo não o sabia.

À noite pediu resposta a tal pergunta. Quando, porém, de manhã quis levantar do leito, verificou que seus membros doíam imensamente, tornando-se rijos. Isso também era uma resposta: ficava retido nessa região, sem precisar procurar aquela gente.

Assim se passaram alguns dias. Pela conversa com os seus companheiros, adquiriu clareza; abriram-se perspectivas e cresceu sua compreensão sobre as coisas eternas. Nenhum momento sequer, desse tempo de dores, queria ter perdido.

Encontrava-se quase imóvel ainda, quando certa ocasião, ao meio-dia, o chefe daquela gente chegou até a sua tenda, como que numa caminhada para caçar. Queria manifestar sua surpresa, mas sob o olhar claro de Zoroaster não conseguiu isso. Eis por que cortou a frase já iniciada, perguntando, em lugar dela, se o forasteiro estava doente.

— Parece-me que comeste daquelas frutinhas que por aqui existem em quantidade, disse, quando Zoroaster lhe descreveu as dores.

Mursa, sendo chamado, confessou ter colhido dessas bonitas frutinhas e, esmagando-as, ter feito um refresco para Zoroaster, devido a seu sabor agradável.

— O veneno não é mortífero, consolou o velho ao assustado Mursa. Em poucos dias teu amo novamente poderá utilizar seus membros. Mas deveis vos precaver ao colher frutas e frutinhas aqui, mesmo que não vos pareçam perigosas.

Zoroaster contou sobre as frutas que Mursa trouxera na primeira manhã.

— Ouvi sobre isso, falou o velho. Foi minha filha que arrancou de Mursa as perigosas gulodices. Elas te teriam causado a morte imediatamente.

É esquisito, continuou depois de pequena pausa, que as plantas aqui se tenham alterado tanto. Posso lembrar-me de que, quando criança, comi muitas das frutas que agora são tão funestas. Um velho sábio, que certo dia nos visitou, atribuiu isso ao domínio da influência de Ahriman, que torna tudo tão ruim.

Zoroaster quis responder, mas o velho não chegara para falar sobre plantas. Impacientemente moveu a mão encarquilhada, exigindo ser ouvido.

— Forasteiro, não sei o que devo fazer com o criminoso, disse hesitando um pouco, como se disso se envergonhasse. Tuas palavras levaram-me a pensar, e não posso mais achar certo matá-lo. Devíamos dar-lhe uma oportunidade de remir o tanto quanto lhe for possível.

Cheio de alegria, Zoroaster olhou-o e um agradecimento caloroso a Ahuramazda tomou conta dele. Então a bondade de Deus havia amolecido esse rígido coração! Isso estava acima de todo o pedir e compreender!

— Também penso assim, disse Zoroaster amavelmente. Imaginaste de que maneira o homem poderia remir seu delito?

— Nasur deixou uma jovem mulher com seis filhos, sem recursos. Se Wunad, o homem mau, casar com ela e cuidar dela e de seus filhos, então o prejuízo que ela teve com a morte do marido seria reparado.

— Mas será que ela vai querer ter em sua cabana aquele que ajudou a matar seu marido? perguntou Zoroaster incrédulo.

— Por acaso, em nosso meio, se pergunta às mulheres com quem querem casar? foi a resposta aborrecida do velho. Conosco quem decide é o homem. A mulher tem de ficar contente por encontrar alguém que cuide dela. Assim, também a mulher de Nasur ficará contente se Wunad se ligar a ela; pois então não mais passará fome.

— Se é assim, então acho também uma boa penitência para Wunad, concordou Zoroaster. O velho sorriu:

— Sim, é até fácil demais; pois a mulher de Nasur é jovem, bonita e tão boa quanto uma mulher possa ser. Ele passará bem junto dela.

— Os companheiros não o desprezarão, quando novamente trabalhar junto com eles? perguntou Zoroaster.

O velho disse que não.

— Quando alguém cometeu algo errado e quer reparar o mal, então ninguém falará mais sobre o que se passou.

Com isso, mais uma vez o chefe confessou que o "fazer mal" não era nada desconhecido entre eles. Mas o fato de outros não dificultarem as coisas ao malfeitor era uma boa qualidade desses homens. Que isso fosse assim por toda a parte!

— Dentro de poucos dias novamente poderás andar, forasteiro. Não queres ir uma vez mais até a praça? perguntou o visitante timidamente.

Alegremente Zoroaster prometeu fazê-lo. A visita, porém, ainda tinha outro pedido:

— Posso mandar-te Wunad para que fales com ele, a fim de que compreenda direito a graça que lhe concedemos, responsabilizando-o a cuidar das crianças? Ele é muito estúpido, mas alguma coisa compreenderá, consolou aliviado o velho, aprontando-se para sair. Também isso, Zoroaster consentiu.

Logo em seguida lhe foi difícil consolar Mursa, que veio correndo, após a saída do velho, acusando-se de ter causado o sofrimento de Zoroaster.

— Não percebes, fez ver Zoroaster ao desolado, como tua falta de precaução teve que servir à vontade de Ahuramazda? Sem as dores provocadas pelo veneno, eu, desanimado, provavelmente teria ido embora. Agora pude vivenciar que o velho me procurasse em busca de conselho, chamando-me de volta. Alegremo-nos com o que o bondoso Deus fez por nós.

Depois de três dias, foi possível a Zoroaster levantar-se. Fez um esforço para montar em Raio e tentou cavalgar um pouco. Porém, ainda se sentia mal. Exatamente quando quis voltar, viu um homem olhando para ele. Era Wunad.

— Já estás há muito tempo aqui? perguntou Zoroaster surpreso.

— Venho todas as manhãs e volto todas as noites, senhor, soou a resposta surpreendente.

— Mas por que não chegaste até a mim, homem? Zoroaster viu que Wunad ainda estava com medo. Apenas quero te ajudar, para voltares ao caminho certo.

— Achas que simplesmente poderia ter entrado em tua tenda? Nosso chefe falou que o bondoso senhor, o forasteiro, permitiria que lhe falasse. Esperei todos os dias por tal permissão.

Sem esclarecer o erro ao homem, que parecia de fato ser muito estúpido, Zoroaster convidou-o:

— Então vem.

Wunad acompanhou-o obedientemente e obedientemente deixou-se inquirir, dando resposta o melhor que pôde.

— Se já aqui te é permitido remir uma pequena parte de tua grande culpa, Wunad, exortou Zoroaster, então não esqueças que terás de substituir o pai e manter o sustento aos filhos de Nasur.

— Sim, mas também tenho que substituir o homem para a mulher, disse Wunad, com um riso satisfeito. A punição alegrou-o visivelmente.

— Terás de fazer tudo o que estiver a teu alcance para remir, meu amigo. Terás de esquecer totalmente de ti, poderás viver e atuar apenas para os outros, dos quais roubaste seu protetor natural. Queres fazer isto?

— Decerto, quero fazê-lo de bom grado, falou Wunad com convicção. Senhor, são crianças tão boas. Com certeza serei para eles um pai melhor do que Nasur.

Zoroaster viu que o homem era demasiadamente bronco para que se pudesse falar com ele sobre questões mais profundas. Assim, esperou que talvez mais tarde lhe viesse a compreensão. Por ora mandou-o embora e Wunad correu como que libertado.

Depois de poucos dias, Zoroaster, ao anoitecer, pôde se dirigir à praça. Encontrou reunidos todos os homens, como se estivessem esperando por ele. Como sabiam que hoje viria?

Quando então lhes perguntou, soube que durante três noites já o haviam esperado.

— É geralmente a duração do efeito do veneno, esclareceram-lhe, mas contigo, decerto, durou mais tempo porque tens uma constituição diferente da nossa.

Com franqueza, confessaram que suas idéias sobre as vidas futuras levaram-nos a caminhos errados. Haviam suposto que todos eles teriam que se tornar grandes personalidades nas vidas futuras na Terra. Depois, porém, haviam percebido como era errada tal idéia.

Agora queriam saber se anteriormente já haviam estado na Terra. Zoroaster falou que sim, embora relutantemente; pois temia que recomeçassem as mesmas considerações como o fizeram da última vez. Mas tinham aprendido no vivenciar e acautelaram-se para não cair no mesmo erro.

Uma vez calados, raciocinando silenciosamente sobre o que ouviram, acabaram por compreender algumas das múltiplas conexões. Compreenderam por que um teria de viver na pobreza e outro sofrendo doenças. Até então tudo isso lhes parecia injusto. Agora viam repentinamente que tudo acontecia apenas por sua própria culpa. E novamente disseram:

— É tão simples!

Dessa vez, Zoroaster apegou-se a tal frase, mostrando-lhes que realmente tudo isso era muito simples, mas que perceberiam como se tornaria difícil, quando começassem a levar a sério.

— Tentai levar uma vida imaculada, então sentireis o quanto vos custará renunciar a vosso próprio "eu"!

Obedientemente aceitaram o que lhes disse. Podia-se notar que tinham sentido falta dele.

Quando à noite Zoroaster se despediu, acompanharam-no então até sua tenda, e ele teve de prometer-lhes que retornaria na noite seguinte.

E assim o fez com o firme propósito de, desta vez, falar-lhes sobre as mulheres.

— Mostrastes que sois pessoas inteligentes, amigos, começou elogiando. Muito assimilastes daquilo que de início vos parecia impossível compreender. Continuai assim e então em breve tereis acabado com todo o errado nas vossas concepções.

Alegres, os homens olhavam para ele. Foi algo novo Zoroaster tê-los elogiado. Queriam, pois, empenhar-se duplamente para merecerem tal elogio.

— Dizei, agora, o que tendes a censurar em vossas mulheres, exigiu.

Ficaram calados. O que deveriam dizer? Não tinham de que se queixar, mas foram ensinados que a mulher nada vale. Nisso se apegaram, por ser cômodo.

Zoroaster leu esses pensamentos e, como ninguém falasse, repetiu em voz alta o que tinha visto nesse silêncio.

— Não é assim, meus amigos? concluiu.

Admitiram que em verdade era assim. Nenhum deles havia se preocupado com sua mulher, a qual, para todos, era serva e operária.

Ele contou-lhes como Ahuramazda havia imaginado a mulher. Provida de um sentimento intuitivo mais delicado, deveria ela preceder o homem por toda a parte e proporcionar-lhe a ligação com o mundo superior. Em compensação, o homem deveria proteger a mais fraca, auxiliando-a em sua peregrinação na Terra, para que suas faculdades delicadas pudessem permanecer intatas.

— Assim deveria ser, ó amigos, e assim ainda é em alguns lugares, disse Zoroaster olhando para eles todos, e em que situação vos encontrei? Oprimidas e amedrontadas vossas mulheres andam furtivamente por aí. Correm quando vos avistam; pois nunca sabem o que terão de esperar de vós. Observei que bateis nelas quando estais de mau humor. Ainda não ouvi uma única palavra amável.

Vós próprios dais atenção aos vossos trajes. Enfeitai-vos como fazem as mulheres em outras partes. Mas permitis que vossas mulheres e crianças andem vestidas com trapos sujos. Não pensais que elas também gostariam de se enfeitar?

As mulheres têm de preparar a vossa comida e sabem fazer isso muito bem. Nas refeições deixais que elas vos sirvam, e isso ainda não encontrei em parte alguma, depois é que vossas mulheres e crianças recebem os restos. Não vos incomodais se elas ficam satisfeitas ou não.

São coisas exteriores que, no entanto, não contribuem para o bem-estar de vossas mulheres. Onde é que ficam vossos cuidados? Mas agora olhai para suas almas! Permitis que elas participem de vossas conversações sobre coisas sagradas? Orais junto com elas? Quem as ensina, enquanto pequenas? Queria falar para elas, mas elas fogem. Será que não têm nenhum anseio a tal respeito? Ou as tendes mantido de modo que fiquem com medo, quando suas almas querem aspirar o refrescante ar celeste?

Quando silenciou, os homens estavam sentados como crianças repreendidas. Olhavam para o chão, mas não por teimosia. Finalmente um dos mais jovens levantou a cabeça:

— Mestre, era esse o novo tratamento que davam para ele, mestre, eu te digo que tens razão em cada palavra que acabaste de falar! Temos que nos envergonhar, pensando em Ormuzd. Nossas mulheres levam uma vida pior que nossos animais; pois nos preocupamos com eles e não lhes deixamos faltar nada.

Mas, agora, dize-nos, como devemos modificar isso? Nossas mulheres não nos compreenderiam se alterássemos nossa conduta para com elas. Nem compreenderiam se quiséssemos tentar esclarecê-las a respeito, pois não somos tão eloqüentes como tu.

— Não é necessário muita eloqüência para esclarecer do que se trata, opinou Zoroaster, que se alegrou com o jovem. Tereis que fazer como eu fiz convosco, começando desde o início. Começai fazendo ligação com aquilo que já sabem desde a infância, então perguntarão progressivamente.

Os homens entreolharam-se encabulados. Era ruim que o mestre não soubesse como as coisas estavam em relação às suas mulheres, e eles tinham que lhe esclarecer tudo. Estavam envergonhados.

Finalmente, um deles animou-se:

— Mestre, aí não existe um início onde pudéssemos continuar. Nossas mulheres são mantidas na ignorância, já desde os primórdios, para que possamos permanecer dominantes. Quando elas perguntavam pelas coisas divinas, nós respondíamos: Nada disto é para vós, cuidai do vosso trabalho. Sabem tão pouco de Ormuzd, como o teu cavalo, concluiu embaraçado.

Zoroaster estava horrorizado e também demonstrou isso. Por que deveria ocultar que considerava esse modo de tratar as mulheres a coisa mais ignóbil com que até agora deparara?

Mas com isso nada adiantaria. Se mandasse chamá-las e falasse com elas, nem o ouviriam por medo. E além disso nada entendia de mulheres. Ele não sabia como deveria despertar esse sentimento intuitivo mais delicado, que certamente também se achava adormecido nessas pobres e degradadas mulheres.

Sem nada fazer, refletiu, enviando seus pensamentos para o alto, pedindo auxílio. Subitamente soube o que deveria ser feito. Jadasa teria de vir até essa gente. Aguardava-a aqui uma grande e bela missão. Aqui ela poderia atuar em prol de suas infelizes irmãs. Uma grande sensação de felicidade irrompeu nele, devido a essa boa solução.

Contou aos homens sobre Jadasa, da qual já anteriormente lhes havia falado. Descreveu como ela era amável, pura e disposta a ajudar todas as mulheres que também pudessem se tornar tão puras como ela.

— Logo amanhã, cavalgarei com meus companheiros para buscar Jadasa, exclamou todo feliz.

— Será que vai querer vir contigo? perguntaram os homens, que ainda não podiam crer numa tão grande felicidade.

Mas ele não teve a menor dúvida de que Jadasa reconheceria imediatamente essa missão como coisa urgente.

— Quando poderás estar novamente conosco? perguntaram receosos.

— Voltarei tão logo me seja possível. Uma data não posso dizer, respondeu.

Não sabia qual a distância até o povoado de Jadasa, mas confiava na condução dos pequenos enteais.

Assim pois, com alegria no coração, na manhã seguinte iniciou a sua cavalgada para longe. Tirou proveito da natureza, que exatamente nessa época desabrochava maravilhosamente. Desfrutou do silêncio que lhe proporcionou algo tão belo, e seu corpo alegrou-se com a movimentação sadia.

Certo dia, ao anoitecer, Zoroaster ficou sentado diante de sua tenda branca. Os companheiros tinham se recolhido às suas tendas, mas podiam se ouvir de vez em quando as vozes, que falavam baixinho.

Não lhes prestou atenção, pois estava demasiadamente entregue aos próprios pensamentos. Aparentemente, Marzar, de repente, esqueceu toda a cautela. Mais alto do que até então, soou sua pergunta:

— Como Zoroaster pensa que uma mulher tenha que nos acompanhar? Tal coisa ele não poderá exigir dela.

— Penso que levará mais algumas moças consigo, respondeu Mursa com indiferença.

E novamente aumentou a voz de Marzar:

— Será que ele não pensa que nós três somos solteiros?

Ele desonra Jadasa diante de todo mundo, se simplesmente a levar consigo.

— Lembra-te de que ele não é como um homem qualquer. É o preparador do caminho, aí muita coisa é permitida.

Mursa tinha falado isso asperamente. Mas Marzar não se deixou convencer.

— Preparador do caminho ou não! Se ele quiser levar Jadasa consigo, terá de casar com ela!

Marzar falou isso com voz tão alta, que Mursa, de repente, aconselhou-o a se acautelar. A conversa, então, ficou em tom mais baixo.

Mas Zoroaster ouviu o bastante. Como que cortado por uma faca, partiu-se o véu que pendia diante de sua alma. Pensamentos de toda a sorte o invadiram. Como era possível que não tivesse visto o que o simples servo notara!

Como poderia ele pôr em perigo a nobre Jadasa? Mas havia prometido auxílio às mulheres que necessitavam. Devia então levar Jadasa até essas pessoas e logo se retirar? Mas então a deixaria sozinha e desprotegida com os desconhecidos.

Ela lhe dissera, uma vez, que se achava na proteção da pureza. Mas naquela ocasião seu pai seguira junto. E, entre todos os pensamentos, afastou para longe aquela idéia, que mais se queria manifestar, nem lhe dando a possibilidade de ser ouvida. Como poderia ele, o preparador do caminho, casar? Sua vida pertencia a Deus, sendo ele Seu servo.

Já fazia algum tempo que os dois homens, cujas vozes o tinham despertado de sua despreocupação, haviam ido dormir. Ele, no entanto, como gostava de fazer, continuou sentado sob o resplandecente céu estrelado. Mas faltava a paz, que geralmente enchia sua alma.

Então prostrou-se ao solo, abrindo sua alma em oração. O que não ousou confessar a si próprio, confessou-o ao Altíssimo. Não queria ocultar nada, qualquer manifestação deveria ser exposta, diante dos olhos de Deus. Aí, ele se acalmou.

E, no silêncio, novamente ouviu a voz do luminoso mensageiro:

"Zoroaster, escuta. É da vontade de Ahuramazda que cases com Jadasa! Necessitas de uma companheira, para que ela complete tua obra, instruindo as mulheres. Nunca mais poderás achar uma mulher mais pura. Toma-a no teu coração, como tua ajudante, e cuida que o pé dela não se machuque em nenhuma pedra.

Ela te dará um filho, ao qual tereis de chamar Vishtaspa. Hafis não se casará. Teu filho deverá herdar o reino. Ele deverá se tornar rei, e o Irã florescerá para um país abençoado, sob a regência dele.

Assim é a sábia vontade de Ahuramazda!"

A voz calou-se. Zoroaster ficou tonto. O que não ousou desejar deveria se tornar realidade. Ser-lhe-ia permitido ter mulher e filho!

Agora sua oração se transformou em louvor e agradecimento. Mal podia esperar que o sol nascesse para que pudesse continuar a cavalgada.

Teriam que cavalgar mais três dias, haviam dito os pequenos enteais. Não se enganaram.

Ao meio-dia do terceiro dia, avistaram o povoado tão conhecido. Quanta coisa vivenciara ali! Ser-lhe-ia permitido, agora, ver novamente as pessoas que tão ricamente tinham recompensado seus esforços. Só isso já era uma alegria.

Foram até a cabana do chefe, que, admirado, olhou para fora. Quando reconheceu Zoroaster, chamou os vizinhos em voz alta. Todos deveriam vir, pois o Zoroaster tinha voltado.

Dentro de poucos minutos a praça formigava de gente alegremente animada. Jubilosos, todos recebiam o preparador do caminho; cada um queria cumprimentá-lo, agradecer-lhe e contar-lhe o que tinha vivenciado nesse ínterim. Era uma confusão, na qual não era possível entender uma palavra sequer.

Zoroaster saudou a todos, mas seus olhos procuravam Jadasa. Então a voz de Mursa se fez ouvir em seu ouvido:

— Senhor, ali no outro lado!

Sim, ali estava Jadasa, o rosto encantador ruborizado, olhando-o com olhos radiantes. Quando sentiu seu olhar fixo nela, aproximou-se saudando-o. Depois entrou em casa para preparar uma refeição.

Lentamente os homens se acalmaram. Pediram a Zoroaster que lhes falasse à noite, e ele assentiu. Nesse ínterim, deixou que lhe contassem como os habitantes do povoado tinham passado, se não surgira mais nenhuma doença e se também não tinham esquecido aquilo que haviam reconhecido como Verdade.

O velho, cuja expressão havia mudado visivelmente, disse com orgulho:

— Não creio que entre nós um único sequer esquecerá a vivência que nos trouxeste. Transformamo-nos totalmente em outras pessoas, o que notarás hoje à noite. Também fomos poupados pelas doenças. Jadasa nos disse, certo dia, que nossos sofrimentos têm sido a conseqüência de nossas culpas. O que considerávamos um tormento insuportável, foi, na realidade, a maior graça de Ahuramazda; pois assim, entre nós, muitos acordaram.

O olhar de Zoroaster procurava a moça, que se manteve afastada durante a refeição. Como não a visse, perguntou a seu pai:

— É dado a Jadasa a graça de ter visões? O velho respondeu afirmativamente.

— Desde pequena ela possuía algo de peculiar que se acentuou mais ainda com a sua permanência junto às sacerdotisas. Desde que estiveste aqui e nos transformaste em servos de Ahuramazda, freqüentemente ela nos diz coisas que lhe foram reveladas durante a noite. Já lhe perguntei, várias vezes, de que maneira essas verdades se lhe manifestaram mas ela não quer falar. Sabes, por acaso, algo sobre isso? perguntou ingenuamente e com curiosidade.

— Não, isso também não sei, respondeu o preparador do caminho. Isso é diferente com cada pessoa agraciada. O principal também não é o "como", mas o "que". Se é Verdade, tudo o mais não deve nos preocupar. Poderia até imaginar, continuou depois de breve reflexão, que tal investigação impediria uma recepção pura das mensagens do alto. Talvez até possas prejudicar Jadasa, quando perguntas de que maneira lhe são dadas as revelações.

— Como pode acontecer isso? quis saber o velho, a quem as palavras de Zoroaster impressionaram.

— Uma vez vos disse, começou o preparador do caminho esclarecendo, que todos os pensamentos humanos adquirem formas. Naturalmente formas invisíveis para os olhos humanos, acrescentou rapidamente, ao ver como os olhos do velho se abriam assustadoramente.

191

Essas formas dirigem-se àquela coisa que as provocou. Se, pois, cismares sobre a maneira que Jadasa recebe uma revelação, então desse cismar surge um complexo de formas, aglomerando-se logo em volta de Jadasa. Assim, envolves tua filha com um fino manto, que lhe torna mais difícil a recepção das irradiações do alto, podendo torná-la até impossível.

O velho ficou perplexo; depois, disse compreendendo repentinamente:

— Jadasa falava freqüentemente: "Não penses tanto em mim, pai, senão não posso ouvir". Isto, certamente, significa o mesmo que acabas de esclarecer. Só que agora te compreendi, e as palavras de Jadasa me eram incompreensíveis.

Depois o homem perguntou a respeito de Sadi, de quem ele gostava especialmente. Zoroaster contou-lhe como o servo se havia modificado de modo radical. Aí o velho opinou:

— Olha, não tenho o dom de ver as verdades, mas que havia um núcleo excelente em Sadi isto percebi. Deixa-me contar: teu cavalo é algo especialmente distinto. Isso já perceberam todos os homens. Aqui também temos cavalos brancos, que são grandes e fortes. Bem no início, antes que nos ensinasses, um de nós ofereceu a Sadi trocar seu melhor cavalo pelo teu cavalo, Raio. Seguramente, não terias percebido. Sadi, porém, receberia para isso muitas pedras preciosas. Não pensou, porém, um momento sequer; jogou o homem para fora do cercado e este ficou machucado durante vários dias.

Zoroaster respondeu sorrindo:

— Ah! Foi por isso, então, que estiveste mancando, logo no início que nos conhecemos?

O homem acenou afirmativamente, sem o mínimo embaraço. Tratava-se de coisas passadas, das quais não mais se envergonhava. Zoroaster, porém, perguntou:

— Observaste Marzar durante a refeição? Ousarias fazer-lhe idêntica proposta?

Assustado, o chefe negou.

— Não, mesmo que eu ainda fosse como naquela época, não ousaria isso!

— Estás vendo, pois, que Sadi naquele tempo ainda não era um verdadeiro servo do eterno Deus, do contrário não terias a ousadia de ter se dirigido a ele. Mas, agora, ele se transformou.

— É algo maravilhoso o que estás falando, Zoroaster, disse o velho pensativamente. Se pertencemos a Ahuramazda, nenhuma tentação das trevas tem coragem de se aproximar de nós! Isto é tão consolador, como não podes imaginar.

Falaram ainda sobre muita coisa. Daquilo que motivou sua vinda o preparador do caminho não falou palavra alguma. Sabia que a oportunidade certa para isso lhe seria mostrada do alto. Podia esperar; é o que tinha aprendido.

Mas o velho mal podia esperar até poder conduzir seu hóspede para a praça de reuniões. Os homens, com grande alegria, tinham feito modificações, que realmente provaram que haviam se transformado em tudo.

Tinham cercado a praça com pedras e plantado diversos arbustos atrás delas. No centro, haviam erguido um monte de pedras, parecido com os sete montes da montanha da solenidade. Via-se que a praça tinha uma significação mais elevada do que apenas um lugar onde se reunissem para falar sobre qualquer assunto.

— Temos até uma pira para oferendas, disse o velho orgulhosamente. Se queres celebrar uma solenidade nos próximos dias, a utilizaremos.

A idéia de uma solenidade agradou a Zoroaster. Alegrou-se com a praça significativamente preparada. Certamente, o monte de pedras acumuladas exortaria as pessoas de que ali não era lugar para disputas e assuntos terrenos.

— Reuni-vos sempre aqui? perguntou Zoroaster.

— Que queres dizer com isso? redargüiu o velho sem compreender. É nosso lugar sagrado. Estamos sempre aqui, quando queremos falar de Ahuramazda e sobre coisas eternas.

— E quando precisais falar sobre outras coisas, o que naturalmente pode acontecer?

— Para isso, temos agora outro lugar. Quando convidamos as pessoas a se reunirem aqui, já sabem que têm que deixar de lado todas as preocupações e pensamentos terrenos. Quem não puder agir assim tem de ficar afastado.

— Vossas mulheres vêm para as reuniões?

— Sem dúvida, Jadasa cuida disso. Eu não teria sossego, se quisesse de outro modo. Mas elas somente vêm para as conferências na praça sagrada, nas outras não lhes é permitido aparecer.

De todos os lados vieram os homens, não impetuosos e indisciplinados como antes, mas sim serenos e civilizados. Como se haviam modificado nesse curto tempo! Zoroaster admirou-se e ficou contente por lhe ser dada a oportunidade de ver essa transformação. Ser-lhe-ia útil em seu trabalho junto a outros. Na própria praça não surgiu nenhum tumulto, cada homem parecia conhecer o lugar no qual se podia acomodar.

Assim, pouco a pouco, formou-se um fechado círculo de homens. Quando todos estavam sentados, entraram as mulheres e moças, num longo cortejo. Era algo solene e indizível, a maneira como se aproximavam do seu "santuário". Jadasa conduziu-as para dentro do círculo dos homens e, sentando-se, formaram o círculo interno.

O chefe e Zoroaster permaneciam de pé junto ao monte de pedras.

— Todos vós sabeis, começou o velho solenemente, que temos novamente o preparador do caminho em nosso meio. É uma grande felicidade para todos nós. Agradeçamos a Ahuramazda.

De uma só vez, todos se levantaram, erguendo os braços para cima. Era um gesto absolutamente natural a todos, nada imitado. Depois o velho falou algumas palavras de profundo agradecimento. Quando acabou, baixaram os braços, mas as pessoas permaneceram absortas, ainda de pé por alguns instantes. Depois, sentaram-se novamente.

— Vamos pedir agora para Zoroaster nos falar, determinou o chefe, sentando-se a seguir.

— Alegro-me, meus amigos, em poder estar novamente convosco. Muito mais profundamente, porém, alegro-me em constatar que progredistes em todo o bem que foi colocado dentro de vós como um delicado germe. Nesse espaço de tempo, todos nós com certeza vivenciamos muito de modo externo, porém muito mais ainda interiormente. Então muitas perguntas terão surgido dentro de vós. Se assim for, peço que hoje pergunteis. Dessa maneira verei o que necessitais e o que ainda vos posso dar a conhecer.

Sem receio os homens começaram a perguntar. A felicidade de ter o preparador do caminho em seu meio soltou todas as línguas. E as perguntas deram testemunho de que realmente não tinham malbaratado seu tempo. Haviam pensado profundamente, e muito lhes foi permitido encontrar.

Depois, quando já tinham falado sobre muita coisa, uma mulher perguntou:

— Zoroaster, se te for permitido, dize-nos: por que o Saoshyant terá de vir como criancinha, como certa vez falaste? Gostaria de ser a mãe que pudesse gerá-lo, porém mil vezes mais maravilhoso eu acharia se ele viesse pelas nuvens com todo o seu resplendor.

Zoroaster respondeu:

— Ele se mostrará assim, quando estiver como Juiz universal diante dos seres humanos. Então a magnificência dele será indizível, mas os corações das criaturas humanas estremecerão e serão sacudidos, elas se curvarão, contudo saberão que isso não basta. Em sua magnitude e em sua imutável justiça lhes parecerá assombroso.

Os olhos de Zoroaster dirigiam-se para distâncias longínquas. Encontrava-se como um vidente, diante deles, e assim nunca tinha falado para os seres humanos; pois estava longe de si, anunciando inconscientemente o que via.

— As criaturas humanas desaparecerão diante de seu sagrado semblante, pois diante de seu fulgor de irradiações ninguém poderá subsistir. Aqueles, porém, que forem seus servos e se esforçarem em ser fiéis, esses ele mesmo os chamará. A seu lado lhes será permitido atravessar o Juízo, para depois o servir em bem-aventurança, até a eternidade!

Sabeis, meus amigos, o que significa "eterno"? Se compreendêsseis isto, vos esforçaríeis muito mais ainda, com cada pensamento, para permanecerdes dentro da vontade de Ahuramazda. Condenado eternamente ou bem-aventurado para toda a eternidade: escolhei!

Zoroaster calou-se um momento, sem contudo voltar de seu estado enlevado. As pessoas, como que fascinadas, escutavam, sentindo intuitivamente que algo de muito grande lhes havia sido permitido vivenciar conjuntamente.

— Mas o Saoshyant não virá somente como Juiz do Universo, meus amigos. Ele virá como "Salvador"; pois é o que significa seu sagrado nome. Mas ele somente poderá ajudar, se souber como nós, seres humanos, sentimos.

O que sabe Ahuramazda dos sentimentos da alma humana? Ele é demasiadamente sublime para tanto! Não sabe como as tentações e insinuações se aproximam dos pobres seres humanos. Conhece, sim, os múltiplos caminhos entrelaçados das criaturas humanas, mas não sabe como se sentem, quando andam por esses caminhos.

Mas o salvador saberá; pois, por misericórdia, abandonará seu lugar junto ao Pai por um breve espaço de tempo. Nascerá como criancinha, como qualquer criancinha terrena.

Sabei, vejo-o gracioso e pequeno no colo de sua mãe terrena. Mas cresce. Progride crescendo na áurea irradiação da graça e do amor de Deus. Vive junto e entre os seres humanos; ele os entende como nenhum outro os pode entender. Ajuda-os, trazendo-lhes a esquecida Verdade, a pureza perdida. Ele, o salvador, o irradiante herói!

Depois segue para o alto, na áurea irradiação. O ser humano Saoshyant desaparece. O Juiz do Universo, o Deus em Ahuramazda, permanece!

Zoroaster silenciou, respirando profundamente. Seu semblante estava voltado para cima, como se ainda estivesse vendo o que acabava de anunciar.

E as almas das pessoas estavam cheias de sagrado estremecimento, de profunda veneração. Mas tal veneração era dirigida a Deus, e não a Zoroaster, que lhes havia despertado uma noção do divino.

Nenhuma palavra mais foi pronunciada nessa noite. Calados, separaram-se, levando consigo para o silêncio da noite a profunda impressão dessa vivência.

No dia seguinte Zoroaster não suportou ficar no meio desse povoado ativo. Todos pareciam entregues a algum trabalho, somente ele nada tinha a fazer. No entanto, sentiu necessidade de refletir, na solidão, sobre aquilo que também a ele fora doado à noite.

Tinha recebido mais do que todos eles. Foi-lhe permitido ver, e esse ver tinha aprofundado e aumentado nele o saber a respeito do futuro acontecimento.

Em face disso, quase esquecera os próprios desejos. Baixinho, vibrava nele o que o luminoso mensageiro lhe havia anunciado, mas estava prestes a se apagar, diante da magnificência que desde o dia anterior vivia em sua alma.

Somente pelo anoitecer dirigiu seus passos de volta ao povoado. Percebeu, então, que não havia comido nada durante o dia todo. Agora aguardava alegremente a refeição. Embora não houvesse sido tão bem preparada como os alimentos que recebera nos últimos tempos, era limpa e nutritiva.

Os homens trouxeram e serviram a comida nos pratos. Isso estava certo.

O chefe, de nome Nasim, ficara preocupado por Zoroaster ter saído sozinho. No entanto, Jadasa o havia acalmado. Ela sabia que ele procurara Ahuramazda no silêncio; aí, nada de mal lhe poderia acontecer.

Depois da refeição, todos procuraram a praça sagrada. Vieram na mesma ordem, como na noite anterior: os homens, conforme chegavam, iam se juntando. As mulheres, porém, reuniram-se junto de Jadasa, para depois seguirem num cortejo para a praça. Do mesmo modo se retiraram, depois da reunião.

Nasim pronunciou, outra vez, uma breve oração e pediu depois ao hóspede para lhes falar. Em seguida perguntou se o preparador do caminho tinha encontrado pessoas especialmente boas em suas viagens.

Zoroaster alegrou-se em poder afirmar isso. Contou dos pastores que viviam dispersos nas montanhas e cujas almas vivenciavam profundamente as coisas eternas. E ele falou sobre os outros, no belo vale das flores. Mas, de repente, começou a falar sobre o povo onde estivera por último. Descreveu suas experiências, freqüentemente interrompido por exclamações dos ouvintes. A seguir começou a falar das pobres e desprezadas mulheres.

Compaixão, indignação e interesse manifestaram-se entre os que escutavam atenciosamente. Principalmente as mulheres e as moças lamentavam a sorte de suas irmãs, perguntando se não seria possível auxiliá-las.

— Por isso estou aqui, confessou Zoroaster. Espero convencer várias de vossas mulheres para que sigam comigo, a fim de melhorar o destino daquelas mulheres. Teriam de viver ali, durante algum tempo, ensinando-as. Deveriam incentivá-las com seu exemplo, para obrigar os homens a respeitá-las. Só assim poderão ser ajudadas. Eu mesmo encontro-me sem forças diante desses antiqüíssimos preconceitos!

Quando silenciou, muitos pensamentos moviam os ouvintes. Algumas das mulheres e moças estavam dispostas a fazer tal sacrifício; pois era um sacrifício deixar essas boas e seguras condições de vida, para ir até um povo que considerava as mulheres iguais a animais.

Os homens estavam indignados com tanta brutalidade nos costumes daqueles. Compreendiam também que seria necessário auxiliar, mas seria difícil para eles precisar ficar distante de suas mulheres e filhas.

Zoroaster, vendo todos esses pensamentos, sabia que, por ora, não devia fazer nenhuma pergunta. Reuniu todos os pensamentos num único grito para Ahuramazda. Depois, levantou-se, pois havia falado sentado.

Perceberam que queria pronunciar uma oração, e levantaram-se também. Mas não ergueram os braços; pois o pedido era dele, o qual queria depositar diante do trono de Deus. Sentiam isso inconscientemente.

E ele orou com toda sua alma, para que o Eterno depositasse forças nos corações, a fim de ouvirem sua chamada. Que os tornasse dispostos a um sacrifício, aqueles homens e aquelas mulheres, aos quais queria confiar essa grande e maravilhosa incumbência de tirar outros seres humanos do charco e da imoralidade.

Agora, de repente, tudo tinha um outro aspecto. Se era uma incumbência a ser feita em louvor ao sublime Deus, então todos queriam cooperar. Ninguém queria ficar atrás. Ainda não tinha terminado sua oração, quando de todos os lados vieram os oferecimentos e rogos para serem levados junto.

Então ele lhes disse que apenas queria levar, durante pouco tempo, as mulheres que pudessem ser dispensadas. Aquelas que tivessem filhos pequenos precisariam cuidar deles. Falaria com Nasim, e depois poderiam determinar.

Um dos homens opinou que seria melhor perguntar a Jadasa, do que falar com Nasim. Ela saberia quais seriam as mulheres úteis para os determinados serviços. Ela conhece todas. Não se poderia empregar nessa grande obra somente as mulheres dispensáveis aqui; pois elas talvez não fossem capazes de realizá-la.

Deveriam ser escolhidas aquelas que Jadasa designasse. Havendo entre elas algumas com filhos pequenos, encontrar-se-ia ajuda na vizinhança. Se por Ahuramazda for exigido um sacrifício em prol de pessoas estranhas, então isso deve ser feito de modo certo e sem consideração à própria comodidade.

Essas palavras agradaram a todos. Jubilavam para o orador. Zoroaster, então, achou que tudo o mais poderia ser falado na outra praça de reuniões, para a qual deveriam se dirigir no dia seguinte. Hoje ainda queria lhes contar outra coisa.

De preferência queriam ouvir outra vez sobre o Saoshyant. O preparador do caminho gostou disso. Por toda a parte onde chegara, tivera que remover tanto entulho desse caminho, que mal conseguira preparar as almas. Aqui, no entanto, já podia construir.

Com a alma transbordante, transmitiu aos seres humanos aquilo de que sentiam sede. Perguntaram pelo sinal que usava bordado sobre o peito. Alguns deles tinham assistido às exclamações da sacerdotisa, por ocasião da solenidade. Sabiam que era a Cruz do Saoshyant. Os outros ouviram isso deles. Agora, todos queriam saber a significação desse sinal.

Zoroaster disse-lhes que muitas vezes tinha pensado sobre isso. Encontrara uma explicação, mas não sabia se estava certa.

A Cruz tem quatro braços de igual tamanho, estendendo-se para as quatro direções do mundo. Isso parecia-lhe significar que o Saoshyant estende as mãos a todos com igual amor, para ajudá-los. Não importa onde as criaturas humanas moram ou a que povo pertencem. Ele quer auxiliar a todos.

O irromper de raios, entre os braços, significa que a força inerente à Cruz é tão poderosa, que não se deixa reter. Tem de irromper.

Esse conhecimento agradou as pessoas que refletiam sobre isso, silenciosamente. Então Jadasa fez ouvir sua voz. Até esse momento nada tinha falado, a não ser as poucas palavras referentes às coisas externas. Ela estava com o rosto erguido para o céu, e Zoroaster olhou como que encantado para a pureza desses traços delicados.

— Esse signo deve ser uma exortação para nós, seres humanos, disse com voz vibrante. Devemos estar firmes na Terra que nos fez nascer, mas a cabeça terá de olhar para o céu, a morada de Ahuramazda, de onde se derramam toda a força e todo o bem sobre nós.

Quando dali tivermos buscado a força, devemos então estender nosso cuidado para todos os lados e envolver, com nosso amor, tudo que o necessite.

Mas vós, irmãos e irmãs, atentai para o equilíbrio: tudo tem que ser equilibrado. Tão alto quanto nos esforçamos para o céu, tão firmes devemos viver na Terra, e nosso amor pelo próximo também deve ser equilibrado.

Deixai passar o sagrado equilíbrio por vossas mentes e por todas as vossas ações, e então também irromperão de vós irradiações da força divina, despertando chamas nos outros.

Então, um moço exclamou:

— Jadasa, estás interpretando esse signo para nós, criaturas humanas. Não vês que isso diz respeito ao Saoshyant em escala ainda muito mais alta? Ele vem do alto e vai para baixo; em amor ele se inclina para os seres humanos, estendendo-lhes os braços auxiliadores.

Assim, cada um interpretava o signo de modo diferente, mas, no fundo, era sempre o mesmo. Zoroaster, nesta noite, falou por último, dizendo:

— É idêntico com esse signo, como com qualquer Verdade. Cada povo a vê conforme sua índole. Um encontra uma lei e outro encontra uma outra lei de Ahuramazda. Assim é desejado.

Ele percebeu que agora novamente queriam dizer algo, mas mandou que voltassem ao assunto no dia seguinte.

Bem cedo, na manhã seguinte, Nasim procurou Zoroaster.

— Venho assim cedo porque quero falar contigo, começou ele meio titubeante. Se queres ficar sozinho com Ahuramazda, então me diz quando terás tempo para mim.

— Alegro-me de que tenhas vindo. Também eu quero falar contigo, disse Zoroaster prontamente.

Ele sabia que havia chegado a hora da decisão para sua futura vida terrena.

Os dois homens saíram para o jardim, que, apesar de seu pequeno tamanho, parecia indescritivelmente bonito no frescor da manhã.

— Ouve, Zoroaster, começou Nasim, Jadasa falou comigo. Ela mesma quer ir contigo até essa gente estranha, a fim de ajudar as mulheres. Ela diz que essa é a missão que lhe foi dada do alto. Nas últimas semanas, várias vezes lhe foi indicado isso. Mas ela mesma poderá contar-te.

Sei que tenho de deixá-la seguir; pois seria ingratidão, perante o bondoso e sábio Deus, se eu quisesse recusar algo a Ele, algo de que Ele necessita. Mas pesa-me o coração. Quem dará proteção terrena para ela? Mesmo que fiques nesse povoado durante esse tempo, sabes que não é direito uma moça sair sozinha da casa de seu pai. Quero pedir-te que a aconselhes a casar com o filho do vizinho, para que este possa acompanhá-la.

Agora estava dito, Nasim suspirou profundamente. Sabia que com isso contrariaria a vontade da filha, mas a preocupação paternal tinha se tornado grande demais.

Zoroaster olhou amavelmente para o velho pai.

— Posso levar Jadasa comigo, somente se ela me seguir como minha esposa, disse serenamente.

— Como tua esposa, Zoroaster?! exclamou o velho, pensando não ter entendido direito. O que é que estás dizendo: como tua mulher?

— Sei que nada tenho a oferecer-lhe, a não ser a mim mesmo, mas creio que não me recusará.

— Recusar a ti? Recusar ao preparador do caminho do salvador! O velho estava fora de si. Isto, tu mesmo deves dizer-lhe.

Com essas palavras, correu tão ligeiro quanto seus velhos pés agüentavam.

Zoroaster ficou sozinho, em meio às flores perfumadas. Em sua volta havia um tinir, um cantar e um jubilar, e seu coração soava conjuntamente.

Jadasa veio de um jardim mais distante, onde cresciam ervas medicinais. Zoroaster saudou-a quando ela se aproximou dele.

— O pai falou contigo, preparador do caminho? indagou ela.

— Sim, ele me comunicou teu desejo de ir até as pobres mulheres. Alegro-me com isso, Jadasa, mas somente posso levar-te, se quiseres seguir comigo como minha esposa. Podes decidir-te a isto?

— Será que não serei um estorvo em teu caminho? perguntou baixinho.

— Não, pelo contrário, serás a companheira completando minha obra, a auxiliadora que a bondade de Ahuramazda destinou a mim!

— Então, com alegria irei contigo.

Com toda singeleza foi dito isso, mas Zoroaster sabia que obtivera o melhor que sua vida terrena poderia lhe proporcionar.

De mãos dadas foram até a moradia de Nasim, que ainda estava completamente atônito. Havia imaginado o matrimônio de Jadasa de modo totalmente diferente. Já tinha deixado cair todos os planos mundanos, para não torturar sua filha. E agora recebeu o melhor filho que poderia desejar! Era incompreensível.

Depois da refeição matutina, quando Zoroaster havia informado aos seus dois companheiros que casaria com Jadasa, pediu à moça que lhe contasse sobre suas visões, mas aquilo que lhe era permitido relatar. Prontamente ela atendeu seu pedido.

Diversas vezes viu a mesma figura branca e encantadora que já vira a primeira vez. Em todas elas tinha recebido a incumbência de cuidar das ignorantes e desprezadas mulheres. Na última, aquela encantadora figura prometeu-lhe que o próprio preparador do caminho a levaria até as mais pobres mulheres e, sorrindo, ela acrescentara:

"Ele te pedirá algo. Faz o que ele solicitar. Trará bênção para ti."

— Existe aqui, entre vós, um ritual especial, quando duas pessoas se unem para a vida? indagou Zoroaster desejoso de sair desse povoado o quanto antes.

— Até agora sempre fizemos como nossos pais, antes de nós. Em meio de todos os membros do povoado o casal se levanta, prometendo pertencer fielmente um ao outro. Depois o pai da moça ora. E com isso, tudo está acabado.

— Assim também faremos, opinou Zoroaster.

Na mesma noite ainda Nasim orou sobre os dois, perante todas as pessoas da localidade. Grande foi o júbilo, quando as pessoas souberam que o preparador do caminho do Saoshyant escolhera uma moça de seu meio para sua esposa. Mas compreenderam a escolha dele. Não podia existir uma moça mais graciosa e mais pura do que Jadasa.

Depois de terminada a breve festa, onde nem se acendera a pira de incenso, todos seguiram para a outra praça de reunião, a fim de que fossem nomeadas as mulheres que Jadasa escolhera para acompanhá-los.

Todas teriam ido junto de bom grado; as mulheres e as moças. Agora que Jadasa mesma saía, seria uma alegria e honra poder acompanhá-la. Ela, porém, tinha escolhido com prudência, e não somente conforme seu próprio critério. Deixou-se guiar pelas vozes que durante a noite lhe murmuraram tantas verdades.

Dessa vez também era permitido às mulheres ir ao local da reunião, visto que se trataria principalmente delas.

Também aí Nasim orou primeiramente para que Ahuramazda desse Sua bênção às suas resoluções, impedindo-os de agir erradamente.

Depois entrou Jadasa no círculo e chamou pelo nome as cinco mulheres que deveriam seguir com ela. Tratava-se de mulheres já mais maduras e robustas, cujos lares e filhos eram dirigidos exemplarmente. Assim, era de se esperar que ensinassem o que era certo àquelas desprezadas mulheres.

Resolveu-se então que a cavalgada se realizaria na próxima lua cheia. Isso eles consideraram como bom augúrio. Mesmo sentindo-se impelido para a sua missão, Zoroaster sujeitou-se a esse adiamento de aproximadamente sete dias, uma vez que sentiu intuitivamente que devia haver uma razão para isso.

Depois Jadasa, juntamente com as mulheres, abandonou o círculo dos homens, para organizar tudo o que teria de ser feito durante sua ausência.

Os homens, porém, consultaram-se ainda pormenorizadamente sobre as alterações que queriam realizar em sua localidade. Surgiu o temor de que, com a saída de Jadasa, perderiam o contato com as alturas luminosas.

— Não me preocupo, disse o homem no qual surgiu aquele pensamento, no sentido de que todos nós nos esforcemos o melhor que pudermos. Mas Jadasa atuava entre nós como uma sacerdotisa e vidente. Se agora a tirares de nós, Zoroaster, então nos faltarão as respostas que Jadasa, ante nossas perguntas, costumava buscar da Luz para nós.

— Seguramente não é da vontade de Ahuramazda, acalmou Zoroaster os homens inquietos, que fiqueis sem ajuda. Não é por vontade própria que tiro Jadasa de vós. Deus mesmo determinou que ela fosse minha ajudante. Eu, porém, não posso ficar aqui, senão não cumprirei minha missão.

Nasim, porém, pediu:

— Mas considerarás futuramente nossa localidade como tua pátria, para onde sempre voltarás, Zoroaster. E o preparador do caminho prometeu isso.

— Eu acho, dizia depois, que Ahuramazda já cuidou de vós. De algum modo isto se manifestará nos próximos dias. Pedirei a Ele que recebais auxílio antes de nós irmos embora.

À noite o preparador do caminho deixou a cabana que habitava junto com seus dois acompanhantes, procurando, sob o céu estrelado, conseguir ligação com os mundos superiores, conforme seu costume.

Embora a Lua estivesse visível apenas como semicírculo, não faltava claridade. Parecia a Zoroaster como se as estrelas nunca tivessem brilhado tanto.

Era tanto o que tinha, que queria levar ao trono do Altíssimo: agradecimento pela bondosa condução de sua vida, pelo presente da companheira que ajudaria a realizar sua obra. Agradecimento também por tudo que ocorrera com as almas de todas essas pessoas.

Disso resultou, automaticamente, o ardente pedido de não deixar essas almas sem direção. Nasim era um homem correto, mas idoso, e, além disso, apenas dificilmente conseguia se movimentar fora de sua costumeira órbita de pensamentos.

Quem quisesse dirigir essas criaturas humanas deveria renunciar totalmente às idéias próprias. Tudo o que dissesse a elas deveria haurir de fontes profundas, perfluídas de força vinda de cima.

E Zoroaster rogou e implorou que Ahuramazda fizesse surgir um guia para essas pessoas. Depois, ficou sentado calmamente diante de sua cabana, absorto. Sabia que o auxílio solicitado viria.

Mas, enquanto seu corpo permanecia assim sentado, sua alma seguia caminhos próprios, como às vezes fazia. Parecia-lhe encontrar-se numa clara edificação, que brilhava como uma luz dourada. Nada se via a não ser esse brilho. E ela estava sozinha em meio disso tudo.

Essa solidão proporcionou-lhe o sentimento intuitivo de algo divinal, que, embora infinitamente longe, parecia envolvê-la.

Um estremecer de sagrado respeito a inundava.

Depois lhe pareceu que não mais estava naquele recinto, mas, sim, como se começasse a voar em direção reta, para cima, silenciosa e levemente. Mas a edificação não tinha fim; quanto mais para cima a alma era levada, tanto mais alta aquela parecia.

Outra coisa a alma não podia sentir intuitivamente, se bem que outra coisa também certamente a circundasse. Depois parecia não sentir mais nada, senão apenas veneração e adoração.

E uma voz ecoava na edificação; tão poderosa como o bramir da tempestade e tão suave como o sussurrar do vento. A voz, porém, falou:

"Preparador do caminho, ouve:

Dize Meus mandamentos às criaturas humanas que estejam maduras para isso, a fim de que tenham um firme cordão como guia, no qual se possam segurar em seu caminho.

Eu sou o Altíssimo. Não há nada ao Meu lado.

Tudo o que fizerdes, fazei em Minha honra e para o proveito dos outros seres humanos. Assim tereis, vós próprios, o maior proveito.

Não vos considereis mais elevados do que tudo o que foi criado. Plantas e animais mantiveram-se mais puros do que vós. Não vos esqueçais disso. Deveis protegê-los e cuidar deles, e em troca eles vos ajudarão. Não deveis, porém, maltratá-los.

Não esqueçais que esse pequeno mundo visível, entregue a vós, é apenas uma parte infinitamente pequena daquele grande e invisível mundo que apenas podeis pressentir. Lembrai que cada um de vossos passos também atravessa o mundo invisível, e fazei-o de tal modo a poderdes subsistir.

Mantende sempre a ligação com Meus servos, sem turvá-la. Eles conduzirão vossos rogos até mim, se rogardes verdadeiramente. Antes de tudo, porém, deve vir o agradecimento, e que esse agradecimento se transforme em alegre atuação!"

A voz silenciou, mas a alma de Zoroaster sentiu como se as palavras fossem gravadas nela para sempre. Depois perdeu toda a perceptibilidade, e o corpo terreno acordou.

Abalado pelo vivenciar, Zoroaster procurou seu leito, pensando repetidas vezes sobre aquelas poderosas palavras e sobre sua significação para os seres humanos.

Havia recebido um auxílio para os suplicantes. Embora diferente do que todos esperavam, seria, contudo, poderoso, enquanto as criaturas humanas seguissem os mandamentos com absoluta pureza. Então, também não precisariam de um dirigente que lhes dissesse o que deveriam fazer ou deixar de fazer.

Mais tarde, nesse dia, o preparador do caminho procurou Jadasa em seu jardim de ervas curativas para lhe falar sobre sua vivência. Com os olhos claros e brilhantes, ela olhou para ele.

— Sei o que me trazes, Zoroaster. À minha alma também foi permitido, hoje à noite, ouvir os sagrados mandamentos, para que nós dois os conheçamos e nunca os esqueçamos. Como é infinitamente grande a misericórdia de Ahuramazda, que deixou Sua sagrada vontade se tornar Palavra para os seres humanos.

— Sua vontade em Palavra! repetiu Zoroaster com feliz reflexão. Sabes também o que com isso estás dizendo, Jadasa?

Ela não sabia; apenas tinha que dizer isso, e estava certo. Assim lhe acontecia freqüentemente. Dizia o que sentia intuitivamente, pois um ser superior falava através dela.

E novamente Zoroaster agradecia a Deus pela auxiliadora que Ele lhe dera.

À noite na reunião o preparador do caminho colocou-se na frente e anunciou o seu vivenciar. Foi muito além da compreensão desse povo. Não podiam imaginar que a alma, separada do corpo, pudesse ter sua própria vida.

Mas não cismaram. Receberam daquilo que Zoroaster lhes contou tanto quanto lhes era possível compreender. Os sagrados mandamentos, porém, eles compreenderam.

Primeiramente lhes transmitiu todos. Depois resolveram que, em cada uma das noites seguintes, Zoroaster deveria explicar-lhes um mandamento. Começaram então com o primeiro, e Zoroaster tentou apresentar perante suas almas a imensa significação do "Eu Sou".

Para compreender isso totalmente, estavam pensando de modo muito infantil. Não podiam entender que Ahuramazda necessitasse dizer: "Eu Sou", pois achavam que cada ser humano tinha de senti-lo intuitivamente e saber Dele.

E enquanto Zoroaster estremecia diante da magnitude divina dessas palavras, teve de presenciar que os outros as consideravam como algo trivial.

— Queres que seja de modo diferente, meu amigo? perguntou Jadasa, quando na manhã seguinte falou com ela sobre esse assunto. Alegremo-nos que nossa gente esteja sem dúvidas perante tudo o que é eterno.

Lembra-te de como estiveram sob a influência do mal! Vivenciamos horrores com eles naquele tempo. É como um milagre esforçarem-se agora mais ainda para o bem. Às vezes eu mesma não compreendo isto. Deve ser uma graça especial de Ahuramazda.

Ao anoitecer, interpretou o segundo mandamento às pessoas, as quais sentiam o quanto deveriam se esforçar para compreendê-lo. Cada um sabia citar um exemplo. Quantas vezes tinham pecado contra esse mandamento.

Sem constrangimento, relataram como haviam pecado, acusando-se, a si próprios, de como tinham sido injustos. E pensaram que todos os pecados estivessem apagados, ao acrescentarem: "Isso foi antes de tua vinda".

Essa noite, antes de se separarem, um dos mais moços perguntou se seria possível alguns deles poder acompanhar Zoroaster, como faziam as mulheres em relação a Jadasa. Tinham falado entre si sobre esse assunto. Queriam aprender e ajudá-lo.

Ele prometeu transmitir esse pedido a seu auxiliador luminoso. Sem consentimento do alto nada queria empreender.

À noite, sob o céu estrelado, ele perguntou, recebendo a resposta de que, desta vez, ainda não deveria levar consigo os jovens. Quando, porém, seguisse adiante, para um outro povo, então deveria chamá-los. Nesse ínterim, eles deveriam preparar-se interna e externamente.

Transmitiu-lhes isso à noite, e a alegria foi grande, apesar de não ser fácil precisarem esperar. Perguntaram-lhe, então:

— Quanto tempo achas que levará até que esse pobre povo aprenda o que terá de aprender?

Zoroaster respondeu que poderia durar meses, talvez mais do que um ano. Contudo, chamou-lhes mais uma vez a atenção, dizendo-lhes que a ordem lhe fora dada do alto. Então, eles se conformaram.

Passaram-se os dias e as noites uniformemente. Jadasa que, como antes, ainda vivia junto de seu pai, preparava-se também para a viagem.

Nasim queria dar-lhe um de seus cavalos brancos, mas Zoroaster tomou esse para si, dando o próprio cavalo Raio a sua mulher.

Lembrou-se, então, de que em sua pátria uma apreciável quantidade de cavalos devia esperá-lo. Talvez houvesse entre eles alguns que agora seriam úteis. Mas quando voltaria a sua pátria?

Chegou o sétimo dia, e havia uma grande lufa-lufa no povoado, pois teria que perder o melhor que possuía. Todos lamentavam que Jadasa fosse embora, pois, quando voltasse, isso sempre seria apenas por um curto espaço de tempo.

Nunca acontecera que uma moça se casasse com um estrangeiro! Mas Jadasa sempre fora algo de especial! Rapidamente ela se despediu, para facilitar o momento de separar-se de seu velho pai. Depois cavalgou com Zoroaster, lado a lado, dentro da bela manhã, seguidos das mulheres que tagarelavam alegremente.

A retaguarda era formada por Mursa e Marzar, e cada um conduzia um cavalo de carga ao seu lado, preso pela rédea.

Mal haviam se afastado do povoado, o bastante para não mais poderem ver nenhuma cabana, os pequenos enteais se apresentaram.

Jadasa, cheia de alegria, contemplou esses pequenos auxiliadores. Zoroaster não sabia que ela também podia vê-los; isso, para ele, foi uma grande tranqüilidade. Assim sabia que sua mulher nunca estaria totalmente sem auxílio.

Ao anoitecer, armaram as três tendas. Jadasa entrou admirando a tenda branca, que por muito tempo seria agora seu lar. Era-lhe permitido repousar sob o signo do Saoshyant! Isso era um milagre e alegria ao mesmo tempo.

Os dias de cavalgada em conjunto foram maravilhosos. Muito tinham que falar. Zoroaster contou a Jadasa tudo o que sabia das pessoas onde agora queriam atuar juntos.

Ele advertiu-a para que não colhesse as frutas. Ela tranqüilizou-o.

— Uma vez que possa ver e compreender os pequenos auxiliadores, estou protegida também a respeito das plantas, como por toda a parte, Zoroaster, disse alegremente. Quando vejo uma ervinha que não conheço, logo alguma pequena voz sussurra para mim se é boa e curativa ou se é de efeito maligno.

— Como era tua mãe, Jadasa? perguntou Zoroaster ao pensar sobre a maneira de ela ser. Parecia sem nexo essa pergunta, mas ela logo o compreendeu.

— Visto ela ter morrido quando me deu a vida, somente soube dela através de outras pessoas. Todos elogiavam sua maneira alegre e sempre pronta a ajudar. Conhecia muita coisa que outros não sabiam. Onde alguém estivesse doente, chamavam-na.

Quando à noite paravam para descansar, as mulheres preparavam a comida, enquanto os homens armavam as tendas e cuidavam dos cavalos.

Comiam separadamente, ficando Jadasa junto às mulheres. Depois todos se sentavam juntos no solo da floresta coberto de musgo e escutavam as anunciações de Zoroaster. Essas conversas eram sempre instrutivas, também para as mulheres.

Mursa e Marzar quase lamentaram, quando depois de alguns dias finalmente avistaram o povoado. Acabara-se agora o convívio íntimo; Zoroaster e Jadasa teriam seu trabalho e pouco se preocupariam com eles.

Como se Jadasa tivesse visto esses pensamentos, falou para Mursa:

— Agora tereis de ajudar Zoroaster vigorosamente, ao passo que eu me dedicarei às mulheres. Muita coisa terá de ser feita e muito terá de ser conversado. Ele não poderá dispensar-vos.

A resposta dela foi interrompida por um barulho ensurdecedor.

Sentinelas aí colocadas avisavam, com essa maneira tumultuosa, a vinda de Zoroaster.

Tendo o preparador do caminho ficado ausente por muito tempo, um grande temor havia tomado conta das pessoas. Temiam que Ahuramazda estivesse muito zangado com eles, não permitindo que aquela benigna mulher e o preparador do caminho fossem até eles, para ajudá-los.

Alguns homens haviam consolado os demais e tomaram para si a iniciativa de vigiar ininterruptamente e fazer barulho quando avistassem os cavalos.

Agora os homens acorriam para mostrar sua alegria. No local onde antes já estivera, montaram a tenda de Zoroaster. Jadasa por ora ficaria ali, sob a proteção dos companheiros, enquanto Zoroaster iria até o povoado para cumprimentar todos que acaso ainda permaneciam nas cabanas.

Algumas mulheres olhavam das portas com curiosidade e ansiosas. Estavam decepcionadas por não ver Jadasa. Mas alegremente o preparador do caminho deu-lhes a boa nova de que sua esposa viria no dia seguinte para cuidar delas.

E, na manhã seguinte, ela veio sorridente e pronta para auxiliar.

Com um sorriso, entrou nas cabanas baixinhas, horrorosamente sujas, e as mulheres começaram a envergonhar-se da imundície que aí se alastrara.

Olharam para o vestuário simples de Jadasa, cujo único adorno era a limpeza, e olharam para suas mãos finas e limpas, que não receavam trabalhar por toda a parte. E nessas mulheres, que nunca viram algo melhor, surgiu o ardente desejo de se tornarem semelhantes a Jadasa.

De início, Jadasa teve muito trabalho para vencer a timidez das mulheres! Dificilmente podia conseguir delas uma resposta, unicamente o olhar falava, erguendo-se implorando ou agradecendo, ou também mostrando admiração por ela.

Passaram-se muitos dias, sem que exteriormente algo se tivesse mudado, nem mesmo a mínima coisa.

Jadasa ainda não ousara trazer suas companheiras para ajudar nas cabanas. Deu-lhes alguns trabalhos, principalmente as mandava lavar os mais variados objetos no córrego da floresta, que corria tão alegremente.

Depois, ela se convenceu de que não devia proceder com tanto receio. Chamou a filha do chefe, pedindo-lhe que ajudasse. Decerto teria grande influência sobre as mulheres, devendo aplicá-la agora.

Jadasa contou-lhe que também era filha de um chefe de povoado e por isso compreendia com que boa vontade a moça haveria de se mostrar útil.

Anara ficou surpresa. O que a mulher estranha pensava dela? Deveria dizer-lhe que não correspondia a tudo isso? Não. Preferia tentar fazer tudo da melhor maneira possível.

Cheia de fervor prometeu sua eficiente cooperação e pediu instruções para o que haveria de ser feito.

Jadasa propôs que elas tentassem limpar as cabanas, uma depois da outra. Seria o caso de começar com a moradia do chefe do povoado?

— Ah! não, disse Anara, aparentando modéstia, mas intimamente decidira aguardar o que aconteceria com as outras cabanas.

Jadasa riu. Bem sabia o que estava se passando com a moça.

— Pois bem, comecemos em outro canto do lugar, disse amavelmente. Vai para aquela grande cabana e pede para as pessoas saírem, a fim de que possamos proceder à limpeza. Nesse ínterim, mandarei chamar as minhas auxiliares.

Anara desapareceu naquela moradia. Jadasa mandou Mursa buscar suas companheiras, que de muito bom grado vieram, cheias de curiosidade.

Mas no outro lado, na cabana onde entrou Anara, levantou-se uma gritaria que aumentava cada vez mais. As mulheres e crianças provavelmente não queriam deixar voluntariamente sua habitação, em cuja sujeira de dezenas de anos se sentiam bem.

Então, Anara tomou a iniciativa com violência.

Assim tinha de ser; pois de repente voou para fora da cabana uma criança de mais ou menos dois anos, que, assustada pelo modo brusco do transporte, cessou de berrar. Mas o barulho lá dentro continuava, e enquanto Jadasa corria para lá a fim de ver se a criança se machucara, seguiu uma segunda e mais uma terceira. Depois vieram duas ovelhas novas, e por fim uma mulher foi empurrada para fora da porta, chorando alto.

— Uma de vós tem de me ajudar, exclamou Anara, cheia de entusiasmo pela luta. A avó ainda está lá dentro e não quer sair!

Rindo, correram duas mulheres para dentro e carregaram, então, a mulher rebelde, cujas contorções faciais comprovaram que já fazia muito tempo que não via a luz do dia.

Jadasa resolveu instruir as suas ajudantes a procederem futuramente com menos violência. No momento, porém, estava contente que a cabana ficasse vazia. As mulheres e as crianças tinham se acalmado diante das outras mulheres bem vestidas e olhavam-nas curiosamente.

Corajosamente, Jadasa entrou então naquela fétida moradia. Se Jadasa não estivesse junto, as suas auxiliares teriam perdido o ânimo, pois lá dentro a sujeira era demais.

— Devo chamar os homens para que eles ponham para fora o mais grosso? perguntou Jadasa, que assim queria despertar o amor-próprio de suas ajudantes.

Tinha calculado acertadamente: nenhuma das mulheres permitiu que os homens as auxiliassem. Poderiam, sozinhas, vencer a sua tarefa.

Trabalharam arduamente, como nunca haviam feito em sua vida. Com o trabalho, no entanto, cresceu a alegria, de modo que começaram a cantar.

Nesse momento, as mulheres das cabanas mais próximas vieram para ver o que havia de tão alegre naquele trabalho. Quando Anara viu aparecer suas conterrâneas, lembrou-se de que deveria dar um exemplo. Ostensivamente se meteu no trabalho, alegrando-se da admiração que causava.

Quanta coisa, em todos os sentidos, haveria de alterar e melhorar aí!

Subitamente saiu do grupo de espectadores, cada vez maior, uma moça que correu até a cabana e se lançou no trabalho em conjunto.

— Mirna, exclamou Anara impetuosamente, nada perdeste aqui. Em tua própria cabana haverá bastante sujeira a ser retirada.

A moça olhou tristemente para Jadasa, que amavelmente disse:

— Deixa Mirna ajudar, Anara. Alegremo-nos com cada auxílio. Quando tiver chegado a vez da cabana dela, outras então a ajudarão. Quanto mais mulheres trabalharem, em vez de ficar olhando, tanto mais rapidamente chegaremos ao fim dessa obra.

Mirna lançou-lhe um olhar agradecido, entregando-se novamente ao trabalho. Agora, mais duas moças seguiam seu exemplo, ao passo que algumas das espectadoras corriam para suas próprias cabanas.

E eis que, subitamente, surgia o mesmo diligente trabalho em outras cabanas.

Jadasa viu isso com alegria. Avisou rapidamente suas auxiliares para que se distribuíssem nas cabanas, a fim de que o trabalho fosse feito com zelo e capricho. Ela mesma, porém, chamou a dona da habitação na qual agora faziam limpeza, perguntando-lhe se não queria também ajudar nessa obra, pois se tratava de sua própria moradia, a qual estava sendo embelezada.

— Não, eu não ajudo! respondeu a mulher, zangada. Não vos chamei. Nada perdestes em minha cabana. Acabai sozinhas aquilo que começastes.

— Queremos fazê-lo de bom grado, disse Jadasa calmamente. Apenas pensei que assistir, sem nada fazer, te seria aborrecido. Mas sei o que podes fazer: assim como nós entramos em tua cabana, do mesmo modo entra numa outra e trabalha lá.

Essa proposta agradou a mulher. Deixando seus filhos com a velha, que de tanto susto tinha se tornado mais viva, ela entrou rindo sarcasticamente na cabana vizinha e, pegando as crianças, tirou-as para fora com mais brutalidade do que acontecera às suas.

Depois surgiu uma ruidosa briga com a habitante dessa cabana, mas finalizou pacificamente, e ambas se uniram carregando a sujeira para fora.

Era muito mais do que Jadasa esperava. Alegrou-se pensando no momento, quando, à noite, contaria tudo a Zoroaster.

Este, nesse ínterim, não ficara inativo. Num dos primeiros dias, ao anoitecer, tinha contado aos homens sobre a praça sagrada no povoado de Jadasa, despertando neles o anseio de possuir uma praça igual.

Uma vez que os homens, nesse local, tinham um expressivo senso de beleza, sabendo, além disso, lapidar pedras artisticamente, com acréscimo dos mais variados adornos, a praça prometia ficar muito bonita.

Acompanhando o trabalho, Zoroaster, contudo, doutrinou e ensinou os homens a se comportarem com mais compostura; falou de coisas eternas, entregando-se integralmente ao serviço em prol desse povo decaído.

As refeições, antes servidas por mulheres e moças, deixaram de ser assim desde que Jadasa expressara o seu desagrado. Por isso, também elas tomavam as refeições separadamente, para dar um exemplo.

Enquanto Jadasa, depois desses trabalhos juntamente com as suas auxiliares, ia descansar, Zoroaster seguia para o local de reuniões dos homens, para fazer anunciação a todos que aí se juntavam.

Era como se ele nunca se cansasse. Muitas vezes Mursa exortou-o, lembrando-o de como antes já havia estado doente, mas Zoroaster ria de todas as advertências. Sentia crescer suas forças constantemente.

Uma noite, em meio de seu ativo trabalho, o luminoso mensageiro de Ahuramazda apareceu diante dele, exortando:

"Zoroaster, aproxima-se o tempo da solenidade na montanha. Já perdeste uma festa solene por causa do teu trabalho. Isso era desejado, para que as criaturas humanas tivessem saudade da verdadeira anunciação de Deus. Se ficares afastado mais uma vez, porém, irás destruir muitos caminhos para suas almas. O atravan já se vangloriou que evitas a montanha por medo dele.

Deixa Mursa aqui como proteção para Jadasa e suas companheiras auxiliares e cavalga pelo caminho mais curto, com Marzar, até Hafis. Vai ao atravan e conversa com ele.

Receberás novas instruções, tão logo as necessites. Não esperes, porém, um dia sequer!"

Para Zoroaster foi de todo incompreensível ter esquecido a solenidade. Quando, na manhã seguinte, falou sobre isso com Jadasa, ela consolou-o.

— Era desejado, meu amigo. Por isso teus olhos ficaram vedados. Com o teu diligente trabalho esqueces o passar do tempo. Terás horas difíceis com o atravan, é o que pressinto. Meus pensamentos te acompanharão, exortando-te para que tenhas calma.

— Se tu mesma pudesses ir comigo, Jadasa, disse Zoroaster com pesar.

— Para isso o tempo ainda não é chegado. Não posso sair daqui e deixar as mulheres à própria sorte. Ainda não foi feito o suficiente. Externamente muito se tem modificado, mas agora tenho de começar, antes de tudo, a doutrinar as almas ignorantes, deixar as mulheres reconhecerem e vivenciarem por que tudo aquilo aconteceu.

É também muito melhor que depois de te ausentar chegues na montanha sem esposa. Mursa, nesse ínterim, cuidará dos homens. Acho que ele precisa disso para seu próprio desenvolvimento, pois sua alma desabrocha maravilhosamente.

Uma grande lamúria se levantou, quando Zoroaster comunicou sua intenção de viajar, partindo imediatamente. Os ânimos somente se acalmaram quando lhes esclareceu que voltaria seguramente, uma vez que deixaria sua esposa com eles.

Sem uma despedida especial, cavalgou rapidamente com Marzar, depois de Mursa lhe ter prometido cuidar de tudo.

"No caminho mais curto", havia dito o luminoso mensageiro.

Também os pequenos enteais, que os conduziam através do terreno montanhoso e dos pântanos, por trilhas ásperas, apressavam-nos, de maneira que não lhes deram descanso suficiente, até durante a noite.

Mal os cavalos descansavam um pouco, e já prosseguiam a jornada. Nem Zoroaster nem Marzar se incomodaram, se bem que o cansaço era grande.

Apesar de toda a pressa desenvolvida, tiveram de cavalgar seis dias até chegar à capital. Sem demora dirigiram-se ao palácio, e Zoroaster foi até os aposentos do príncipe.

Foi recebido com alegria, pois Hafis já o esperava.

— Quantos dias ainda nos separam da solenidade? indagou Zoroaster impetuosamente, mal haviam trocado os cumprimentos.

— Devemos ir dentro de cinco dias; vieste em hora certa, meu amigo, soou a resposta de Hafis.

— Então logo quero procurar o atravan, decidiu Zoroaster.

O príncipe achou que desta vez podia-se mandar chamar o sacerdote, porém, no íntimo do preparador do caminho, ecoou a instrução do luminoso mensageiro: "Vai ao atravan". E isso ele queria obedecer.

Sentia necessidade de saber a respeito de Dschajawa, porém havia tempo para isso. Não queria negligenciar nada. Estava intimamente tranqüilo, pois todo o tempo de sua cavalgada tinha sido uma preparação para essa hora, e assim se pôs a caminho para falar ao atravan.

Encontrou o atravan esperando por ele. Embora Zoroaster se encontrasse apenas há pouco tempo na cidade, a notícia de sua chegada já se havia espalhado por toda a parte.

Assim, o sacerdote tinha tido tempo para se controlar e reunir toda a resistência de que sua alma era capaz. Cumprimentou seu visitante com respeito, pois ficou muito perplexo com a natural grandeza que dele emanava.

Zoroaster parecia ter crescido, parecia que superava todos os seres humanos, não apenas espiritualmente, mas também fisicamente. Além disso, irradiava de sua testa o signo de Ahuramazda, e, embora não conhecesse seu significado, não podia deixar de perceber o brilho que dele emanava.

Depois de trocada a saudação, ambos silenciaram. Cada um esperava que o outro iniciasse a conversa. Então, o atravan resolveu interromper esse silêncio, que para ele se tornava incômodo.

— Tens a intenção de assistir à solenidade na montanha, Zoroaster? indagou espreitando.

O visitante confirmou.

— Perdeste a última solenidade. Pensei que virias para ela.

Zoroaster continuou calado. O que deveria responder? Novamente o sacerdote tomou a palavra:

— Gostaremos de ver-te na solenidade, mas não esqueças que vens como visitante, como todos os demais.

— O que queres dizer com isso, atravan? perguntou Zoroaster, de modo calmo e admirado.

— Eu acho que não deves falar. És visitante, não sacerdote da solenidade. Só eu falarei. Desta vez também as sacerdotisas não poderão falar, visto que da outra elas deram a oportunidade para que falasses, sem a minha permissão.

— Tenho de anunciar algo às criaturas humanas, por ordem de Ahuramazda, respondeu o preparador do caminho com firmeza. Falarei. Por isso te procurei, pois quero conversar contigo sobre tudo isso com calma.

Atravan, pondera: ambos somos servos do supremo Deus. Vamos trabalhar lado a lado, ensinando o povo. Somente assim, nosso trabalho será abençoado.

— Estás errado, interrompeu o atravan de modo cortante. Eu sou um servo de Mithra, a cuja honra a festa se realizará. Anunciarei sobre Mithra e sobre os deuses, quer queiras ou não.

— Sabes, atravan, quis Zoroaster acalmá-lo, que todos os deuses se acham sob a vontade de Ahuramazda, e que eles mesmos são Seus servos.

Aí, o sacerdote perdeu sua dignidade, vendo ameaçada sua influência sobre o povo.

— Queres roubar de Mithra sua festa, como tiraste dele a adoração dos seres humanos, fazendo com que estes cada vez o adorem menos. Com isso apenas queres engrandecer a ti próprio perante as pessoas. Vai para o lugar de onde vieste e não nos perturbes aqui. Talvez sejas um idêntico impostor, como o falso Zoroaster sobre o qual nos contaste!

Sem dar a mínima importância à acusação, Zoroaster disse com voz decisiva:

— Atravan, ordeno-te que permaneças afastado da solenidade! Uma pessoa com tuas idéias não poderá mais continuar como sacerdote.

O atravan deu uma gargalhada sarcástica.

— Como queres me impedir de aparecer, se eu quero ir?

— Não é assunto meu, mas sim daquele que acabou de me dar a ordem de te destituir, sacerdote renegado! disse Zoroaster com firmeza.

Sem mais outra palavra, Zoroaster saiu, deixando o sacerdote furioso. Depois voltou para o palácio. Em seu aposento procurou recobrar a calma; pois, apesar da serenidade exterior, seu íntimo estava exaltado.

Teria agido certo? Nitidamente havia ouvido a voz, dando-lhe as palavras que deveria pronunciar.

Clamou pelo luminoso mensageiro. Este logo apareceu.

"Agiste certo, Zoroaster", falou. "Com pessoas desse tipo, como o atravan, não se deve ter paciência. Poderia causar danos em demasia se ele assistisse a essa solenidade; pois seu coração apenas pertence a si mesmo. Também a apelação a Mithra é uma mentira. Renunciou igualmente aos deuses, uma vez que notara não ter mais a ajuda deles.

O encargo de um atravan torna-se supérfluo quando as solenidades são realizadas por ti, de modo certo.

Manda vir as sacerdotisas e os mobeds e instruí-os sobre o que terão de fazer."

Durante muito tempo Zoroaster ainda ficou orando, depois que o mensageiro o havia deixado; então, procurou Hafis.

Este não ficou surpreendido sobre aquilo que o preparador do caminho lhe contou.

— Sabia que assim aconteceria. A última solenidade fora vazia e oca, disse com seriedade. Vamos até Dschajawa, ele quererá saber como tens passado.

Uma grande alegria encheu Zoroaster, ao ouvir que o velho ainda estava com vida. Devia estar muito idoso mesmo!

— Zoroaster, meu filho e senhor, cumprimentou Dschajawa. Foi-me revelado que virias. De agora em diante teremos verdade e clareza.

Zoroaster falou de seu diálogo com o atravan e da reviravolta que surgira disso. Mas também Dschajawa considerou absolutamente natural que um atravan não faria falta, assim que o preparador do caminho tivesse assumido sua função como supremo sacerdote do povo.

— Isto farás nesta solenidade, Zoroaster, disse Dschajawa, muito feliz. Depois acabarão as peregrinações que fazes há anos. Outros terão que fazê-las em teu lugar, aos quais prepararás cuidadosamente para isso. Vejo um rio de bênçãos se derramar sobre o país, irradiando desta cidade.

Dschajawa falou como um vidente.

Um servo avisou que as sacerdotisas haviam chegado, atendendo ao apelo de Zoroaster. Assim a conversa, por ora, havia acabado, sem que Zoroaster pudesse ter falado de sua esposa.

Num belo aposento, encontrou as quatro mulheres esperando por ele. Alegraram-se de que ele celebraria a solenidade, e prometeram que agiriam de acordo com as suas ordens, em tudo.

Perguntou-lhes se tinham ainda algo a anunciar. A mais velha, porém, respondeu que gostariam de ficar caladas, pois sempre tiveram dificuldades em se expressar. E, como já durante duas solenidades não tiveram necessidade de falar, preferiam continuar em silencio daí por diante.

Zoroaster concordou, sabendo que Jadasa falaria futuramente para o povo. Assim, não precisaria afastar as sacerdotisas.

Ainda queriam saber se deveriam acender as chamas, não obstante a solenidade não mais ser celebrada em honra de Mithra. Zoroaster era a favor de que se deixasse continuar com o formato exterior, na medida do possível. Diria que as chamas se elevariam para o céu, em honra de Ahuramazda.

Depois chegaram os mobeds, e as sacerdotisas se afastaram.

Logo que os jovens entraram, Zoroaster percebeu que estavam em desacordo entre si. Enquanto os olhares de dois eram luminosos e alegres, os outros mal ergueram seus olhos do chão.

— Mandaste chamar-nos, Zoroaster, começou o mais velho, e viemos, apesar de não estarmos acostumados a aceitar ordens de outrem a não ser do atravan.

— Mandei-vos vir por ordem de Ahuramazda, como servo Dele. O preparador do caminho vos chamou, não a criatura humana. Podereis imaginar que a sagrada solenidade terá de se realizar este ano de modo diferente do que de outras vezes. Será celebrada em honra de Ahuramazda, e para Ele se levantarão as chamas!

Calou-se um momento, olhando para os que estavam diante dele. Um dos cinco relutantes já modificara a expressão de seu rosto. Com atenção olhou para Zoroaster, todavia com uma atenção que não continha mais nada de hostil.

O mais velho, no entanto, aproveitou a pausa para se fazer ouvir:

— Podes poupar teus esforços para nos esclarecer isto. Viemos do atravan que nos descreveu a monstruosa arrogância com que o enfrentaste. Meus amigos e eu também viemos apenas para te dizer que pretendemos ficar ao lado do nosso amo, venha o que vier. Iremos junto com ele para a festa e executaremos a nossa tarefa.

Tinha esperado que Zoroaster se encolerizasse, mas este respondeu calmamente:

— Quererdes manter fidelidade àquele que desde então tem sido vosso preceptor vos honra. Vosso senhor, porém, ele nunca o foi. Enquanto ainda não compreenderdes do que aqui se trata, também só podereis proceder de modo a ficar ao lado daquele que até então foi o atravan.

Mas, exatamente para vos esclarecer isto, mandei chamar-vos. Ponderai: como mobeds não sois servos do atravan, mas, sim, servos de Ahuramazda. Como Seus servos, tereis de vos curvar à vontade Dele. Com a vinda do preparador do caminho, entramos numa nova era que, evidentemente, trará algo de novo.

Um grande progresso espiritual sobrevirá em nosso reino. Aquele de vós que quiser participar desse progresso será bem-vindo como auxiliar. Quem achar que não pode acompanhar poderá ir embora. Sem ressentimentos vejo partir aqueles que pensam não poder servir Ahuramazda de modo certo.

Olhou em redor.

— Se é assim, Zoroaster, e eu sinto que estás falando a verdade, falou um dos que até aí estava indeciso, então te agradecemos em poder continuar a servir. Aceita-nos para irmos juntos à solenidade da montanha e fica seguro de que não terás nada para te queixar de nós.

— Como podes ousar falar em nome de todos nós, enfureceu-se o mais velho. Aqui, cada um terá de se decidir. Sem ser influenciado deve dizer se quer permanecer fiel ao atravan ou seguir o novo.

— Falaste outra vez acertadamente, meu amigo, elogiou Zoroaster. A decisão é tão grave, como ainda talvez nem possais imaginar. Vai muito além da vossa atual vida. Por isso cada um deve decidir sem ser influenciado. E por essa razão eu vos pergunto: quereis tempo para refletir até amanhã?

Indagadoramente olhou em redor.

— Não preciso refletir, disse o mais moço do círculo. Eu te peço, Zoroaster, que me aceites como teu aluno e servo de Ahuramazda.

— Também eu peço o mesmo, disse um outro. Fielmente quero servir ao supremo Deus, e a ti, como servo de Ahuramazda.

— Também para mim não é necessário um tempo de reflexão, falou o mais velho. Não te reconheço. Ousaste atentar contra o atravan. Quero estar do lado dele, quando ele triunfar sobre ti.

Sem esperar por uma resposta, o homem deixou o recinto. Um outro o seguiu caladamente.

Os outros ficaram aliviados. Os três mobeds restantes prometeram servir fielmente a Ahuramazda, e Zoroaster viu que eram sinceros.

Falou então com eles sobre seus afazeres, que pouco se diferenciariam dos costumes até então em uso.

— Os dois mobeds que saíram nos farão falta, ousou observar um deles. Devemos ser sempre sete para todas as atuações.

— Sereis também desta vez, acalmou-os o preparador do caminho. Já tenho dois novos alunos que conhecem suficientemente o que anuncio, para se integrarem imediatamente.

— Então saberão mais do que nós, senhor, disse o mais moço timidamente. Tereis que ter paciência conosco.

Zoroaster prometeu isso, convidando a seguir os jovens a procurarem-no diariamente, até o dia da partida, a fim de serem instruídos. Todos alegraram-se com isso.

Ao anoitecer, quando Hafis e Zoroaster estavam sentados junto com Dschajawa, o preparador do caminho finalmente pôde falar daquilo que influenciara exteriormente sua vida. Falou de Jadasa e como ela estava atuando junto daquele povo corrompido, e então Dschajawa disse amavelmente:

— Terás de buscá-la dentro de pouco tempo, Zoroaster, para que ela, aqui, prepare as discípulas, assim como tu estás preparando os sacerdotes. Tua esposa terá de ficar ao teu lado, para que possa ser tua companheira no verdadeiro sentido.

Surpreso, Zoroaster olhou para o velho.

— Como sabes que ela se tornou minha esposa, meu pai? perguntou admirado.

Ambos os homens riram-se, e Hafis falou:

— Dschajawa estava sempre tão ligado a ti que podia me avisar o que se passava contigo. Tínhamos, pois, de saber se algum perigo te ameaçava, para que eu te pudesse acudir. Assim, soubemos que casaste e disso nos alegramos. Essa é a complementação certa para ti. Tua meiga esposa freiará teu espírito fogoso.

Durante longo tempo, ainda, falaram sobre tudo o que o preparador do caminho havia vivenciado nos dois últimos anos. Do atravan, porém, nada mais falaram. Esse caso desagradável teria de se liquidar por si mesmo.

Na manhã seguinte Zoroaster chamou Marzar e Sadi. O último se curara, contudo, certamente nunca mais poderia participar das cavalgadas. Isso oprimia-o profundamente, pois ele próprio fora culpado e pensava, agora, que teria de ficar para sempre afastado de Zoroaster.

Grande foi sua felicidade quando o preparador do caminho avisou a ele e a Marzar que os aceitaria como alunos e mobeds. Já nessa solenidade poderiam cooperar. Mais tarde, porém, teriam de seguir para outras localidades, a fim de atuar em outros povoados como sacerdotes.

— E quem cavalgará contigo, senhor? perguntou Marzar, não obstante a alegria que o envolvia.

— Não viajarei mais tão freqüentemente, pelo menos por um longo tempo. Quem, então, me acompanhará ainda não sei.

Pontualmente os cinco mobeds se apresentaram. Zoroaster notou que o atravan tinha falado com eles. Mas não tinha conseguido torná-los inseguros. Voltaram mais firmes do que no dia anterior.

Zoroaster começou então a ensinar aos sete. Era uma instrução diferente do que aquela a que os mobeds estavam acostumados. Zoroaster não falou nenhuma palavra de seu elevado encargo ou do devido respeito em relação à sua pessoa. Suas palavras estavam cheias de adoração a Ahuramazda.

À tarde, o príncipe Hafis disse que queria mostrar algo a seu hóspede. Caminharam para fora da cidade, para um cercado situado ao lado de uma floresta.

Cavalos brancos de todos os tamanhos volteavam ali. Era um prazer ver tal quadro.

— São teus cavalos, Zoroaster, declarou Hafis com satisfação. Há pouco, teu tio Sadif me avisou que teus cavalos tomavam muito lugar. Ele queria saber se ainda estavas vivo, ou se ele poderia vender os cavalos. Aí, mandei buscá-los; pois pensei que em breve poderias precisar deles.

Em tudo o que Hafis fazia Zoroaster percebia, sempre de novo, o amor que ele lhe dispensava. Agradeceu ao príncipe e contemplou, com olhar de conhecedor, os bem tratados cavalos.

— Hafis, um dia me deste Raio, observou. Não queres escolher agora um presente em retribuição?

Hafis já tinha escolhido. Pediu para si uma bonita égua, e Zoroaster alegrou-se em poder dar.

No dia seguinte perguntou aos mobeds se sabiam montar. Todos afirmaram que sim, e Zoroaster deu ordem a Marzar e Sadi para testar os outros cinco e, se necessário, ainda treiná-los.

Queria que todos cavalgassem com ele. Cada um recebeu um cavalo branco; também Zoroaster tomou para si um desses cavalos de raça nobre, em lugar do animal que recebera de Nasim.

Assim, no sexto dia, um vistoso grupo saiu cavalgando do palácio de Hafis rumo à montanha. Zoroaster nada mais ouvira sobre o atravan, esperando então que o ex-sacerdote tivesse reconhecido sua tolice e desistido de ir à montanha.

Quando, no entanto, o grupo de cavaleiros de Zoroaster já estava a um dia de viagem, ultrapassou o atravan, que se deixava carregar pelos dois mobeds, ao passo que outros cinco caminhavam atrás, para revezá-los e complementá-los.

Zoroaster queria passar caladamente, mas o atravan chamou-o, de modo que o preparador do caminho fez seu cavalo parar.

— Como estás vendo, teu Deus não me impediu de ir, exclamou com escárnio. Não ousa contrariar meus planos e meu ofício. De ti nada admitirei e será tua culpa se a solenidade se degenerar numa briga geral. Ordenei a meus adeptos que por toda a parte enfrentem os teus.

Sem uma única palavra, Zoroaster prosseguiu em sua cavalgada. Hafis, contudo, não conhecendo profundamente o atravan, estava horrorizado com o fato de que um homem, tendo sido sacerdote, pudesse ter tais pensamentos. Mas também agora não comentaram isso. Cada um estava se preparando, interiormente, para a solenidade.

Em tempo certo chegaram ao cimo, onde Zoroaster mandou os mobeds prepararem a praça e juntar as pedras.

Uma vez que o atravan guardara sob chave os sagrados recipientes, Zoroaster trouxe outros, trabalhados mais artisticamente do que os antigos. Ele os havia adquirido das pessoas onde Jadasa ainda se achava.

Todos se entregaram cuidadosamente às suas incumbências, inclusive as sacerdotisas, de modo que ao irromper a escuridão da noite, as chamas podiam ser acesas. Nada se via do atravan e de seus companheiros.

Em vez disso, vieram pessoas em grande número. A montanha mal podia abrigar tal multidão.

Ao divisarem Zoroaster, ficaram surpreendidos, mas foi uma surpresa alegre. Também aqueles que talvez tivessem vindo para defender o atravan, mantiveram-se quietos, uma vez que não enxergavam o seu líder.

Em lugar de uma oração a Mithra, Zoroaster pronunciou uma oração a Ahuramazda. Veio do fundo da alma, fazendo todas as demais almas vibrarem conjuntamente.

Depois ele falou.

Lembrou-lhes de que começara uma nova era. Deus tinha enviado o preparador do caminho do Saoshyant, e esse salvador viria quando a Terra estivesse preparada para recebê-lo. Para isso cada um poderia contribuir, preparando a si próprio para encontrar condignamente o que existe de mais sagrado.

Tinha chegado o tempo de tornar Ahuramazda o único regente sobre todas as almas, como já sempre o fora. Agora todas as criaturas deviam saber que aqueles que tinham sido adorados até então como deuses eram maravilhosos servos do supremo Deus. O culto dos deuses tinha de acabar, entrando em seu lugar o culto a Deus.

E uma vez que Deus é tão infinitamente mais excelso do que os deuses, os seres humanos também tinham de se esforçar muito mais para servi-lo. Uma seriedade interior teria de vir sobre as almas. Eles deviam aprender a viver na vontade do Eterno.

Mas, para que conseguissem isso, o supremo Deus havia se inclinado misericordiosamente, deixando Sua sagrada vontade tornar-se Palavra. Tinha formado Sua Vontade em mandamentos, que todas as criaturas humanas deveriam gravar em seus corações.

E, lenta e solenemente, o preparador do caminho pronunciou os sagrados mandamentos que recebera.

Depois agradeceu a Deus em sagrada oração por essa graça e despediu os seres humanos. Às mulheres, porém, ele permitiu que levassem consigo as tochas, como tinha sido costume até agora.

— As chamas ardem em honra de Ahuramazda. Pensai Nele e deixai arder vossas almas!

Quando mais tarde, então, os homens voltaram, acomodando-se, Zoroaster falou sobre os servos de Deus, dos grandes e dos pequenos. Falou que era da vontade de Deus que também as criaturas humanas se enquadrassem nessa sábia ordem.

Mais tarde alguns homens perguntaram pelo atravan. Zoroaster disse:

— Ele queria vir, contudo algo deve tê-lo impedido no caminho. Talvez ele chegue amanhã.

No dia seguinte Zoroaster anunciou ser sua intenção colocar um sacerdote em cada povoado maior, na medida do possível, e que este teria de realizar reuniões regularmente e instruir as pessoas.

— Eu mesmo ensinarei esses sacerdotes, para que possam anunciar corretamente as sagradas e eternas Verdades, prometeu Zoroaster. Quem, pois, de vós, tiver vontade e tempo de colocar sua força integralmente a serviço do Altíssimo, apresente-se depois, a fim de que eu veja se está apto.

Quando então pudermos celebrar devoções por toda a parte, e sempre ao mesmo tempo, aí um progresso espiritual tomará conta de nosso povo, elevando todos. Então poderemos nos preparar de modo certo para o maravilhoso tempo, quando o Saoshyant descerá do céu para viver entre nós.

— Mestre, perguntou um homem da reunião, existem ainda outros povos além do nosso. Sabem os outros também do salvador vindouro? Ou terás que ir mais tarde ainda para outros povos, atravessando as altas montanhas, para prepará-los também?

— Existem, sim, outros povos, disse Zoroaster pensativamente, mas para eles Deus enviará outros preparadores do caminho. Para cada povo, Deus enviará aquele que for necessário, e no devido tempo.

Essa pergunta, porém, desencadeou todas as outras. Pergunta seguia-se a pergunta, e Zoroaster respondeu cheio de alegria, uma vez que viu como todos estavam absortos nisso.

No dia seguinte, também, nada se soube do atravan. De idêntico modo passou o terceiro dia, quando Zoroaster então explicou detalhadamente os mandamentos de Ahuramazda, permitindo novamente a apresentação de perguntas.

Uma oração de agradecimento terminou a solenidade, que se desenrolara sem perturbações e comovendo profundamente.

Mas as pessoas ainda não queriam se separar. Primeiramente se apresentaram uns vinte moços que queriam ficar com Zoroaster como mobeds.

Seus pais estavam presentes, de modo que a questão se seriam ou não necessários em casa logo pôde ser resolvida. Depois, Zoroaster determinou-lhes que fossem à capital, após decorrerem seis meses, a fim de procurá-lo.

Estavam decepcionados por não poderem acompanhá-lo já naquele momento. Informou-lhes, então, que seu dever ainda o chamava para uma região distante, mas que depois disso estaria na capital.

Depois surgiu outra pergunta. Zoroaster havia ensinado uma canção a um povo e eles queriam saber se todos poderiam também ter uma.

Sorrindo, consentiu e começou então um concurso de canções que, de início, era tudo, menos bonito. As vozes dos homens não estavam acostumadas a cantar. Finalmente compreenderam que dependia de algo melodioso e não de gritaria. Aí, tornou-se muito melhor.

Depois, contudo, Zoroaster exigiu que abandonassem a praça e a montanha.

A festa havia se desenrolado maravilhosamente, e todos deveriam levar consigo uma recordação daquela grandeza que vivenciaram, não estragando a lembrança com dias menos belos que se seguiriam. Todos compreenderam, obedecendo de bom grado. Quando todos tinham partido, Zoroaster mandou que deixassem em ordem a praça, conforme haviam-na encontrado. Depois, também Hafis e Zoroaster puseram-se a caminho com sua comitiva.

Exatamente quando estavam prestes a deixar a montanha, ouviram altos gritos. Da direção contrária, apareceu o atravan com seus sete mobeds. Haviam se perdido de tal modo, que andaram a esmo durante os três dias da festividade.

Um dos mobeds relatou isso, enquanto o atravan permanecia teimosamente calado. Viu que Ahuramazda não desejara sua vinda, impedindo-a em tempo, mas ainda não queria ceder.

Zoroaster perguntou ao mobed que dera a informação se tinham suficientes mantimentos. O moço respondeu que sim. Então o preparador do caminho não viu mais nenhuma razão para ficar e, com uma saudação amável, a caravana afastou-se.

— E se o atravan realizar mais uma festa na montanha? perguntou um dos mobeds.

— Que mal faria? respondeu Zoroaster. Ele poderá orar para Mithra. Isto não poderá tocar Ahuramazda.

Depois de poucos dias chegaram à capital. Agora nada mais segurava Zoroaster; tinha de ver Jadasa.

Hafis prometeu-lhe que mandaria preparar, durante esse tempo, aposentos para ele e sua esposa. Para tal finalidade queria construir um anexo ao palácio. Teria que ser construída ao lado, também, uma sala espaçosa, própria para ali celebrar devoções e instruir os moços.

— Não seria mais acertado levantar uma edificação separada para essa finalidade? opinou Zoroaster. Para mim não seria difícil locomover-me para outro local, a fim de dar os ensinamentos. Mas acho que essa nova construção devia conter dois salões grandes, pois Jadasa vai querer instruir as sacerdotisas também.

— Temos que levantar ainda mais duas edificações, onde poderão morar os discípulos femininos e os masculinos, decidiu Hafis.

Este já havia percebido que o tempo para ele não passaria lentamente até a volta do preparador do caminho. Mas uma pergunta ainda o preocupava:

Zoroaster tinha dito que as devoções seriam celebradas naquela edificação!

— Sempre oramos conjuntamente ao ar livre e nunca de modo diferente, preparador do caminho, disse ele pensativamente. Achas, realmente, que Ahuramazda gostaria que nos fechássemos, para isso, numa casa erigida por mãos humanas?

— Até agora orastes em comum também apenas uma vez por ano, na montanha, respondeu Zoroaster. De agora em diante, porém, oraremos regularmente em comum e falaremos sobre as coisas sagradas. Isto não podemos fazer dentro de uma cidade, numa praça livre, onde toda a espécie de animais atravessa as ruas e onde transitam as pessoas de outros povoados.

Por isso acho que deveríamos ter para essas reuniões um salão amplo, o qual poderíamos decorar condignamente.

Agora Hafis também concordou. Alegrou-se, até, em pensar na decoração desse salão, a qual, no entanto, somente queria iniciar depois da volta do preparador do caminho.

A despedida de Dschajawa foi muito cordial. Zoroaster estava receoso de não vir a encontrar mais o velho, mas este consolou-o:

— Antes tenho que abençoar ainda tua jovem esposa, Zoroaster, depois estarei pronto para ir a outros reinos.

Sadi, que tinha de ficar, devia cuidar dos cinco mobeds, informando-lhes o que ele próprio vivenciara.

Zoroaster, porém, cavalgou contente, juntamente com Marzar, em direção à longínqua região, onde Jadasa o aguardava.

Dessa vez ele podia seguir por estradas mais largas. Não obstante sua impaciência o levasse a preferir um atalho cheio de obstáculos, os pequenos não se deixaram induzir a lhe mostrar o caminho mais curto. Riram, alegrando-se por ele ter de obedecer.

Por fim alcançaram o alvo. O povoado estava diante dele, sob os raios do sol poente, povoado de que chegara a gostar, apesar, ou melhor dito, justamente por causa dos muitos esforços que lhe causara.

Não demorou, e os dois cavaleiros foram avistados. Homens rodearam-nos e, enquanto Marzar cuidava dos cavalos, Zoroaster procurou sua esposa.

Encontrou-a no meio de um grupo de moças, que, com vestidos limpos, estavam sentadas juntas, costurando. Ficaram conscientes da impressão que causaram a Zoroaster e, enquanto Jadasa cumprimentava seu esposo, as jovens continuaram a costurar, como se quisessem recuperar o tempo perdido.

Ele alegrou-as, admirando sua diligência e seu aspecto bonito e limpo. Depois se deixou conduzir por Jadasa a todos os lugares onde havia algo de novo para ver.

O povoado tinha se modificado muito. As cabanas davam um aspecto agradável, e aqui e acolá até havia pequenas decorações. Foram feitos, também, alguns pequenos jardins.

Nesse momento Mursa voltava de uma caçada, com um grupo de moços.

Ordenadamente procedeu-se à distribuição da caça. As mulheres não mais precisavam carregar os animais caçados até as cabanas, pois os homens, bem comportados, carregavam-nos para seus lares. Por último voltou também o chefe, alegrando-se em rever Zoroaster.

— Hoje à noite Mursa falará para nós na praça sagrada, informou orgulhosamente. Virás também?

Zoroaster prometeu. Mal encontrou tempo para contar a Jadasa sobre tudo o que vivenciara, pois imediatamente ficou envolvido no movimento desse povoado.

Assim passaram-se os dias. Depois Zoroaster avisou que tinha que voltar para a capital, onde o esperavam obrigações maiores. Deixaria Mursa com eles, o qual escolhera Anara para sua ajudante. Todos concordaram. Tinham-se acostumado a Mursa e gostavam dele.

Jadasa elogiou muito Anara. Tinha mudado para melhor. Sua energia ocasional não prejudicava ninguém; é o que as mulheres necessitavam de tempos em tempos, para não recaírem em fantasias e indolência.

Zoroaster informou à esposa que pretendia voltar primeiramente à pátria dela, para buscar os moços que queriam acompanhá-los como aprendizes e também para reconduzir as mulheres com segurança a seus lares.

E aconteceu conforme Zoroaster havia planejado.

Grande foi a alegria de Nasim em poder rever a filha; maior ainda, quando soube que ela viveria futuramente na capital, no palácio do príncipe, pois receava que uma vida como ela havia levado até agora lhe seria penosa no decorrer do tempo. Mas não poderia desejar algo melhor do que saber que a filha estaria guardada no palácio do regente do reino.

Os jovens alegraram-se por seu tempo finalmente haver chegado. Jadasa escolheu ainda certo número de moças, as quais queria instruir. Deveriam ser preparadas para ajudantes, não para sacerdotisas.

Ainda antes que os seis meses, dos quais Zoroaster havia falado, se tivessem passado, ele partiu a cavalo, formando uma apreciável caravana, rumo à capital.

Com isso se iniciou para ele uma etapa de vida totalmente nova. Acabara-se o seu tempo de peregrinação, como antes acabara o tempo de aprendizagem.

Era agora o supremo sacerdote do Irã; não mais o preparador do caminho, mas sim, o conservador do caminho.

Como um pequeno palácio estavam os aposentos de Zoro-Tushtra, do conservador do caminho, era assim que se chamava a partir de agora; aposentos ligados ao suntuoso palácio de Hafis. Um reino por si, que, porém, em qualquer momento poderia ter a desejada conexão com o todo.

Naquele pequeno palácio atuava Jadasa com suas servas e, em recintos separados, ficaram alguns homens para o serviço pessoal de Zoro-Tushtra.

Era um reino de paz e alegria.

Os dois salões já estavam prontos, contudo faltava ainda a decoração. Hafis mal podia esperar para mostrar ao amigo o que tinha imaginado para isso.

Os dois grandes salões tinham a mesma largura e comprimento. Mas não estavam um ao lado do outro, pois entre eles situavam-se várias peças menores, para Jadasa e Zoro-Tushtra poderem se retirar para a meditação silenciosa.

Outras peças semelhantes a essas estavam destinadas para guardar vasos sagrados e coisas similares. O edifício, por fora, dava a impressão de um quadrado, e o telhado plano completava tal impressão.

Hafis já havia trazido muita coisa que poderia servir para ornamentar o interior, mas não queria colocar nada que não fosse considerado bom pelo supremo sacerdote do reino.

Primeiramente tinham que ser inspecionadas as edificações que abrigariam os discípulos, as quais, rodeadas de jardins, situavam-se à direita e à esquerda do prédio onde se encontravam os salões. As edificações dos discípulos também eram compridas e pouco se diferençavam das outras.

Já estavam sendo habitadas pelas moças e moços vindos do povoado de Jadasa. Os homens eram dirigidos por Sadi, que ingressara igualmente com seus mobeds. Para as mulheres, Jadasa determinou uma delas, que teria de cuidar do bem-estar das demais.

Desenvolveu-se uma vida ativa e laboriosa, vibrando em ritmo firmemente determinado.

Diariamente Jadasa e seu esposo ensinavam em ambos os salões. Enquanto ela instruía as mulheres nos mais variados trabalhos femininos, úteis para a decoração dos aposentos, bem como para a própria vestimenta, ou como se relacionarem com os pobres, Zoro-Tushtra procurava Hafis ou dirigia-se a Dschajawa, que sempre o aguardava cheio de alegria.

Entre o velho e Jadasa logo se estabeleceu um estreito laço. Ele reconheceu sua pureza, a qual de maneira nenhuma poderia se turvar; reconheceu também a exultante alegria que florescia da sua boa vontade de trabalhar e a sua profunda ancoragem na fé.

Comovido já havia abençoado Jadasa quando Zoro-Tushtra a conduziu a ele, porém sentira que a bênção refluíra dela para ele.

— Jadasa abençoada, ensina nossas mulheres para que se tornem parecidas contigo! pediu-lhe.

Mais tarde ele disse:

— Era minha vontade viver até que pudesse abençoar tua esposa, Zoro-Tushtra, ó bem-aventurado! Agora peço a Ahuramazda que me seja permitido ver também o teu filho. Sei que isso me será permitido.

Nesse ínterim haviam chegado também os jovens escolhidos na solenidade, agrupando-se em volta de seu mestre com grande entusiasmo. "Mestre" era agora o nome pelo qual todos o chamavam.

— Desde que achei o Zoroaster, não tenho mais um nome próprio, disse certa vez melancolicamente para Dschajawa.

— Alegra-te com isso, meu filho, foi a resposta do ancião. É um sinal de que renunciaste a ti mesmo. Estás vivendo apenas a tua missão. Que assim permaneças, mesmo quando lábios de criança jubilarem para ti.

Isso deu a Zoro-Tushtra o que pensar. Será que se tornar pai seria um obstáculo para ele? Por enquanto o prometido filho não se tinha anunciado. Mas, uma vez que fora prometido, não deixaria de vir. Significaria isso um perigo para sua missão?

Uma delicada timidez o impediu de falar com Jadasa sobre isso, com a qual geralmente conversava sobre tudo. Mas ele levou seus pensamentos contraditórios para o trono de Ahuramazda e o luminoso guia lhe proporcionou clareza.

"Podes alegrar-te com cada dádiva que a bondade de Deus te presenteia", disse o luminoso, "mas nunca deves deixar que as dádivas se interponham entre ti e Deus. Lembra-te dos mandamentos do Altíssimo e terás resposta para todas as tuas perguntas."

Quando os salões ficaram decorados, Zoro-Tushtra perguntou quantas vezes lhe seria permitido celebrar devoções, segundo a vontade de Deus.

"Para o início bastará vos reunirdes sempre na lua cheia", foi a determinação que o supremo sacerdote recebeu e cumpriu.

Nos dias de lua cheia, cuidadosamente observados, ao anoitecer, reuniam-se as discípulas e os discípulos, todos os componentes da corte do príncipe, bem como seus familiares, num dos salões onde Zoro-Tushtra atuava.

Ele começava a devoção com uma oração livremente pronunciada, na qual, além do pedido por uma bênção para essa hora, apresentava ao Altíssimo tudo o que preocupava o coração do povo.

Depois interpretava os mandamentos ou falava do Saoshyant. Uma nova oração concluía a primeira parte desse ritual.

A seguir, a reunião transferia-se para o outro salão, onde igualmente todos os assentos estavam ordenados em círculos e ali Zoro-Tushtra, no centro, de pé, respondia a todas as perguntas a ele formuladas.

Era também ali que Jadasa, seguindo o desejo dele, sempre falava para os seres humanos, quando tinha algo a comunicar. Sua ligação espiritual com os reinos superiores tornava-se cada vez mais luminosa. Era-lhe permitido ensinar muito do que lhe fora dado do alto.

Como uma sacerdotisa, com seu vestido branco e sem enfeites, ficava então de pé, no meio das pessoas. Seus olhos terrenos olhavam para a multidão, sem contudo percebê-la.

Seus olhos espirituais estavam de todo abertos, e maravilhosas Verdades perfluíam-nos.

Eram momentos inesquecíveis para todos os que podiam presenciar.

Não podia deixar de acontecer que a notícia sobre as devoções se espalhasse pela cidade. Um cidadão após outro chegava, pedindo para poder participar delas. Ninguém foi recusado, porque prometeram se comportar silenciosa e ordeiramente.

Também o atravan ficou sabendo que a seu lado havia começado uma florescente vida espiritual. Sempre se dedicara apenas a seus mobeds, nunca se preocupando com outras pessoas.

Seus antecessores peregrinavam pelo reino todo. Ele desdenhou isso, dizendo que quem quisesse vê-lo, deveria procurá-lo. De repente, porém, lembrou-se desse dever por ele negligenciado.

Embora Zoro-Tushtra o tivesse destituído, ele não iria preocupar-se com isso. Achava que tinha chegado a hora de visitar as pessoas do reino.

Visto não possuir cavalos, seus mobeds tinham de carregá-lo. Certamente poderia ter caminhado ao lado deles, mas para isso se julgava senhoril demais.

Com tão difícil maneira de viajar, não podiam visitar regiões montanhosas. Ficavam na planície.

Assim chegaram inicialmente a um povoado onde Zoroaster já várias vezes havia parado e em cujos habitantes se percebia isso. O atravan não tinha refletido como deveria enfrentar essas pessoas e o que teria que falar com elas. Isso em tempo certo saberia, foi o que pensou.

Bateu na cabana mais vistosa, exigindo hospedagem. Foi-lhe concedida, como era dada a qualquer viandante. Foi-lhe permitido pernoitar com seus acompanhantes numa espécie de celeiro. Para lá lhe foi levada, também, bastante comida, porém muito simples.

Não havia imaginado ser acolhido desse modo. Indignado, andou até à cabana, da qual soavam vozes alegres. Pensava encontrar a família tomando a refeição, mas, em vez disso, viu as mulheres conversando e tecendo esteiras.

Com indignação apontaram-lhe a porta. Devia ficar onde a amabilidade do dono da casa o tinha alojado.

— Onde está o dono da casa? perguntou mais modestamente.

— Ele se encontra na praça sagrada, foi a resposta, a qual não compreendeu, visto nada saber de tal praça.

Assim, por ora, preferiu ingerir algo da comida que os mobeds tinham deixado para ele. Depois procurou aquela praça. Não precisou ir longe. No meio do povoado havia um espaço circular, delimitado com pedras, onde, aparentemente, todos os habitantes masculinos se encontravam, de pé ou de cócoras. Entre eles ouviam-se conversas animadas.

O atravan entrou no círculo dos homens. A conversa silenciou. Todos os olhares se dirigiram para o intruso.

— Estrangeiro, não se deve entrar perturbadoramente num círculo, criticou um homem de meia-idade. Volta para lá onde a misericórdia te indicou um pouso noturno.

— Estou acostumado a coisa melhor..., começou o perplexo atravan, mas foi interrompido bruscamente:

— Então devias ter ficado onde passaste melhor!

— Sou o atravan, vangloriou-se o sacerdote.

Mas nem isso adiantou.

— Não existe mais um atravan, disse o chefe do povoado com seriedade. O tempo novo começou. Zoroaster é o preparador do caminho do Saoshyant; mais, não precisamos.

O sacerdote ainda queria dizer mais alguma coisa, porém deram-lhe a entender que estava incomodando, e dois homens o conduziram ao seu abrigo noturno. Não lhe restou outra alternativa, senão obedecer.

Também no dia seguinte não tentou convencer essas pessoas sobre sua dignidade, mas, sim, seguiu caladamente o seu caminho, junto com seus adeptos.

Somente no outro dia, alcançou novamente outro povoado. Ali procurou o chefe, informando que vinha em nome e por ordem de Zoroaster.

Foi recebido com toda a alegria. A refeição e o pouso mostraram em que elevado conceito estava o preparador do caminho.

Depois, as pessoas quiseram saber o que Zoroaster lhes mandara dizer. A isso respondeu que viera se certificar se todos estavam bem.

— Não foste incumbido de mais nada? indagou o chefe, pensativamente. Será que nada nos deves anunciar?

— Naturalmente devo responder vossas perguntas, respondeu o atravan, supondo ter jogo fácil com isso.

Foi convidado a aparecer à noite na praça sagrada, encontrando-se, ali, à frente de toda a população masculina, que concentrada ouvia o que ele anunciava.

Mas aí ficou demonstrado que o sacerdote, absolutamente, não sabia o que Zoroaster geralmente ensinava. Não foi capaz de responder a uma única pergunta sequer. Onde tentou, falhou.

Bastou apenas pouca sagacidade para mostrar às pessoas que estavam tratando com um impostor. Indignados, ordenaram-lhe que abandonasse a localidade no dia seguinte.

— Deveríamos mandar-te embora, ainda esta noite, disseram, mas aprendemos com Zoroaster que devemos tratar as pessoas do mesmo modo como desejamos ser tratados. E não gostaríamos de ficar sem pouso, à noite. Portanto, fica até amanhã!

E o atravan não tinha brio suficiente para recusar tal esmola.

Mas depois disso não quis mais viajar. Era coisa penosa, que nada lhe rendia. Desanimado, voltou para a capital.

Verificou, porém, que também ali não havia mais lugar para ele. Ninguém se interessava por ele. Assim, também os presentes e as piedosas oferendas com os quais tinha vivido até agora deixaram de ser enviados. O que deveria fazer?

Três de seus mobeds abandonaram-no, voltando para sua pátria; entre esses estava o mais velho, que havia prometido nunca abandoná-lo. A viagem lhe havia mostrado que o atravan não possuía nenhuma ligação com Deus nem com os deuses.

Nesse ínterim, porém, o número dos discípulos que se juntavam em volta de Zoro-Tushtra havia aumentado constantemente. Podia pensar em enviar os primeiros.

Muito de sabedoria eterna tinham acolhido; já estavam aptos a responder perguntas de toda a espécie. Ao mesmo tempo, estavam acostumados a uma vida simples, tendo adquirido boas maneiras. Alegravam-se em poder trabalhar como sacerdotes.

Teriam que celebrar devoções, como estavam acostumados. Enviou um homem do povoado de Jadasa à localidade onde Mursa havia ficado. Teria de ficar ali, substituindo o antigo acompanhante de Zoroaster, por um tempo mais ou menos prolongado, enquanto Mursa conduzia os jovens sacerdotes a outras regiões.

A princípio, Zoro-Tushtra tinha a intenção de, ele próprio, fazer isso, mas recebeu ordens, provenientes da Luz, de que por ora não poderia deixar a capital.

Quadros maravilhosos apresentaram-se novamente, durante as noites. Uma vez viu a si mesmo como uma árvore dando frutos, os quais, ao amadurecer, espalhavam-se para todos os lados, formando raízes, e estas, por sua vez, desenvolviam-se em magníficas árvores.

Em outra ocasião, viu seus discípulos bicando como pássaros os grãozinhos que ele lhes jogava. Veio, então, uma ave estranha, que bicava conjuntamente. Os discípulos queriam afugentá-la, mas uma voz bradou:

"Deixai-a tomar o que necessita. Não quer para si. Do outro lado das montanhas outros esperam pelos frutos!"

Depois, mais outro quadro. Zoro-Tushtra olhou por cima das altas montanhas que a leste pareciam separar seu país de outros reinos. Enquanto as montanhas pertencentes ao Irã pareciam quase pequenas, mostraram-se, atrás delas, formações de rochas da altura do céu, que já pertenciam a outros países e que, em parte, caíam abruptamente, e, em parte, de modo mais suave.

E ali habitavam seres humanos, muitos seres humanos! Estenderam as mãos para Zoro-Tushtra, implorando:

"Ajuda-nos!"

Esses quadros causaram uma profunda impressão nele, os quais, certamente, deviam dizer-lhe algo.

Falou com Jadasa sobre isso, e ela assegurou-lhe que em hora certa esses quadros ressurgiriam diante de seu espírito e então diriam algo. Ela estava absolutamente segura de que estes tinham sido agora apenas um preparativo para futuros acontecimentos.

Já, desde algum tempo, Jadasa com suas ajudantes, às quais sempre se juntavam outras novas, visitavam as cabanas onde a pobreza ou a doença faziam necessário um auxílio.

As moças e mulheres usavam para essas visitas as mesmas roupas brancas e sem enfeites, conforme Jadasa gostava. Isso lhes deu o apelido de "as irmãs brancas", do qual estavam muito orgulhosas. Queriam mesmo ser irmãs de todos os sofredores.

Pouco a pouco vieram, de todos os lados do reino, mensagens e pedidos de sacerdotes, solicitando a ajuda de uma dessas "irmãs brancas", de modo que também elas começaram a se deslocar gradativamente por todo o país.

No terceiro ano de sua presença na capital, Jadasa deu à luz um menino sadio, ao qual deu o nome de Vishtaspa, segundo a ordem do guia luminoso.

Essa transmissão de nome, Zoro-Tushtra realizou no salão sagrado, perante o povo todo. Foi a primeira a ser celebrada dessa forma. Mais tarde, em cada devoção, foram abençoadas criancinhas e dados os seus nomes, quando os pais desejavam.

Dschajawa, realmente, ainda vivia quando o filho de Jadasa nasceu.

O desejo de poder abençoá-lo fora-lhe concedido por Ahuramazda. Quando Jadasa trouxe o filho ao ancião e, a pedido dele, o deitou em seus braços, a vidência sobreveio poderosamente sobre o ancião.

— Ahuramazda, ó excelso, eterno. Agradeço-te por me considerares digno de ver este menino! exclamou extasiado. Menino, és convocado para continuar a obra de teu pai! Terás de unir todo o

Irã sob a doutrina que lhe foi permitido trazer para nós, segundo a vontade de Ahuramazda. Tu, porém, não te tornarás um sacerdote, mas sim rei de todo o vasto reino. Como tal, serás o administrador da eterna sabedoria do saber a respeito de Deus!

Serás forte na fé, puro e fiel. E a bênção de Ahuramazda permanecerá sobre ti. Teus descendentes se tornarão grandes. Com mão firme governarão o reino, dominando os países vizinhos.

Somente depois de passados muitas centenas de anos, a arrogância e o orgulho humano ganharão o domínio sobre as almas. Então o imenso reino cairá em ruínas. O saber a respeito de Deus desaparecerá, e falsos ídolos serão colocados em Seu lugar.

Vejo assassínios e incêndios, ruínas fumegantes e cidades desmoronadas. Vejo os descendentes de nosso povo cair de sua altura. Irão misturar-se com outros povos, sua pureza não mais existirá. Ai deles!

Por um momento o ancião ficou calado. Com os olhos fechados mergulhou em meditação, dando a impressão de estar adormecido. Subitamente se ergueu!

— Mas vejo um novo sol nascer sobre o Irã! jubilou com a voz completamente transformada. A branca ave milagrosa voará sobre o país. Na montanha de Ara-Masdah estará o herdeiro, e servos invisíveis lhe trarão o que é seu.

Aí te vejo, criancinha, chegando e adorando-o. Novamente reinarás sobre o Irã, mas tu próprio tirarás de ti a investidura, oferecendo-a ao herdeiro de Ara-Masdah.

Calou-se novamente, para depois continuar com maior júbilo ainda:

— Mas o herdeiro é o Saoshyant! Vejo isso! Criancinha, a teu pai é permitido ser o preparador e o conservador do caminho do Saoshyant, tu, porém, serás servo dele na Terra e para toda a eternidade.

Comovidos, todos tinham escutado, e enquanto Zoro-Tushtra e Hafis cuidavam do vidente, Jadasa silenciosamente carregou seu filho abençoado para seus aposentos.

Nessa noite Dschajawa faleceu. Seu semblante expressava uma paz celestial, como se tivesse visto coisas belas. Qual a idade que alcançara, ninguém podia dizer. Estivera "sempre" presente, diziam as pessoas.

De acordo com seu desejo, não foi enterrado do modo que Zoro-Tushtra gostaria de fazer. Carregaram o corpo até as torres do silêncio, deitando-o ali, à mercê dos grandes pássaros pretos. "Nada de terreno deverá restar de mim", desejara Dschajawa.

Respeitaram seu desejo.

Fez falta a todos os moradores do palácio. Não mais se podia imaginar uma vida sem o ancião, mas pouco a pouco se acostumaram a isso. O regente Hafis passava agora, ao anoitecer, muitas horas no pequeno palácio, junto a "seu sucessor", como costumava chamar Vishtaspa. O pequeno foi crescendo, envolto em amor e cuidados.

Certo dia, um homem ainda jovem chegou a Zoro-Tushtra, desejando ser aceito no grupo de seus alunos.

Os traços de sua fisionomia eram diferentes dos do povo do Irã, embora sua pele fosse parecida com a deles. Seus cabelos negros e lisos estavam cortados de forma arredondada. Seus olhos castanho-escuros eram muito brilhantes; geralmente as pálpebras os cobriam parcialmente, de modo que o rosto parecia estranhamente sereno.

Zoro-Tushtra perguntou-lhe sobre a sua origem. Ou o homem não sabia de onde viera, ou não quis dizer; em todo caso, o inquiridor não recebeu uma resposta.

— Por que queres saber a minha origem, ó sábio? Não basta que eu saiba de ti e queira ser teu aluno? perguntou. Falava a língua do país, porém, com um sotaque estrangeiro.

— És um estranho no Irã, replicou Zoro-Tushtra. Tenho somente iranianos das mais variadas tribos entre meus discípulos. Quero continuar assim.

Por um momento o forasteiro olhou serenamente para aquele que acabava de rejeitá-lo, dizendo a seguir:

— Zoro-Tushtra, costumas colher todos os teus frutos em volta do tronco da árvore?

O sábio não entendeu o sentido dessa pergunta. Aí o estranho perguntou novamente:

— Zoro-Tushtra, por que espantas a ave estranha que quer bicar junto com teus discípulos?

O mestre então compreendeu o que o moço quis dizer. E também soube o que diziam as imagens, antes não compreendidas. Mas o forasteiro continuou:

— Deixai-a tomar o que necessita. Não quer para si. Do outro lado das montanhas, outros esperam pelos frutos!

Essas palavras não eram necessárias para mostrar a Zoro-Tushtra que o estranho viera por vontade de Ahuramazda. De bom grado o mestre aceitou o novo discípulo que se chamava Miang-Fong.

Um aluno como esse nunca tivera. Muitas vezes Zoro-Tushtra tinha dificuldade em penetrar nas perguntas formuladas por ele. Nunca terminava um colóquio, sem que também o preceptor tivesse aprendido algo de importante.

Quando Jadasa viu o discípulo pela primeira vez, ficou perplexa.

— Zoro-Tushtra, Miang-Fong é um portador da Verdade como tu, disse com convicção. Ele tem o mesmo sinal de Ahuramazda na testa. Alegra-te por teres sido escolhido para ensinar um outro preparador do caminho.

Durante mais de dois anos viveu o novo discípulo no círculo daqueles que rodeavam Zoro-Tushtra. Convivia com eles, mas mesmo assim estava completamente só. Era como se houvesse uma muralha invisível entre ele e os outros. Apenas ao mestre, por vezes, era dado romper essa muralha e ter então uma visão que adentrava a alma clara e cheia de paz do aluno.

Zoro-Tushtra gostava de fazer perguntas aos alunos, sobre as quais teriam que refletir em silêncio e depois discutir conjuntamente.

Assim, certa vez, formulou uma pergunta:

— É necessário que aqueles que querem servir a Deus tenham uma vida exteriormente disciplinada?

Conforme a espécie dos discípulos, assim eram as respostas. Completamente diferentes umas das outras. A maioria, porém, optou por um meio termo: deviam ser estabelecidas algumas regras necessárias; fora isso, porém, teria que ser deixado a critério de cada um, senão criar-se-iam plantas artificiais, em vez de plantas vivas.

Miang-Fong foi, de todos, aquele que exigiu regras rigorosamente estabelecidas. Em sua motivação explicou que as criaturas humanas estavam resvalando cada vez mais para as profundezas. Querendo sustar tal resvalar, seria necessário colocar barreiras. Os motivos do intelecto não bastavam mais para reter o ser humano. Dessa maneira muita coisa já fora negligenciada.

— Assim, criarás bonecos, imagens de madeira, com as quais as crianças brincam e as quais elas mesmas têm que mover, intercalou um aluno.

— Depende das regras, meu amigo, replicou Miang-Fong com sua maneira serena. Formas cegas nada adiantam. Não podes jogar troncos de árvores no caminho de uma carroça que desça desabaladamente. Com isso os animais de tração se assustariam e o tombo viria mais seguramente ainda. Será assunto daqueles que dirigem as criaturas humanas estabelecer as regras de tal modo, que compreendam o sentido e a finalidade delas.

— Vós todos sabeis, explicou Zoro-Tushtra, que eu também sempre exijo certa disciplina externa, onde pretendo falar a respeito de Deus. Pensai no asseio cotidiano, nas refeições em separado, no respeito às mulheres e ainda em muitas coisas mais, que têm de ser executadas rigorosamente.

— Essas são coisas evidentes, exclamou um aluno vivamente.

— Assim vos parece, já que estais acostumados a isso, respondeu o mestre. Mas dize, quais seriam as regras que estabelecerias, se fosses enviado como emissário de Deus para algum país, Miang-Fong?

Sem refletir, o discípulo respondeu com olhar profundamente introspectivo:

— Antes de tudo eu exigiria silêncio!

Foi interrompido por um aluno muito vivaz, que exclamou horrorizado:

— Silêncio, Miang-Fong! Isso deve ser terrível. Deus nos deu a língua para que nos utilizemos dela!

Zoro-Tushtra gostou e liberou essa pergunta para um debate geral. Agora as opiniões se precipitavam. A maioria achou que seria necessário falar.

— No entanto, causam-se mais danos com o falar do que com o silêncio, intercalou um aluno já mais antigo.

— Podem ser causados danos com ambos. É necessário, pois, usar corretamente tanto o falar como o silenciar.

— Até se conseguir isso, será melhor evitar palavras desnecessárias.

Precipitadamente cada um deu sua opinião. Por fim, Zoro-Tushtra deu a última palavra:

— Palavras desnecessárias! exclamou. Quem de vós poderá julgar se suas palavras são úteis? Cada um as considerará como tais. Sem dúvida, é muito melhor se calar do que falar em tempo impróprio.

Agora insistiam com Miang-Fong para que esclarecesse sua opinião. Amavelmente, ele explicou que considerava o silêncio um excelente exercício.

— Quem praticar isso corretamente verá quantas bênçãos lhe advirão. Através do silêncio, nossos pensamentos se aprofundam, criam raízes e trazem frutos.

— Tens razão, Miang-Fong, concordou Zoro-Tushtra. Mas um dos alunos mais novos admirou-se:

— E se fores enviado um dia a um povo, quererás realmente mergulhar esse povo no silêncio, Miang-Fong?

Essa pergunta foi formulada com tanto espanto, que o sereno discípulo teve de rir.

— Antes não me deixaste terminar de falar, meu amigo. Naturalmente eu exigiria o silêncio somente dos estudantes!

— O que pensais, propôs Zoro-Tushtra, vamos tentar também o poder do silêncio? Podemos determinar um dia por mês, quando apenas falaremos o essencial. Estais de acordo?

Concordaram alvoroçadamente com a proposta. Essa novidade incentivou-os. Agora queriam saber qual o dia considerado próprio pelo mestre.

— Penso que existem dois realmente importantes: o dia que antecede a devoção, para que nos proporcione a concentração certa, ou o dia depois dela, para que nos aprofundemos no que foi ouvido. O que achais?

Não conseguiram chegar a um comum acordo. Então um dos mais velhos propôs serem determinados ambos os dias. Os outros concordaram, e durante um longo tempo os dias por volta da lua cheia eram considerados dias de silêncio, consagrados à meditação interior, no grupo dos discípulos.

Zoro-Tushtra contou essa deliberação a Jadasa e perguntou-lhe se determinaria coisa idêntica para as mulheres. Ela refletiu longamente, depois disse:

— Nosso trabalho se dedica principalmente a coisas práticas, feito pela maioria das moças fora de seus aposentos. Aí seria impossível ficarem caladas. Meias medidas, contudo, seriam piores do que nenhuma. Falarei às mulheres a respeito; talvez elas se decidam a restringir voluntariamente sua conversa em determinados dias.

Certo dia, Miang-Fong pediu ao mestre uma entrevista. Comunicou-lhe que recebera, à noite, a chamada para atravessar as altas montanhas, indo a um país que lhe seria mostrado.

Ali, um grande povo de maravilhosas aptidões estava na iminência de sucumbir em toda a sorte de superstições e vícios. Ele devia levar a Verdade para esses seres humanos, introduzir disciplina e moralidade e falar-lhes sobre Deus. Esse povo estava predestinado para algo grandioso.

De maneira singela e modesta, Miang-Fong se encontrava diante de seu mestre, preenchido pela grandiosidade de sua missão e pela grande graça do supremo Deus.

— Então te abençoarei na próxima devoção, meu filho, disse Zoro-Tushtra comovido. Depois poderás sair para onde Deus te mandar conduzir.

Cuidou de muitas coisas que seriam necessárias a essa viagem, talvez muito longa e possivelmente difícil e deu-lhe um de seus cavalos brancos, porém Miang-Fong recusou-se a levar um servo.

A devoção que se realizou poucos dias depois era toda em torno da despedida do novo portador da Verdade. Todos tinham sentido que ele era diferente dos outros. Não obstante, agora ficaram surpreendidos por ter sido eleito um de seu meio para coisa tão grandiosa.

O mestre então lhes disse que Miang-Fong já era um eleito, antes de ter vindo, apenas ainda não o sabia. Jadasa, porém, já havia visto isso quando ele chegara. Exatamente por ter sido eleito, Deus o havia mandado para ali, a fim de aprender e se aprofundar.

Zoro-Tushtra abençoou o jovem prestes a partir e durante a bênção o dom de vidência se manifestou, obrigando-o a dizer o que via.

— És abençoado, Miang-Fong! Serás o salvador para um grande povo. E o salvarás da queda. Erigirás uma organização firme, que sobreviverá aos tempos. Desse povo sairão emissários que transmitirão a Verdade a outros povos.

E quando o Saoshyant aparecer àquelas pessoas do teu povo, que conservarem teus ensinamentos, então essas pessoas terão permissão de servi-lo e te abençoarão por lhes teres proporcionado isso.

A crença errada fugirá diante de ti, como uma neblina cinzenta, tu que és eleito para poder levar a sagrada Luz para a escuridão.

No dia seguinte, Miang-Fong partiu a cavalo para rumos longínquos.

Sua saída deixou uma lacuna tão grande, como ninguém havia esperado. Constatou-se, então, o quanto ele tinha dado a todos com sua maneira silenciosa; quantas vezes um olhar dele bastara para dar clareza.

Vishtaspa cresceu, desenvolvendo-se para a alegria de todos. Permaneceu filho único e seus pais ensinaram-lhe tudo aquilo que eles próprios sabiam.

Seus exemplos e suas palavras animavam-no e orientavam-no. Mas, de Hafis, era inseparável. O príncipe, vendo nele seu sucessor, levava-o junto para toda a parte, esclarecendo-o sobre qualquer medida que tomava.

Já agora, todas as pessoas o chamavam de "pequeno príncipe", sem saber, contudo, como era certa tal denominação.

— Sabes, Zoro-Tushtra, disse Hafis certo dia quando estavam juntos, que os teus sacerdotes, enviados para outros lugares, facilitam-me sobremaneira o governo? Agora todo o reino, antes desorganizado, está dividido em regiões e todos têm aqui, evidentemente, seu ponto central.

Utilizo todos os teus sacerdotes também como governadores terrenos da região a eles atribuída. Devido a isso se conseguiu a ordem e uma disciplina rígida em todo o povo.

Assim como eles crêem agora uniformemente em Ahuramazda, do mesmo modo aceitam, de bom grado, todas as leis terrenas estipuladas por mim.

— Não é assim que deve ser, Hafis? perguntou o mestre. Quando o próprio regente está dentro da fé, então somente poderá emitir leis que se achem em acordo com a vontade de Deus. Então se completam a direção terrena e espiritual. Não podemos desejar coisa melhor para nosso povo do que continuar sempre assim.

Pouco tempo depois, Hafis recebeu a notícia de que hordas selvagens tentavam invadir a parte oriental de seu reino. Até o momento os próprios habitantes tinham conseguido se defender. Mas os selvagens sempre de novo chegavam, em número cada vez maior. O príncipe teria de ajudar.

— O que devo fazer, Zoro-Tushtra? perguntou o príncipe Hafis. Detesto fazer correr sangue, amo a paz. Mas se aqui eu contemplar inativo como os bandos bárbaros invadem meu país, torno-me culpado diante de cada um dos meus súditos individualmente.

— Quando um tigre atacar teu rebanho, então também sairás para matá-lo, príncipe! disse o mestre com seriedade.

— E o que diz Jadasa? indagou Hafis, dirigindo-se à mulher, que uma vez mais tinha conseguido tempo para estar presente durante a conversa entre os dois homens.

— Digo: vai em nome de Ahuramazda, contra os selvagens. Protege teu país, como manda teu dever de regente. A bênção de Deus estará contigo.

Príncipe Hafis, então, mandou os homens das regiões mais próximas se armarem para a luta. Um apreciável grupo correu a seu chamado. Durante muitos decênios o Irã esteve na mais completa paz com os vizinhos. Esse novo vivenciar deixou todos os corações assustados.

Antes que Hafis partisse com os seus, todos foram abençoados por Zoro-Tushtra. Depois começou a marcha em direção ao sol nascente.

O país, porém, ficou entregue à proteção e ao governo do mestre, enquanto o regente ficasse afastado. Se não voltasse, Zoro-Tushtra deveria ser regente, até Vishtaspa ficar adulto.

Mas o país, tão bem organizado, praticamente não precisava de um regente. Tudo funcionava do mesmo modo, sem a mínima perturbação, como se Hafis estivesse na capital. Zoro-Tushtra não teve necessidade de se afastar de sua missão. Esta tornava-se cada vez mais ampla. Agora, em todos os povoados onde havia sacerdotes, existiam praças sagradas.

Os povoados maiores tinham imitado a construção de santuários para as devoções, que eram celebradas em todo o reino na época da lua cheia. Aqui e acolá surgiam pequenas edificações, onde as irmãs brancas se alojavam para atuar, em local mais próximo ou mais distante, em benefício de todos.

A cada ano, porém, na mesma data, realizava-se a solenidade na montanha, havendo se tornado costume que os sacerdotes de todos os distritos, na medida do possível, se reunissem na montanha três dias antes, para fazer um relato ao mestre sobre suas atividades, pedindo, ao mesmo tempo, conselhos e apresentando perguntas.

E muitas vezes Zoro-Tushtra, durante essas reuniões, apanhava aquilo que falaria ao povo nos dias de solenidade.

No último ano, irrompeu um temporal inesperadamente, com grande aguaceiro, que perturbou muito as festividades. Os participantes viam nisso um mau augúrio. "Ahuramazda está zangado", era o murmúrio que passava de boca em boca.

Mas o mestre conseguiu acalmar as pessoas assustadas. Deus não está zangado com seu povo. Todavia deviam construir um santuário na montanha da solenidade, para que os futuros festejos fossem protegidos de chuvas e temporais.

Entre os discípulos havia um que se destacava por especial habilidade em construções. Várias vezes tinha dirigido a construção de santuários menores. Foi sempre como se lhe afluíssem novas idéias de cima.

Ao discípulo, de nome Darna, Zoro-Tushtra determinou que fosse o dirigente dessa mais festiva de todas as construções. Com grande número de auxiliares voluntários, Darna ficou na montanha, depois de terminadas as festividades, mandando aplainar ainda mais aquela praça. Tinha combinado tudo com o mestre.

Enquanto alguns derrubavam árvores, escavando raízes e pedras, outros transportavam para o local grandes pedras de formatos iguais, na medida do possível. Assim estava planejado. Apareceu, então, um dos trabalhadores com um pedido.

— Senhor, disse para Darna, aqui há somente pedras cinzentas. Em minha terra, porém, elas são vermelhas com veios claros; em outra parte existem pedras brancas. Toda pedra é bonita. Cada um de nós gosta das pedras de sua terra. Permite que possamos trazer pedras de casa também, para que a casa de Deus seja construída por todos nós.

Não obstante o homem ter apresentado seu pedido de modo bastante desajeitado, Darna logo compreendeu, gostando da idéia. Seria bonito se o reino todo trouxesse as pedras para a construção do santuário.

— Ainda bem que o mestre se encontra nas proximidades, visitando um sacerdote doente, disse. Amanhã virá novamente para a montanha, a fim de ver o progresso do nosso trabalho. Aí, poderemos lhe perguntar se está de acordo.

O mestre concordou. Alegrou-se de todo coração com a proposta.

Depois de ter dado a permissão, os homens rivalizaram em trazer as mais belas pedras. A construção demoraria agora, de fato, mais tempo, mas Darna achou que nesse ínterim poderiam ser feitos muitos trabalhos preparatórios, de modo que o santuário de Deus, seguramente, estaria pronto até a próxima solenidade.

Devia tornar-se um grande salão quadrado, oferecendo lugar suficiente para uma multidão de visitantes. À direita e à esquerda, deveriam ser anexados os aposentos para a reunião dos sacerdotes e irmãs brancas respectivamente.

Darna propôs construir alojamentos no sopé do morro. Mas, por enquanto, o mestre não quis saber disso. Deveria ser construído um santuário para Deus, mas alojamentos para os seres humanos, não. Pois possuíam suas tendas, que até no grande temporal tinham dado suficiente abrigo.

Zoro-Tushtra voltou à capital. Sabia que a construção estava nas melhores mãos. Darna depositou nessa obra toda a adoração de que sua alma era capaz.

Nessa cavalgada, quando voltava, o mestre teve uma nova idéia. Era muito incômodo fazer com que os mensageiros aprendessem de cor as palavras, quando queria mandar uma mensagem aos sacerdotes. Quantas vezes não erravam ao repetir, principalmente quando a viagem que tinham de fazer era longa.

Zoro-Tushtra refletiu profundamente, mas não achou uma saída. Um dos acompanhantes, então, exclamou:

— Mestre, faz pouco que um tigre andou por aqui! Olha o rastro.

E enquanto os homens que o acompanhavam observavam o rastro e conversavam animadamente a respeito do tigre, comentando quando ele estivera ali e o que liam nos rastros, isso caiu como uma elucidação na alma do mestre.

"Pelas pegadas das patas reconhecemos se foi um tigre, um leão, uma cabra ou uma criatura humana que andou aqui; assim como se isto se deu há pouco ou já há mais tempo. Os rastros falam para nós.

Não seria possível riscarmos rastros em pedras, que falassem para nós? Se, pois, aprendêssemos a explicá-los, como já aprendemos em criança nos rastros de animais, então esses rastros nos poderiam dizer muita coisa."

À noite, o mestre apresentou esses pensamentos ante o trono de Ahuramazda, encontrando a certeza de que seria ajudado nesse empreendimento.

Em casa falou para Jadasa sobre suas idéias. Ela logo se pôs a favor, na alegre certeza de que esses "rastros do pensamento" se tornariam um bom instrumento auxiliar.

Orando, o mestre começou a riscar sinais em lajes de pedras. A Cruz significava Deus; o Sol, o dia; e a Lua, a noite. "Eu" era um traço vertical e "tu" um traço horizontal. E assim prosseguiu. Cada dia trazia novos caracteres.

Vishtaspa estava sentado no chão, ao lado de seus pais, divertindo-se em riscar também rastros em pedras. Tinha muita habilidade para isso, porém tentou muita coisa nova, às vezes incompreensível.

Tinha escutado como Zoro-Tushtra dizia "eu", ao fazer um traço vertical e "tu", ao riscar horizontalmente. Agora a criança juntou um ao outro, e exclamou jubilosa:

— Vede: de "eu" e "tu", isto é, de meus pais surge Deus!
— Filho, não podes dizer uma coisa dessas! Jadasa exclamou assustada.

Mas o pequeno indicou para a Cruz. Aí o pai disse a ele que os rastros deveriam ser colocados um ao lado do outro, bem direito.

— O tigre também não pisa nas pegadas, esclareceu.

Mais tarde, porém, falou com Jadasa.

— O que nosso filho achou brincando tem um profundo sentido. Se fôssemos puros e bons, poderíamos nos tornar quase parecidos com Deus. De hoje em diante sempre considerarei o signo de Deus como uma exortação.

Lentamente, ao lado de todos os outros trabalhos, aperfeiçoavam seus rastros. Quando tinham encontrado o suficiente para que pudessem escrever uma mensagem de modo mais ou menos compreensível, o mestre começou a falar disso aos discípulos, esclarecendo-lhes os rastros.

Por ocasião da próxima solenidade, os sacerdotes seriam instruídos a respeito do novo conhecimento. Que Hafis voltasse até lá! Ainda não tinham recebido nenhuma notícia dele, apesar de se ter passado quase um ano desde a sua partida.

Jadasa, certa manhã, disse ao marido:

— Hoje Hafis começou sua viagem de regresso. Traz consigo um grupo maior do que aquele com que saiu. Foi-me permitido vê-lo. Não são bonitos os homens que traz.

— Vamos agradecer a Deus por ele voltar, disse Zoro-Tushtra alegremente. Pode trazer quem quiser. Iria me custar abençoar a casa de Deus na montanha, sem a presença dele.

Aproximadamente duas semanas depois, o regente entrou cavalgando em sua cidade.

Todos os habitantes acorreram para cumprimentá-lo, com gritos de júbilo. Faltavam, sim, vários dos homens que tinham partido com ele, mas todo o agrupamento deu um aspecto garboso e alegre.

No meio dos guerreiros andavam cerca de cem homens de cor amarelada, cujos olhos eram oblíquos e o nariz achatado. Os cabelos pretos, impregnados de gordura, estavam cortados de modo arredondado. Suas vestes consistiam em trapos, porém permitiam imaginar que, mesmo que estivessem em bom estado, eram completamente diferentes daquelas usadas no Irã.

Depois de terminados os cumprimentos e os guerreiros de fora terem seguido sua caminhada para seus lares, Zoro-Tushtra perguntou ao príncipe por que havia trazido os homens estranhos, com os quais nem sequer podiam comunicar-se.

Hafis declarou que se tratava de nobres dos povos hostis. Depois de ter repelido os selvagens por diversas vezes para além da fronteira, tivera a idéia de se apoderar dos chefes, para assegurar a paz.

Alguns falavam a língua do Irã. Com a sua ajuda, mandara avisar os invasores de que mataria logo seus nobres, se os selvagens mais uma vez ousassem violar as divisas.

Se, porém, se mantivessem pacíficos, nada aconteceria a seus nobres. Dessa maneira considerava, agora, seu reino protegido.

— O que queres fazer com essa gente, Hafis? perguntou Zoro-Tushtra preocupado. São comilões inúteis e também precisam de roupas, acrescentou.

— Penso que terão de trabalhar em troca de sua manutenção, resolveu o príncipe.

O mestre, porém, não gostou disso, apesar de não saber dizer o que deveria ser feito.

À noite apresentou esses pensamentos como prece para o alto. O guia luminoso veio e disse:

"Foi um passo inteligente de Hafis apoderar-se dessa gente; pois, do contrário, não teria encontrado sossego com esses selvagens. Também está certo que não possa alimentá-los, sem que eles façam algo em troca. Mas ele terá de se precaver para não exigir demais deles, ou de querer lhes dar trabalhos que os outros não gostam de fazer. Isso é um grande perigo. Cuida para que ele entenda isso."

Hafis, no entanto, já havia pensado em empregar os selvagens em todos os lugares onde faltasse mão-de-obra. Eram os trabalhos dos quais ninguém gostava. Ficou, pois, muito surpreso, quando o mestre lhe transmitiu tal aviso. Nem sequer por um minuto teve a idéia de se opor a isso, nem mesmo em pensamentos. Pensou, então, no trabalho que poderia arranjar para eles.

Zoro-Tushtra, então, propôs mandar perguntar, através dos príncipes que falavam a língua iraniana, quais os trabalhos a que os homens estavam acostumados e o que poderiam fazer.

Para a maior surpresa de todos, ficou patente que eram mestres em trabalhos de metais. Executavam formas e decorações tão artisticamente como ninguém teria imaginado atribuir a esses selvagens. Trabalhavam com alegria, sem que fosse necessário compeli-los a isso. Apareceu, porém, uma nova dificuldade.

Chegara a época da solenidade na montanha e aqueles aos quais era possível comparecer queriam assisti-la nesse ano. Quem guardaria os estrangeiros nesse ínterim? Ninguém queria ficar afastado.

Por fim, Hafis determinou um número suficiente de guerreiros para tal finalidade, e Zoro-Tushtra lhes prometeu que depois, quando os outros retornassem, teriam uma solenidade especial na montanha, junto com ele.

Vários dias antes do começo da solenidade, Zoro-Tushtra seguiu com seus discípulos para a montanha, a fim de preparar tudo.

O santuário erigido com múltiplas pedras coloridas dava um aspecto muito mais bonito do que ele tinha esperado. Darna não havia permitido que usassem as pedras indiscriminadamente, mas colocara-as em determinados lugares, conforme a sua espécie.

Em volta da construção, na medida do possível, fizeram uma espécie de jardim. O chão do santuário era feito de pedras. Nas paredes, também de pedras, penduraram tapetes tecidos com lã fina, de um colorido vivo.

Em lugar do costumeiro amontoado de pedras no centro, havia sido colocado um único bloco branco e alongado, onde se encontrava uma taça metálica, que tinha sido ornamentada artisticamente por um dos estrangeiros.

Em torno das paredes, sobre pedras salientes, estavam igualmente colocadas taças, nas quais deveria ser queimado óleo aromático.

Para as mulheres, numa parte do recinto, havia várias fileiras de pedras, nas quais poderiam sentar-se. Os homens teriam que ficar de pé, atrás delas.

Era tudo tão simples, contudo achavam maravilhoso, considerando-o sagrado.

Três dias antes das festividades, os sacerdotes de todas as regiões se reuniram, os quais primeiramente queriam admirar o santuário. Acharam que nunca tinham visto algo tão maravilhoso.

Depois, Zoro-Tushtra fê-los conhecer os rastros, com os quais se alegraram indescritivelmente. Agora poderiam mandar mensagens seguramente de um lugar para o outro. Assim, sentiram-se muito mais ligados entre si.

Queriam inventar ainda mais sinais, mas o mestre os advertiu. Para começar, deveriam ficar com aquilo que tinham, senão depois não poderiam decifrar o que o outro houvesse riscado.

Como não entendessem imediatamente o que ele queria dizer, logo traçou numa pedra um traço vertical e um animal com uma juba, reconhecível como leão, pedra que então mandava passar de mão em mão.

— Dizei-me o que significa, convidou-os. Um achou:
— Vi um leão!
Outro julgou que deveria significar:
— Cacei um leão!

O terceiro opinou que não poderia ser interpretado diferente do que:

— Sou o dominador!

O mestre, então, interpretou o que significava o desenho:

— Sou forte e corajoso!

Todos riram, compreendendo-o. Somente quando tivessem entrado profundamente no significado dos rastros é que se poderia pensar em aumentá-los.

Vieram então todos os outros participantes da solenidade; vieram de todas as regiões. Jadasa veio em companhia de Hafis, com suas companheiras e Vishtaspa, que, pela primeira vez, deveria participar vivencialmente de uma solenidade. O júbilo pelo "santuário de Deus" era geral. E Jadasa exprimiu o que a maioria estava pensando:

— O "santuário de Deus" dá a impressão como que se dele soasse uma melodia.

Todos acharam a festa mil vezes mais bela do que até então.

Zoro-Tushtra anunciou sobre Ahuramazda, o Eterno, o Deus Todo-Poderoso, que se mostrava tão benigno para com eles. Depois falou do Saoshyant, o Filho Sagrado do supremo Deus, que viria como salvador e como juiz.

Um entusiasmo tomou conta da multidão, quando o conservador do caminho falou sobre aquilo a que consagrara toda sua vida. Estavam muito comovidos ao ouvir suas narrações. Enquanto fazia uma pequena pausa, ouviu-se de repente a voz infantil de Vishtaspa, que estava ao lado de Jadasa:

— Vishtaspa será seu servo! Irá servi-lo fielmente, conduzindo para ele todo o povo.

De onde o menino sabia da profecia? Os pais nunca tinham falado a esse respeito com ele. Mas as palavras da criança fizeram-se ouvir igual a um juramento, de modo que ninguém se surpreendeu quando o mestre falou comovidamente:

— Ahuramazda te abençoe, meu filho, para que um dia possas cumprir o que acabaste de prometer!

Depois continuou a anunciar e a ensinar, e o menino escutou atentamente, não se fazendo mais ouvir.

E logo as festividades terminaram. Também Hafis, com os inúmeros visitantes, deixou a montanha. Apenas Zoro-Tushtra ficou lá com seus discípulos, para aguardar a vinda dos guerreiros.

Certa noite acordaram com um barulho e viram uma luz iluminando de um lado para outro. Rapidamente, Zoro-Tushtra saiu da tenda, levantada na montanha entre as árvores. Aí, viu vários homens andando ao redor do "santuário".

Visivelmente, julgaram que estivesse abandonado; pois não se preocuparam em fazer silêncio. Então, atrás do mestre, saíram também os discípulos, barrando o caminho dos homens. Era o atravan, muito envelhecido, com alguns companheiros.

O mestre abafou as exclamações de indignação de seus companheiros, antes mesmo de serem proferidas. Depois se dirigiu ao ancião, que tremia diante dele.

— Bem-vindo, atravan, não participaste da solenidade? Não recebeu nenhuma resposta.

Então ele ordenou aos discípulos que levassem os acompanhantes do atravan e convidou o ex-sacerdote a acompanhá-lo para dentro de sua própria tenda. Contrariado, o velho seguiu-o.

Dentro, o mestre ofereceu-lhe um leito acolhedor, pedindo-lhe que descansasse até o dia seguinte; depois então conversariam. Mas o hóspede involuntário não quis esperar para depois. Sentou-se no leito e começou imediatamente a falar.

— Vejo, Zoro-Tushtra, que Ahuramazda é poderoso demais para mim. Escutei sobre a edificação do "santuário" e vim para danificá-lo. Lá fora encontrarás as ferramentas que trouxemos. Pensei que já houvesses ido embora, senão teríamos esperado ainda alguns dias. No entanto, estás aqui e novamente, como sempre, teu Deus te protege. A mim, porém, Ele destrói.

Zoro-Tushtra exortou-o para abandonar os maus pensamentos, pois outrora houvera um tempo em que também ele acreditara em Ahuramazda. Devia lembrar-se disso e honrar a Deus; então, novamente se tornaria contente.

Mas o atravan confessou que tal época, da qual o mestre falava, nunca havia existido. Nunca tinha acreditado em Deus, e também nunca nos deuses. Apenas os tinha anunciado com os lábios, para poder exercer seu elevado encargo. E agora não mais podia achar o caminho para eles.

— Não te preocupes comigo, exclamou amargurado. Quero morrer como vivi!

Com essas palavras, tirou um pequeno frasco de suas vestes. Mas antes de poder levá-lo à boca, o mestre arrebatou-o de suas mãos. Depois passou o resto da noite falando ao ancião sobre o poder e a magnificência divina. '

Quando o dia raiou, Zoro-Tushtra conduziu-o para dentro do "santuário" e aí, finalmente, se quebrou a crosta formada pela teimosia e pela maldade em volta desse velho coração. O atravan ajoelhou-se diante da pedra e orou.

O mestre ficou com o atravan na montanha, enquanto os companheiros deste voltavam para suas casas. Não tinham manifestado vontade de ouvir sobre Deus; pelo contrário, tinham somente um desejo: ir embora o mais depressa possível.

O ex-atravan, contudo, mal podia se separar do "santuário de Deus", no qual sentiu a força. Zoro-Tushtra permitiu-lhe participar da solenidade realizada para os guerreiros, alegrando-se com a profunda impressão que a singela solenidade exercera sobre o velho.

Quando soube que o ancião não possuía um lar e que, pelo contrário, tinha de viver da caridade daquelas pessoas que não o conheciam, levou-o consigo para a cidade, dando-lhe um lugar para dormir, na casa dos discípulos.

Poucos meses mais tarde, porém, esse coração, outrora tão rebelde, parou de bater. O sacerdote de outrora deixou a Terra, em paz.

Os prisioneiros de pele amarelada e de olhos oblíquos tinham se familiarizado bem. Não manifestaram a intenção de abandonar a nova pátria, onde se sentiam satisfeitos. Pouco a pouco aprenderam o idioma de seu ambiente e, surpreendendo ao máximo os ouvintes, contaram muita coisa de sua terra:

Eles iam de pasto em pasto. Habitavam sempre em tendas ou, no tempo mais quente, pousavam apenas na sombra de grandes árvores. Somente agora tinham conhecido a significação de campos cultivados.

Alimentavam-se de carne crua de seus rebanhos, que, na maior parte, consistiam em ovelhas. Suas árvores forneciam-lhes frutas, e os rios, peixes; rios esses que pareciam existir em maior quantidade e ser maiores do que os do Irã.

Nada sabiam de Deus e nem aos deuses conheciam. Ofereciam sua adoração a horrendas figuras, que afirmavam ver em sua terra e das quais os iranianos, ouvindo com surpresa, não conseguiram fazer uma imagem. Inquiridos se enxergavam esses seres também aqui, responderam com alívio:

— Não, os demônios ficaram lá. Entre vós é claro demais para eles.

Zoro-Tushtra cuidou em despertar essas pobres e atrofiadas almas. Nem anseio tinham pela Luz. Não notavam que lhes faltava algo, ao não ter alimento para suas almas.

Pouco a pouco os fiéis esforços foram compensados. Alguns dos homens despertaram e começaram a perguntar. E dessas perguntas surgiu lentamente um encontrar. Vinham regularmente às devoções e freqüentemente pediam que os discípulos fossem procurá-los, para ensiná-los. O que então compreendiam, retransmitiam a seus amigos.

Também suas capacitações progrediram. Depois de terem trabalhado e ornamentado inúmeras taças, provendo todos os lugares de devoções, o mestre mandou-os decorar objetos de uso diário.

Deu-lhes pedras verde-azuladas, como as que Hafis tinha em sua coroa, e mandou-os engastá-las em cintos, fivelas, aros e objetos semelhantes. Faziam isso com grande habilidade.

Nunca colocavam as pedras simplesmente no metal, mas sempre lhes davam uma moldura, imitando alguma forma da natureza. Geralmente, eram flores que reproduziam dessa maneira.

Essas peças tiveram grande aceitação. Cada um alegrava-se em adquiri-las para adorno de sua mulher e de suas casas, e os estranhos obtiveram, assim, não somente sua manutenção de vida, como também certa prosperidade.

Zoro-Tushtra mandou construir para eles uma oficina de trabalho, pois os metais não podiam ficar expostos a chuvas prolongadas. Ao lado tinham seus dormitórios e salas de estar.

"A casa dos amarelos" enquadrava-se aos poucos como um pertence integrante da cidade. Fora esquecido de que se tratava de gente estrangeira, que ali habitava.

Vishtaspa gostava especialmente de procurar esses artífices para olhar seu trabalho. Gostavam do menino confiante com os olhos brilhantes e as mãos hábeis. Pois há muito não mais ficava somente a olhar.

As ferramentas estranhas interessavam-no demais. De mansinho, pegava numa e noutra, e quando os homens notaram que ao pegá-las se tratava de um impulso interior, mostraram-lhe então como deveria usá-las.

Certo dia, correu radiante para Zoro-Tushtra.

— Pai, vê o que me foi permitido moldar!

Segurava na mão uma flor azul com uma haste de metal, moldada de modo muito natural. Enquanto seus instrutores tomavam o metal como base, martelando ou riscando nele a forma da flor, enfeitando-a depois com pedras, ele tinha colocado as pedras em forma de flor, fixando-as com rebordos de metal.

Os amarelos admiraram muito sua obra. Agora ele queria presentear sua mãe com ela, mas o pai deveria ver primeiramente. Os pais alegraram-se com a habilidade da criança, que preferia tais trabalhos a todos os brinquedos.

Em breve, porém, não mais restou tempo para esses trabalhos; pois Zoro-Tushtra enquadrou o filho, apesar de ser ainda jovem, no grupo dos mobeds, mandando-o aprender e trabalhar junto com eles.

O menino então pediu para morar e dormir também na casa deles. Zoro-Tushtra quis consentir, mas tanto Jadasa como Hafis se opuseram.

— Terá de se tornar um príncipe; portanto, terá de se acostumar a morar no palácio. Deve aprender a se deixar servir, para que isso se torne uma coisa natural. Então sempre será amável com os subalternos, como Hafis também o é, disse Jadasa. Se, porém, mais tarde se utilizar dos serviços como algo pertencente à sua dignidade, será obrigado a expressar tal "dignidade" também no trato com os servos.

— Queria que meu filho crescesse de modo natural, declarou o mestre, mas novamente Jadasa era de opinião diferente.

— O que é natural, Zoro-Tushtra? perguntou diligentemente. Somente aquilo que resulta automaticamente da situação em que o ser humano se encontra. Seria pouco natural se o futuro rei crescesse de modo diferente do qual deverá viver mais tarde.

Hafis concordou, talvez mais por não querer perder completamente a companhia do garoto do que por compreender a sabedoria de Jadasa.

Assim, o menino ficou no palácio, e, fora das horas de ensino, ele cavalgava com Hafis, caçando ou passeando; ou ficava em casa, ouvindo as narrações da mãe.

Para Zoro-Tushtra havia chegado novamente uma época em que sua alma freqüentemente saía para longe, vendo coisas que olhos terrenos não conseguem perceber.

Às vezes apresentavam-se quadros de criaturas humanas clamando por ajuda, em outras eram visões maravilhosas de regiões sobrenaturais. Assim, aprendeu a interpretar o que tais quadros lhe queriam dizer.

Não obstante sua vida exterior se tornar cada vez mais laboriosa e mais movimentada, ele a sentia intuitivamente apenas como um invólucro de tudo aquilo que vivenciava interiormente. Aí estava agora sua verdadeira atuação e ocupação. O que lá ouvia ou recebia ajudava depois a todos.

Quando aumentaram os chamados de socorro dos povos estranhos, o mestre falou com os amarelos, para saber se seria possível mandar alguns de seus discípulos para a terra dos selvagens.

Eles que tinham encontrado o caminho para Deus desejavam ardentemente que os seus também fossem conduzidos para o mesmo caminho. Mas não desconheciam o grande perigo que residia na indomável selvageria desse povo sanguinário.

Zoro-Tushtra apresentou esses pensamentos perante Deus. A resposta recebida do luminoso guia venceu todas as dúvidas.

"Deixa os discípulos, confiantes no auxílio de Deus, do Altíssimo, irem para aquele longínquo e estranho país. Terão que despertar as almas com um trabalho penoso e colocar as sementes. Mas sobre esse trabalho repousará a bênção.

Para que se torne mais fácil conseguir a confiança dos selvagens, pergunta aos amarelos quais deles querem voltar à sua pátria. Podes sossegadamente deixar sair aqueles que assim o desejarem, pois esses não mais constituem uma proteção contra os assaltos de seus patrícios, há muito esquecidos deles."

Zoro-Tushtra então falou com seus discípulos, dos quais muitos declararam estar dispostos para essa missão. Havia neles um desejo tão ardente de poderem falar de Deus para pessoas que ainda nada sabiam sobre Ele, que esqueceram completamente os perigos.

Depois o mestre perguntou aos amarelos quais deles queriam voltar à sua pátria.

Esperava que todos quisessem deixar o país, mas em vez disso, apenas dois se apresentaram. Somente quando ele lhes disse qual o serviço que seria exigido em troca de sua liberdade, mais sete se declararam dispostos a seguir com os discípulos. Mas queriam ser considerados como mensageiros, ficar com os discípulos e regressar com eles mais tarde.

— Agora o Irã é a nossa pátria, afirmaram. Devemos ser cautelosos para não contar demais aos nossos irmãos, senão todos também terão vontade de se alojar aqui. E isto seria prejudicial para o Irã.

A partida dos discípulos para o longínquo e desconhecido reino tornou-se uma solenidade consagradora. Algumas irmãs brancas pediram para ir junto, mas Jadasa não permitiu. Inicialmente os homens deveriam abrir uma brecha e depois, se fosse necessário, poderiam seguir as irmãs brancas.

Durante a longa caminhada através do Irã, atravessando as montanhas para a terra estranha, os discípulos aprendiam a língua dos amarelos.

Encontraram tudo assim como estes haviam descrito: crença errada, sede de sangue e ferocidade, falta de domínio e depravação. Mas incansavelmente ensinaram e trabalharam, protegidos pelos amarelos, que não saíam do lado deles. E eles mesmos não mais gostavam de seu próprio país. Lamentavam-se, achando tudo isso horrível, e ajudavam vigorosamente para conseguir uma mudança.

Mas o sacrifício dos discípulos não surtiu efeito. Sempre de novo o caráter descontrolado dos selvagens ganhava supremacia, não permitindo influência estranha. Resultou em rebelião e assassinatos.

Depois de ter sucumbido a maioria dos discípulos e seis de seus companheiros amarelos, o resto fugiu, voltando para o Irã.

Zoro-Tushtra recebeu-os com amor. Não se fizeram as esperadas críticas. Ele já havia recebido notícias sobre o resultado do empreendimento, através do luminoso guia.

Agora não deveria mandar mais ninguém para esse obstinado povo hostil. Ainda não estava maduro para receber uma notícia sobre Deus e o que é divino.

Zoro-Tushtra, depois, recebeu uma outra incumbência das alturas luminosas: deveria com Vishtaspa, que se tornara um jovem, viajar mais uma vez por todo o reino, visitando todas as localidades onde houvesse sacerdotes atuando.

Não teria necessidade de se apressar, mas deveria arranjar tudo de modo que na época da solenidade pudesse estar nas proximidades da montanha, a fim de que não fosse impedido de realizá-la.

Esse encargo encheu de alegria pai e filho. Gostariam de ter Jadasa junto deles, porém ela objetou que se a sua participação na viagem fosse desejada ela teria recebido uma ordem para isso. Queria ficar com as irmãs.

Hafis ficou bastante tempo indeciso se também deveria se unir a eles. Tinha ficado um homem velho, contudo, sentia-se ainda forte e muito gostaria de ver mais uma vez o seu país. Mas ele também resolveu permanecer em casa. Das fronteiras do norte vieram várias notícias inquietadoras, então não ousou deixar a capital.

Assim, pois, pai e filho saíram a cavalo, acompanhados por uma grande comitiva de discípulos e servos.

Vishtaspa estava cheio de alegria, na expectativa de tudo aquilo que lhe seria permitido ver. Zoro-Tushtra havia lhe contado muito das viagens anteriores, tendo se formado quadros concretos na alma do jovem. Esquecera-se de que, desde a última viagem de seu pai, se passara o mesmo número de anos de sua vida.

Muito tinha se modificado nesse ínterim. Os pequenos lugarejos com paupérrimos casebres tinham se transformado em prósperas cidades. Uma parte delas, como fortalezas incrustadas nas rochas. Outras, acompanhando graciosamente o curso de um pequeno rio, e mais outras, próximas de florestas, como que procurando proteção.

Por toda a parte encontravam ativa vida espiritual, uma fé uniforme e um esforço em agir conforme os mandamentos de Deus. Por toda a parte havia paz e união, trabalho diligente e agradável limpeza.

Quase todos os distritos executavam trabalhos diferentes. Nas regiões montanhosas criavam-se cabras de pêlo longo e carneiros resistentes às intempéries, de cujas peles e lãs os homens, bem como as mulheres, sabiam confeccionar excelentes peças de roupa. Também eram produzidos os coloridos fios de lã, com os quais as mulheres de todo o reino teciam e trançavam as grossas esteiras.

Nas planícies os homens cultivavam os campos e cuidavam do gado e dos cavalos, enquanto as mulheres teciam panos e trançavam cestas.

Nas orlas do deserto ocupavam-se com a produção de sal e também com a elaboração de metais. Depois veio a região das roseiras, que parecia um único e enorme jardim florido. Ali, prensando as pétalas de rosas, as pessoas sabiam produzir um óleo de agradável aroma.

Vishtaspa tinha muito para ver, pois ele também observava com a alma. Queria chegar a conhecer seus futuros súditos.

Participou também de tudo o que viu. Não podia ver trabalhar nenhum artesão, sem se dirigir a ele pelo menos por uns instantes. Onde possível, pedia que lhe fosse permitido executar algumas manipulações. E raras vezes era negado um pedido ao radioso e belo jovem.

Ainda ninguém sabia que um dia ele deveria ser o regente do vasto reino; não obstante, havia se espalhado o seu cognome de "o jovem príncipe" para longe, além dos limites da capital.

Seu avô Nasim não vivia mais. Zoro-Tushtra mostrou ao filho a localidade onde a mãe se criara. As pessoas que se achavam ainda muito afeiçoadas a Jadasa alegraram-se em ver seu filho no meio delas.

Depois chegaram à localidade onde Mursa e Anara governavam. O chefe havia morrido, e os habitantes tinham passado esse cargo para Mursa, ao lado de sua incumbência sacerdotal.

Vendo esse vistoso povoado, mal se podia crer que fora esse o local onde havia sido necessário remover a sujeira à força.

Quase dois anos Zoro-Tushtra e seu filho Vishtaspa estiveram em viagem com a sua comitiva; então voltaram contentes à capital, esperados por todos com saudades.

O príncipe Hafis dissera que apenas queria esperar que seu sucessor novamente estivesse presente, a fim de se preparar para deixar esta vida.

Seu rosto, ainda másculo, tinha ficado fino e pálido. Suas mãos estavam trêmulas, mas seu espírito tornou-se mais lúcido nos últimos meses. Falava muito pouco, mas o que dizia era de valor.

Quis então que Vishtaspa ficasse sempre junto dele, para poder lhe dar ainda todas as instruções que pareciam necessárias.

— Quero despedir-me do meu povo, Zoro-Tushtra, disse certo dia, depois de ter passado a noite em oração. Seria possível hoje à noite, depois da devoção, eu falar ao povo?

Isso o mestre achou muito viável e todos foram avisados de que o próprio príncipe falaria à noite. Então vieram também aqueles que muitas vezes tinham toda a sorte de pretextos para ficarem afastados da devoção por comodismo.

À noite, Hafis mandou que o levassem ao santuário.

O ritual transcorreu como sempre, porém Zoro-Tushtra encontrou palavras ainda mais comoventes do que em geral, tocando mais profundamente as almas.

Depois comunicou que todos deveriam continuar reunidos, visto que o príncipe Hafis lhes queria falar.

Hafis dirigiu-se ao centro, apoiado em Vishtaspa, a quem não permitiu sair de seu lado. O ancião tinha um aspecto de grande dignidade, com sua roupa ricamente bordada e a coroa na cabeça.

Agradeceu a seu povo por nunca lhe ter dificultado a vida, com desobediências e discórdias, durante o longo tempo de seu reinado.

— O melhor na minha vida foi que Deus permitiu a nós, iranianos, ter Zoroaster em nosso meio, disse cheio de gratidão. Ele nos ensinou a encontrar a Deus, o Altíssimo. Com a atividade dele, o reino unificou-se.

Despedir-me-ei sem filhos. Mas quando vos deixar, não ficareis sem líder. Eduquei meu sucessor para vós. Cresceu em vosso meio. Sei que amais o jovem príncipe. Sede fiéis a ele, como fostes comigo!

Profunda emoção perpassou as fileiras. Agora, Hafis dirigiu-se ao jovem.

— Ajoelha-te, meu filho, para que eu te abençoe.

E enquanto Vishtaspa obedecia a ordem, Hafis tirava a coroa da cabeça, colocando-a na jovem cabeça inclinada. Parecia dizer baixinho uma oração, depois levantou novamente a voz:

— Ahuramazda te abençoe, meu filho! Ele predeterminou que fosses rei deste povo, já antes de teres nascido. Serás rei de hoje em diante. Levanta-te Vishtaspa, rei do Irã!

Não obstante a santidade do local, exclamações fizeram-se ouvir. Uns aclamavam o jovem rei, outros pediam ao velho príncipe que não os abandonasse ainda.

Hafis sorriu.

— Deixai-me viver ainda alguns anos ao lado do jovem rei, assim poderei ajudá-lo com os meus conselhos e alegrar-me com aquilo que a força da juventude empreender.

Quando Zoro-Tushtra percebeu que Hafis nada mais queria falar, colocou-se a seu lado e agradeceu-lhe em nome do povo pelo governo bondoso e cheio de amor que o príncipe sempre havia exercido.

Depois, pediu em oração por anos cheios de paz para o descanso de Hafis e por força auxiliadora para o jovem rei.

Vishtaspa assumiu seu cargo com alegria. Desde pequeno, acostumado à idéia de precisar um dia substituir Hafis, tinha observado atentamente a atuação do príncipe. E quando o rapaz tinha idade suficiente, Hafis examinava com o jovem sucessor todas as medidas antes de executá-las.

Vishtaspa queria proceder do mesmo modo, consultando seu amigo paternal, diariamente, sobre tudo. Porém, nisso encontrou uma oposição decidida.

— Não deves te acostumar a perguntar se eu concordo com aquilo que queres fazer, meu filho, disse o ancião bondosamente, senão te tornarás muito dependente. Quando tiveres empreendido algo, poderás comunicar-me depois, e então falaremos sobre isso. Assim será melhor.

As perturbações no norte do país, que haviam diminuído, aumentaram ameaçadoramente. Cada vez mais, as mensagens relatavam assaltos, assassinatos e incêndios. Tinha de ser tomada uma iniciativa, para que tais abusos não continuassem.

Vishtaspa fora educado sob o pensamento de que o derramamento de sangue era contra os mandamentos de Deus. Mas ele também sabia que Hafis outrora havia enfrentado os inimigos por ordem de Deus.

Assim, pois, preparava-se para seguir para o norte, e um grande número de guerreiros deveria acompanhá-lo. Embora Hafis, intimamente, julgasse que a metade dos guerreiros seria o suficiente, deixou o jovem rei à vontade. Teria que mostrar do que era capaz.

Como outrora, Zoro-Tushtra abençoou os homens que saíram alegremente, como se fossem ao encontro de uma aventura. Mas o rei tinha um plano, o qual comunicou aos chefes dos guerreiros, durante a jornada.

De início escutaram surpreendidos o que ele tentava explicar-lhes. Mas depois, quando haviam compreendido do que se tratava, alegraram-se e pediram permissão para informar a todos os outros.

Isso foi feito ainda na mesma noite e uma gargalhada estrondosa correu de tenda em tenda, irrompendo sempre novas gargalhadas.

Com esse ânimo alegre chegaram, depois de muitos dias de uma cavalgada penosa, ao norte, onde rochas escarpadas e montanhas fendidas elevavam-se para o céu vertiginosamente, formando a fronteira do país. Eram excelentes esconderijos para assaltantes astutos.

Em todas as localidades por onde passava, o rei Vishtaspa escutava os lamentos dos prejudicados. Quanto mais se aproximava das montanhas, tanto mais vestígios dos assassinatos e dos incêndios ele encontrava. Os seres humanos tremiam de medo, ante cada novo dia. Amavelmente o rei clamou para eles:

— Prometo-vos que isto terá um fim!

Em grupos reduzidíssimos, deixou os homens cavalgarem entre as montanhas, conforme um plano bem estudado. Ele mesmo tinha explorado tudo, guiado por um nativo da região, de modo que podia determinar tudo exatamente.

Os vizinhos assaltantes não esperavam nenhuma resistência.

Homens que tinham ido além da fronteira, para o país inimigo, trouxeram a informação de que os inimigos haviam planejado atacar em dois lugares. Agora era necessário ficar alerta!

E o que o rei havia idealizado, depois de uma profunda oração, deu resultado. A luta durou uma noite inteira, passando, porém, sem correr sangue, graças à grande supremacia numérica dos homens do rei. Pela manhã, os guerreiros trouxeram cerca de cem inimigos prisioneiros, amarrados, perante o rei.

Essas criaturas pareciam embrutecidas. Atravessando o nariz, usavam anéis, em parte tão pesados, que puxavam o órgão do olfato para baixo.

Mal-humorados e cheios de ódio eram os olhares que os prisioneiros lançavam em volta de si. Então não puderam esconder a sua curiosidade.

O que viam despertou sua admiração. Vishtaspa, propositalmente, mandou formar em posição de sentido toda a sua força guerreira. O grande número devia surtir um efeito assustador e foi o que aconteceu. Os prisioneiros começaram a tremer de medo. Pensavam que agora seriam executados.

Vishtaspa, colocando-se diante deles, perguntou:

— Qual de vós entende nossa língua?

Viu um relampejar em vários olhos, mas os homens preferiram ficar calados. Aí, um dos montanheses disse:

— Não te esforces, ó rei! Quase todos conhecem nossa língua, mas nós dominamos a deles. De bom grado interpretaremos o que queres dizer a eles.

O rei aceitou, falando depois para os prisioneiros:

— Cometestes graves contravenções, por não terdes respeitado as fronteiras do país. Não agistes por necessidade, pois vos importava muito mais assassinar os que dormiam, incendiar as cabanas e roubar as mulheres, do que a posse de gado.

Talvez não vos ensinaram que isso é pecado. Mas agora tereis de aprender de tal modo, que nunca mais vos esquecereis disso.

Uma vez que vos portastes como crianças malcriadas, então será feito convosco o que se faz com elas. Apanhareis, para saberdes que mereceis castigo. Mas para que não esqueçais demasiadamente rápido essa lição, vossas cabeças serão raspadas. Depois podereis voltar para casa.

Os homens então vociferaram. Ficar com a cabeça raspada era considerado uma grande desonra, mesmo por esses selvagens. Prefeririam morrer do que enfrentar os olhares dos seus.

Mas importava muito para o rei assustar esse pessoal de uma vez para sempre. Manteve sua sentença, que foi executada rapidamente por seus guerreiros. Cada um estava convicto de que o jovem rei havia agido de modo justo e sábio. Alegraram-se em poder servi-lo.

Antes lhes havia ordenado que não deviam escarnecer e nem maltratar os prisioneiros. Deviam sentir que o castigo seria executado neles como tal e não para divertimento dos outros.

Quando todos os prisioneiros estavam com as cabeças raspadas, foi chamado Vishtaspa. Os cativos estavam convictos de que agora seriam mesmo mortos. Ninguém acreditava em liberdade.

O rei olhou-os cheio de compaixão. Tinha lhe sido difícil permanecer firme, diante de tanta degeneração. Falou-lhes, então, e o amor que sentia por todas as criaturas vibrava através de sua voz.

E disse:

— Recebestes vosso merecido castigo e agora podereis voltar para casa. Nenhum de vós ousará atravessar mais uma vez a fronteira hostilmente. Dizei a vossos companheiros o que os ameaça, se quiserem agir como vós. O mesmo castigo os atingirá. Estais vendo quantos guerreiros estão aqui prontos para a defesa.

Antes de seguirdes, quero dizer-vos ainda uma palavra: sabeis que sou o rei deste país. Vistes como é grande o meu poder.

Quase sem querer, os homens acenavam com a cabeça. Vishtaspa agradara-lhes. Alguns deles sentiam o som de sua voz penetrando-lhes no coração, sem que disso ficassem conscientes.

— Ordenei a meus guerreiros para não matar nenhum de vós, continuou Vishtaspa. Vedes, obedeceram minha ordem! Nisso podeis reconhecer que me foi dado grande poder. Existe, porém, Um, cujo poder é mil vezes maior. Ele deu a todos os seres humanos o mandamento de não matar! Aquilo que fizemos, foi segundo Seu mandamento. Este Um, que é tão grande, também é vosso Senhor. É o supremo e eterno Deus, a quem adoramos!

Olhares incompreensíveis, apáticos, incrédulos e admirados, dirigiram-se para o orador. Praticamente nenhum deles aparentava ter compreendido, e nem queria ouvir mais.

E parecia ao rei como se uma voz lhe sussurrasse que por ora não devia falar mais. A semente havia sido colocada e precisaria de tempo para formar raízes.

Assim Vishtaspa mandou soltar os laços dos prisioneiros e cada um saiu correndo como uma flecha, sem esperar pelos companheiros.

Porém, um dos que tinham saído correndo voltou-se depois de poucos passos, indo direto ao rei. Os guerreiros colocaram-se mais perto do seu rei. Temiam que o homem tivesse algo de ruim na mente. Mas Vishtaspa lhes disse:

— Olhai-o. Sua boa vontade brilha em seus olhos. Deixai-o prosseguir.

O selvagem aproximou-se. Ajoelhou-se desajeitadamente diante do rei e falou:

— Agradeço-te por tua bondade. Nosso povo ainda não pode reconhecê-la. Mas eu a vejo e sempre falarei dela. Não o castigo, mas o amor com que foi aplicado nos fará teus amigos, ó rei!

És jovem, mas és muito sábio. És belo, mas tua bondade supera a tua beleza.

Permite que eu possa voltar, quando meus cabelos estiverem crescidos, para poder ouvir mais do Deus a quem estás servindo!

O rei permitiu alegremente. Surpreendeu-se de que o homem falasse tão bem o iraniano; ficou sabendo, então, que todas essas pessoas da fronteira conheciam a língua do Irã.

Depois, quando todos os selvagens já estavam fora do alcance visual, Vishtaspa falou com seus guerreiros. Mostrou-lhes a necessidade de permanecerem preparados. Os selvagens não deviam pensar que a fronteira agora ficaria outra vez sem defesa.

— Vamos construir pequenas edificações de pedra, nessas gargantas e fendas das montanhas. Muitas cabanas em vários lugares, de modo que toda a fronteira seja protegida. E os guerreiros que ficarem como guardiões precisarão observar sempre as fronteiras.

Penso que anualmente terão de ser trocados, para que sempre novos guerreiros cheguem a esta solidão.

Depois pediu que se apresentassem os que queriam assumir o primeiro turno de guarda. Deixou ficar cerca de cinqüenta homens, com cinco comandantes. Ele, por sua vez, partiu com os demais para a capital.

Antes mesmo de ser esperado, voltou ao palácio. A surpresa foi grande, por não ter trazido nenhum prisioneiro. Tal surpresa, no entanto, aumentou ainda mais, quando ele contou sobre as medidas que havia tomado.

Zoro-Tushtra e Hafis também não puderam deixar de rir. Mas logo depois ficaram muito sérios. Reconheceram o modo maravilhoso como o jovem rei se deixara guiar e de que maneira natural obedecera a essa condução.

Hafis confessou pensativamente:

— Reconheço que errei, quando trouxe os cem amarelos, aquela vez.

O jovem protestou.

— Se não tivesses feito isso, o nosso povo não poderia ter aprendido deles sua grande habilidade de artesanato. E que isso foi certo, príncipe, prova também que nunca mais um inimigo de lá ameaçou o nosso país.

O fato de Vishtaspa ter deixado guerreiros na fronteira agradou especialmente a Hafis. Foi uma prova de grande prudência. Porém o rei havia pensado mais além ainda.

— De agora em diante, sempre mandarei os homens mais fortes treinar o manejo de armas, o escalar de montanhas e o marchar. Ao lado disso, sossegadamente poderão entregar-se às suas profissões. Mas por um determinado tempo terão de se dedicar ao reino. Farão isso, em benefício de todos.

Quanto maior for o número daqueles que eu possa levar contra o inimigo, tanto menor será o derramamento de sangue. Já falei com os chefes. Concordaram comigo e de bom grado querem tomar para si o trabalho de instruí-los.

Mas eu espero, pai, que em breve também haja trabalho para teus discípulos na fronteira. O homem do qual falei não sossegará até poder ouvir mais sobre Deus. Assim, espero que ainda persuadirá outros a acompanhá-lo. Então será necessário que sacerdotes estejam prontos para ensinar aos que queiram esclarecimentos. Nossos guerreiros iriam estragar mais do que ajudar.

Quero pedir-te, pai, que em breve mandes diversos discípulos para o norte, os quais, então, deverão morar com os guerreiros. Tenho receio de que os homens, lá em cima nas montanhas inóspitas, também possam se tornar rudes nos costumes. Seria bom os sacerdotes morarem junto deles, realizando devoções, exortando-os sempre.

Zoro-Tushtra gostou da idéia e, enquanto Vishtaspa foi cumprimentar sua mãe, ele disse a Hafis:

— Realmente o país está em ótimas mãos. Poderemos ir embora sossegadamente, quando nossa hora chegar. Vishtaspa será rei e sacerdote ao mesmo tempo. Hafis concordou de todo coração. Admirava o jovem rei e amava-o como a um próprio filho. Contudo, não concordou que Zoro-Tushtra já fosse desnecessário.

— Sou muito mais idoso do que tu, meu amigo, disse Hafis terminantemente. Serei chamado primeiro.

Enganou-se, porém, sobre isso. A primeira chamada foi para Jadasa, a qual, há tempo, já tinha preparado tudo para sua ida.

Havia falado sobre isso com algumas de suas discípulas mais chegadas, mas nada tinha dito aos homens. Estes ficariam sabendo quando chegasse a hora.

Mas Vishtaspa, que durante meses esteve afastado da mãe, notou a modificação que se havia operado nela. Consternado, voltou para junto do príncipe Hafis e ao pai.

— O que há com a mãe? Desde quando ela está tão doente?

Com grande consternação os dois homens olharam para ele. Não tinham notado nenhuma alteração em Jadasa. Agora, prestando mais atenção, verificaram muitos sinais de doença.

Zoro-Tushtra decidiu então falar com sua mulher. E ela respondeu espontaneamente, admitindo que ele tinha razão. Acrescentou, ainda, que se alegrava em poder ir para Garodemana.

— Tantas vezes, à noite, me foi permitido ver Garodemana, que bem sei para onde os seres luminosos me conduzirão, quando finalmente a alma puder abandonar o corpo cansado. Disso eu me alegro e tu também terás que te alegrar. Nossa separação não durará muito tempo. Então, tu também irás.

Zoro-Tushtra olhou serenamente para sua pálida mulher, cuja fisionomia ainda lhe parecia mais linda do que todas as outras.

— Alegro-me contigo, Jadasa, concordou. Alegro-me especialmente por ser-te permitido ver, desde já, aquela maravilha. Podes falar-me sobre isso?

Jadasa encostou a cabeça contra a parede onde se achava apoiada, fechou os olhos e começou pensativamente:

— Claros e luminosos degraus conduzem a uma Luz que ninguém poderá descrever. E claros e luminosos entes ajudam as almas a transpor esses degraus para cima, cada vez mais para cima. Há jardins em ambos os lados desses degraus. Maravilhosas e aromáticas flores crescem neles, cuidadas por graciosos entes femininos.

Vejo pequenas crianças brincando com pura alegria. Cada vez mais claras tornam-se as figuras, cada vez mais fulgurante brilha a Luz. Vejo tudo isso, mas não posso descrevê-lo. Ser algum poderá fazê-lo. Tu mesmo o verás, meu amigo.

Sua voz tornava-se cada vez mais baixa. Escutando-a, ele temia que ela já houvesse partido, mas depois de pouco tempo ela abriu os olhos, sorrindo para ele.

Nenhuma das pessoas mais chegadas a ela queria deixá-la sozinha. Uma delas sempre ficava a seu lado, principalmente quando ela não mais podia deixar a cama, por suas pernas terem enfraquecido muito. Não sofria, mas uma canseira no corpo todo a impedia de qualquer atividade.

Certo dia, ao anoitecer, foi carregada nos braços jovens e vigorosos do filho para o aposento mais bonito do palácio, onde Hafis e Zoro-Tushtra esperavam por ela. Falaram sobre o Saoshyant, com o qual os pensamentos do conservador do caminho se ocupavam preferencialmente.

— Ser-me-á permitido vê-lo de longe, disse Jadasa com convicção. Será que também poderei ver as sagradas e irradiantes mulheres? acrescentou pensativamente, depois de alguns instantes.

— Alegra-te, todavia, a tal respeito, minha mulher, disse Zoro-Tushtra comovido.

Todos sentiam que algo de especial perpassava o aposento. Foi como se essa vivência interior, em comum, unisse suas almas mais intimamente ainda, sendo impossível formular essa vivência em palavras.

Vishtaspa quis saber quem eram as três mulheres. Nada ainda tinha ouvido sobre elas; pois nem Zoro-Tushtra nem Jadasa falavam de suas visões. Hoje, porém, Jadasa conseguira falar a esse respeito. Tinha que anunciar aquela maravilha a seu filho, enquanto ainda era capaz de fazê-lo.

— Sabe, bem alto, nos reinos celestes, existem três Rainhas, tão lindas, tão puras e divinas, que nós, seres humanos, não podemos compreender.

A Rainha de todos os céus estende seu brilhante manto azul sobre as outras. Sua coroa fulgura com brilho extraterreno. Seu rosto é o mais sublime que se possa ver.

Zoro-Tushtra interrompeu e, quase sem fôlego, perguntou:

— Foi permitido veres o semblante sagrado, Jadasa? Então foste ricamente abençoada! Eu nunca o vi. Sempre havia um leve véu em frente, deixando apenas adivinhar o belíssimo semblante.

— Eu o vi, e sempre a sublime senhora sorria para mim, como sorri neste momento, disse Jadasa extasiada, sem pressentir o que estava dizendo. Ao lado da sublime Rainha de todos os céus, encontram-se a Rainha do Amor e a Rainha da Pureza. O amor de Deus deixa cair uma rosa vermelha. Estás sentindo sua fragrância?

Realmente, foi como se um perfume de rosas perpassasse o aposento, tão forte e vivificante, como flores terrenas não podem exalar.

— A Rainha da Pureza estende os braços para mim. Como sou tão ricamente abençoada! A ela poderei servir nos reinos luminosos. Ó tu, sublime mulher, deixa-me ser tua. Não desejo outra coisa!

Ela acena afirmativamente. Ela acena chamando! Que beleza! Que maravilha! Senhor, a ti, Supremo, eu agradeço!

Lentamente Jadasa se encostou sobre as almofadas. Os três homens ficaram de pé, orando junto dela.

Profundos sentimentos perpassavam suas almas e nelas só havia louvor e agradecimento. Agradecimento por Deus lhes ter colocado essa mulher pura no caminho de suas vidas e agradecimento por ela ter podido, tão cheia de paz, abandonar a Terra. Em seus belos traços havia um sorriso bem-aventurado, o qual não mais desapareceu.

Demoradamente ficaram os três junto ao invólucro de Jadasa; quase não podiam se separar daquilo que flutuava em sua volta. Zoro-Tushtra, porém, lembrou-se de que teria de cuidar do sepultamento, pois os dias eram quentes demais.

Mas ele queria que ela repousasse numa sepultura, pois o pensamento a respeito das torres do silêncio era-lhe insuportável.

No dia seguinte tudo estava preparado. Sob um monte de flores, as sacerdotisas carregaram sua guia espiritual para a sepultura. Não permitiram, porém, que mão de homem algum a tocasse, exceto as do esposo e do rei.

Cantos de louvor, compostos e ensinados pela própria Jadasa, ressoavam enquanto as pedras eram colocadas à frente da sepultura. Depois Zoro-Tushtra pronunciou uma profunda oração de agradecimento, exortando a todos para que não esquecessem essa vida pura, que tinha sido um exemplo para todos, e que eles procurassem imitá-la.

A vida seguia seu curso. Jadasa mesma tinha determinado aquela que deveria cuidar das sacerdotisas e velar pela instrução delas. A uma outra tinha incumbido de viver com as irmãs brancas, orientando-as.

Ambas as mulheres consideravam isso como um dever sagrado e esforçavam-se da melhor forma possível para não deixar ficar grande demais a lacuna aberta pela despedida de Jadasa.

Contudo, no palácio, os três homens cada dia sentiam mais falta de Jadasa. Perceberam nitidamente como, muitas vezes, uma palavra compreensiva neutralizava as divergências inevitáveis.

Quantas vezes, também, ela havia esclarecido acontecimentos relatados por um dos homens, de modo que, de repente, eles viam esses acontecimentos sob ângulos totalmente diferentes.

E quanto mais sentiam a falta dela, tanto mais calados ficavam entre si. Podiam ficar sentados juntos por algum tempo e cada um entregue à tecedura dos próprios pensamentos, sem poder se expressarem em palavras. Às vezes um ou outro levantava o olhar, como se quisesse dizer algo, mas logo a seguir, no entanto, tornava-se ciente da grande perda, continuando calado.

Quando se passaram várias semanas assim, tornando-se esse estado cada vez mais acentuado, o jovem rei, certo dia ao anoitecer, quebrou o silêncio.

— Escutai, meus queridos, falou para os dois outros, o que nos falta é a mãe, falta-nos a companheira, o complemento. Não seria bom se novamente viesse uma mulher para o palácio? Não acredito que poderia substituir a mãe, mas ajudaria a todos nós.

Zoro-Tushtra olhou para o filho, sem compreendê-lo. O que queria dizer com isso?

Mas Hafis compreendera-o e perguntou:

— Estás falando de modo geral, ou encontraste a que querias?

— Encontrei uma jovem que há muito tenho no coração. Ainda não perguntei se ela quer se tornar minha mulher; pois primeiramente queria saber de vós se poderíeis suportar ver uma outra no lugar da mãe.

— Tens razão, Vishtaspa, concordou agora Zoro-Tushtra também. Está na hora de casares. O reino necessita do sucessor e tu mesmo precisas da esposa.

Não falou se poderia suportar isso. Hafis compreendeu-o também.

— Está chegando o tempo de tomares posse do palácio real, Vishtaspa, disse para o rei. Pergunta à moça e, se ela concordar em se tornar tua esposa, então eu mudarei para o pequeno palácio de teu pai; assim todos nós seremos auxiliados.

As palavras do príncipe aplainaram os caminhos para os três. Começou uma atividade febril no palácio, para pôr em ordem todos os aposentos para a jovem rainha. Pouco tempo depois, Zoro-Tushtra abençoou o casal real no salão de devoções.

Pediram para serem abençoados por ocasião da solenidade no Templo de Deus, na montanha, porém o pai não concordou. Disse-lhes que a casa de Deus era destinada apenas para a adoração; as solenidades não deveriam ter nenhuma característica terrena.

Assim, ambos se contentaram. A jovem rainha era muito graciosa; sentia-se que uma bela alma irradiava no corpo gracioso. Nela havia uma alegria infantil e um zelo abnegado no amor ao próximo.

Sentia grande veneração por Zoro-Tushtra e esforçava-se em lhe tornar a vida agradável.

Dois anos se passaram desde o falecimento de Jadasa; então, Vishtaspa, muito feliz, informou os dois velhos de que em breve chegaria um herdeiro.

— Se for um filho homem, chamai-o Hafis, pediu o príncipe. E o rei prometeu.

— É bom assim, gracejou o príncipe, um Hafis vem, o outro vai. Que o novo Hafis conserve a paz ao povo e o dirija de tal modo, que possa conduzi-lo para o Saoshyant, quando este vier. Quando será? Às vezes penso que a Terra terá que esperar por ele ainda muito tempo.

Com essas palavras o príncipe levantou-se para ir a seu aposento, mas, sem forças, caiu no assento.

— Eu vos agradeço, meus queridos, enriquecestes minha vida, disse-lhes sorrindo.

Depois seus olhos se fecharam, para não mais se abrirem na Terra. Conforme seu desejo, foi enterrado ao lado da sepultura de Jadasa, sem cânticos e apenas com uma singela oração de agradecimento.

Agora Zoro-Tushtra esperava ser chamado. Daqueles que eram jovens em seu tempo só restava ele. Por ordem de cima, tinha transferido seu encargo para o filho, que, sob sua condução, deveria se familiarizar na dupla missão de rei e sacerdote.

Mas quase não necessitava dessa condução. Vishtaspa foi tão firmemente conduzido pelo alto, que sempre fazia o que era certo. O pai alegrou-se com isso, mas então se sentiu desnecessário.

Assim, vários anos se passaram. A paciente espera se tornou difícil para Zoro-Tushtra, como ainda o denominavam. Será que Ahuramazda, o Supremo, queria que ele ainda aprendesse a ser paciente, antes de ser chamado? Então queria aprender mesmo, pensou, quando a si mesmo dera tal resposta.

No palácio cresciam dois netos: um robusto e ativo Hafis e uma Jadasa extremamente delicada e graciosa. Eram a alegria do velho, mas ainda eram demasiadamente pequenos, para que pudesse se ocupar com eles por mais tempo.

Olhou em redor de si, vendo o que outros anciãos de sua idade faziam. Estavam deitados ao sol, descansando das durezas da vida. Perguntou, para um e para outro, se desse modo não se sentiam entediados. Riram-se:

— Senhor, é maravilhoso!

Depois quis saber se não tinham anseio de ir embora da Terra. Responderam que não.

— Esperamos até chegar o tempo de Deus. Isto ainda é muito cedo para nós.

Por que era ele tão diferente? Por que seu corpo cansado não queria, de modo algum, se acomodar à inatividade?

"Senhor, estás vendo minha vontade de obedecer pacientemente. Mas estás vendo também minha aflição. Eu não te peço que me tires da Terra, mas peço com todo o coração: dá-me trabalho!"

Assim o ancião implorava muitas vezes por dia. Vishtaspa, então, foi a seu encontro.

— Pai, sentir-te-ias cansado demais, para assumir ainda um grande trabalho? Há longos anos riscaste os mandamentos de Ahuramazda sobre pedras, de modo que agora cada um poderá lê-los. Mas quando um dia nos abandonares muita sabedoria desaparecerá contigo.

Não queres tentar escrever, tanto quanto possível, de tua sabedoria? Embora os nossos sinais possam ser interpretados de várias maneiras, mesmo assim lembraremos de tuas palavras, e o saber será transmitido de geração em geração.

Agora Zoro-Tushtra tinha trabalho para muito tempo. Para poder fixar as Verdades divinas teria que ampliar os sinais e inventar outros, cujo sentido condissesse exatamente com aquilo que quisesse dizer. Tinha que pensar e se aprofundar, riscar e gravar, e os dias agora voavam rapidamente.

À noite, porém, refletia sobre o que teria de dizer e como poderia formular isso, da melhor maneira, em palavras.

O rei mandou cortar lajes finas, nas quais Zoro-Tushtra podia riscar os sinais. Quando havia riscado totalmente algumas das lajes, levava-as ao anoitecer, para o filho, que tinha de decifrá-las.

Geralmente podia ler fluentemente o que o pai queria dizer. Quando, porém, a decifração fracassava, Zoro-Tushtra tentava de novo, e incansavelmente, encontrar outros sinais que mais claramente condissessem com suas palavras.

E por sobre o trabalho e o pensar toda sua vida ressurgiu diante de sua alma. Como tinha sido guiado! Como a bondade do supremo Deus tinha protegido sua vida, que sempre lhe fora permitido receber uma graça após a outra.

Agora desejava poder viver ainda, até poder confiar às pedras o seu conhecimento referente ao Saoshyant. Já havia muito que estava determinado o sinal para o salvador e Juiz Universal. Era um raio saindo da Cruz (Deus).

Cada vez que riscava esse raio, tinha a impressão de que este o perpassava, penetrando como uma grande força, despertando nele sempre algo de novo, que ainda queria comunicar.

Fazia muito tempo que o decifrar das pedras havia sido transferido para o salão grande, a fim de que os discípulos pudessem participar disso e ao mesmo tempo ficassem cientes do verdadeiro sentido do escrito. Sempre se alegravam quando o idoso Zoro-Tushtra aparecia em seu meio. Com grande fervor e com perguntas inteligentes, procuravam demonstrar-lhe a sua alegria.

Quando o anunciamento do Saoshyant estava riscado na pedra, a leitura tornou-se especialmente solene. O próprio Vishtaspa a interpretava.

— "Virá o dia em que o Saoshyant chegará do céu. Virá como criancinha e será o Filho do supremo Deus. Crescerá e aprenderá os caminhos dos seres humanos. Ele lhes trará a Luz do Reino do Seu Pai, para que eles reencontrem o caminho para cima. Ele cuidará deles, como o pastor de seu rebanho.

Depois virá o último dia: o Juízo. Grande será o Saoshyant; não será mais um homem, mas sim, somente Deus. Os seres humanos terão medo, porque praticaram o mal.

O Juiz Universal, porém, irá julgá-los conforme suas obras. Terão que transpor a ponte. Quem houver sido mau cairá e nunca mais voltará. Mas aqueles que transpuserem a ponte entrarão no reino eterno do Saoshyant."

O rei tinha lido com toda a singeleza, conforme estava ali gravado. Todos estavam embevecidos com o que ouviram.

Aí, Zoro-Tushtra ainda uma vez foi para o centro do salão, onde tantas vezes estivera, e começou a falar:

— Não posso gravar quão imensuravelmente maravilhoso será o salvador. É o herói irradiante, ao qual ninguém se iguala. Andará entre os seres humanos, exteriormente como criatura humana, mas a clareza de Deus irradiará dele. Seus olhos serão como chamas e nada de impuro conseguirá persistir diante dele.

Caminhando entre os seres humanos, um invólucro após outro cairá dele. Terá chegado então o tempo em que estará como Deus sobre as criaturas humanas. Então as julgará e elas terão de responder por toda palavra que tiverem falado, por todo ato executado ou apenas pensado.

Homens, permanecei nos caminhos de Deus! Precavei-vos de todas as culpas, pois vós próprios vos julgareis diante dos olhos perscrutadores do Filho de Deus!

Irã, terra abençoada! De ti veio outrora a criancinha que voltará! Em teu solo foi permitido preparar o caminho para o Saoshyant!

Como que escutando, o ancião levantou a cabeça, estendendo os braços.

— Vejo o brilho do céu acima de mim! Vejo a branca ave miraculosa, vejo a Cruz com suas irradiações áureas! Minha caminhada terrena chegou ao fim. A ascensão pode começar.

Um momento ainda ficou ereto, de pé, e então os braços do filho envolveram o corpo já sem alma do preparador e conservador do caminho, do profeta enviado por Deus ao povo iraniano.

AO LEITOR

A Ordem do Graal na Terra é uma entidade criada com a finalidade de difusão, estudo e prática dos elevados princípios da Mensagem do Graal de Abdruschin "NA LUZ DA VERDADE", e congrega aquelas pessoas que se interessam pelo conteúdo das obras que edita. Não se trata, portanto, de uma simples editora de livros.

Se o leitor desejar uma maior aproximação com aqueles que já pertencem à Ordem do Graal na Terra, em vários pontos do Brasil, poderá dirigir-se aos seguintes endereços:

Por carta:
Ordem do Graal na Terra
Caixa Postal 128
CEP 06803-971
EMBU – SP – BRASIL
Tel/Fax: (11) 4781-0006

Pessoalmente:
Ordem do Graal na Terra
Av. São Luiz, 192 – Loja 14
(Galeria Louvre)
Consolação – São Paulo – SP
Tel.: (11) 3259-7646

Internet:
www.graal.org.br
graal@graal.org.br

Obras editadas pela
ORDEM DO GRAAL NA TERRA

Obras de Abdruschin

NA LUZ DA VERDADE
Mensagem do Graal

Qual a finalidade de nossa existência? De onde viemos e para onde vamos? Por que existe tanto sofrimento na Terra? Quais são as leis que regem o mundo? Existem acasos?

"NA LUZ DA VERDADE, Mensagem do Graal de Abdruschin", editada em três volumes, mostra o caminho que o ser humano deve percorrer, a fim de encontrar a razão de ser de sua existência e desenvolver todas as suas capacitações.

Esclarece as causas mais profundas dos muitos sofrimentos que o ser humano enfrenta, revelando por sua vez a maneira de se libertar deles. É algo completamente novo, não tendo conexão alguma com as filosofias ou crenças religiosas existentes.

Com a *Mensagem do Graal* abre-se para o ser humano o *Livro da Criação*, esclarecendo-se então tudo o que até agora era tido como "milagre" ou "mistério".

Alguns dos assuntos encontrados nesta obra: O reconhecimento de Deus • O mistério do nascimento • Intuição • A criança • Sexo • Natal • A imaculada concepção e o nascimento do Filho de Deus • Bens terrenos • Espiritismo • O matrimônio • Astrologia • A morte • Aprendizado do ocultismo, alimentação de carne ou alimentação vegetal • Deuses, Olimpo, Valhala • Milagres • O Santo Graal

OS DEZ MANDAMENTOS E O PAI NOSSO
Explicados por Abdruschin

Amplo e revelador! Este livro apresenta uma análise profunda dos Mandamentos recebidos por Moisés, mostrando sua verdadeira essência e esclarecendo seus valores perenes.

Ainda neste livro compreende-se toda a grandeza de "O Pai Nosso", legado de Jesus à humanidade. Com os esclarecimentos de Abdruschin, esta oração tão conhecida pode de novo ser sentida plenamente pelos seres humanos.

– *Também edição de bolso.*   ISBN-85-7279-058-6 • 80 p.

RESPOSTAS A PERGUNTAS
de Abdruschin

Coletânea de perguntas respondidas por Abdruschin no período de 1924-1937, que esclarecem questões enigmáticas da atualidade: Doações por vaidade • Responsabilidade dos juízes • Freqüência às igrejas • Existe uma "providência"? • Que é Verdade? • Morte natural e morte violenta • Milagres de Jesus • Pesquisa do câncer • Ressurreição em carne é possível? • Complexos de inferioridade • Olhos de raios X.

ISBN-85-7279-024-1 • 174 p.

Obras de Roselis von Sass

A GRANDE PIRÂMIDE REVELA SEU SEGREDO

Revelações surpreendentes sobre o significado dessa Pirâmide, única no gênero. O sarcófago aberto, o construtor da Pirâmide, os sábios da Caldéia, os 40 anos levados na construção, os papiros perdidos, a Esfinge e muito mais... são encontrados em A Grande Pirâmide Revela seu Segredo.

Uma narrativa cativante que transporta o leitor para uma época longínqua em que predominavam o amor puro, a sabedoria e a alegria.

ISBN-85-7279-044-6 • 368 p.

SABÁ, O PAÍS DAS MIL FRAGRÂNCIAS

Feliz Arábia! Feliz Sabá! Sabá de Biltis, a famosa rainha que desperta o interesse de pesquisadores da atualidade. Sabá dos valiosos papiros com os ensinamentos dos antigos "sábios da Caldéia". Da famosa viagem da rainha de Sabá, em visita ao célebre rei judeu, Salomão.

Em uma narrativa atraente e romanceada, a autora traz de volta os perfumes de Sabá, a terra da mirra, do bálsamo e do incenso, o "país do aroma dourado"!

ISBN-85-7279-066-7 • 416 p.

O LIVRO DO JUÍZO FINAL

Uma verdadeira enciclopédia do espírito, onde o leitor encontrará um mundo repleto de novos conhecimentos. Profecias, o enigma das doenças e dos sofrimentos, a morte terrena e a vida no Além, a 3ª Mensagem de Fátima, os chamados "deuses" da Antiguidade, o Filho do Homem e muito mais...

ISBN-85-7279-049-7 • 384 p.

ATLÂNTIDA. PRINCÍPIO E FIM DA GRANDE TRAGÉDIA

Atlântida, a enorme ilha de incrível beleza e natureza rica, desapareceu da face da Terra em um dia e uma noite...
Roselis von Sass descreve os últimos 50 anos da história desse maravilhoso país, citado por Platão, e as advertências ao povo para que mudassem para outras regiões. ISBN-85-7279-036-5 • 176 p.

FIOS DO DESTINO DETERMINAM A VIDA HUMANA

Amor, felicidade, inimizades, sofrimentos!... Que mistério fascinante cerca os relacionamentos humanos!

Nos contos e narrativas surpreendentes, a autora mostra os caminhos trilhados por vários personagens, as relações humanas e as escolhas presentes, tão capazes de determinar o futuro. O aparente mistério desaparece rapidamente, ao se verificar que fios do destino tecem constantemente ao redor de cada um, trazendo-lhe de volta tudo o que lançou no mundo.

O leitor descobrirá como a atuação presente pode corrigir as eventuais falhas do passado, forjando um futuro melhor. Uma leitura obrigatória para aqueles que buscam uma explicação para os porquês da vida!

ISBN-85-7279-045-4 • 224 p.

REVELAÇÕES INÉDITAS DA HISTÓRIA DO BRASIL

Através de um olhar retrospectivo e sensível a autora narra os acontecimentos da época da Independência do Brasil, relatando traços de personalidade e fatos inéditos sobre os principais personagens da nossa História, como a Imperatriz Leopoldina, os irmãos Andradas, Dom Pedro I, Carlota Joaquina, a Marquesa de Santos, Metternich da Áustria e outros...

Descubra ainda a origem dos guaranis e dos tupanos, e os motivos que levaram à escolha de Brasília como capital, ainda antes do Descobrimento do Brasil.

ISBN-85-7279-059-4 • 256 p.

A VERDADE SOBRE OS INCAS

O povo do Sol, do ouro e de surpreendentes obras de arte e arquitetura. Como puderam construir incríveis estradas e mesmo cidades em regiões tão inacessíveis?

Um maravilhoso reino que se estendia da Colômbia ao Chile.

Roselis von Sass revela os detalhes da invasão espanhola e da construção de Machu-Picchu, os amplos conhecimentos médicos, os mandamentos de vida dos Incas e muito mais.

ISBN-85-7279-053-5 • 288 p.

ÁFRICA E SEUS MISTÉRIOS

"África para os africanos!" é o que um grupo de pessoas de diversas cores e origens buscava pouco tempo após o Congo Belga deixar de ser colônia. Queriam promover a paz e auxiliar seu próximo.

Um romance emocionante e cheio de ação. Deixe os costumes e tradições africanas invadirem o seu imaginário! Surpreenda-se com a sensibilidade da autora ao retratar a alma africana!

ISBN-85-7279-057-8 • 336 p.

A DESCONHECIDA BABILÔNIA

A Desconhecida Babilônia, de um lado tão encantadora, do outro ameaçada pelo culto de Baal.

Entre nesse cenário e aprecie uma das cidades mais significativas da Antiguidade, conhecida por seus Jardins Suspensos, pela Torre de Babel e por um povo ímpar – os sumerianos – fortes no espírito, grandes na cultura.

ISBN-85-7279-063-2 • 304 p.

O NASCIMENTO DA TERRA

Qual a origem da Terra e como se formou?

Roselis von Sass descreve com sensibilidade e riqueza de detalhes o trabalho minucioso e incansável dos seres da natureza na preparação do planeta para a chegada dos seres humanos.

ISBN-85-7279-047-0 • 176 p.

OS PRIMEIROS SERES HUMANOS

Conheça relatos inéditos sobre os primeiros seres humanos que habitaram a Terra e descubra sua origem.

Uma abordagem interessante sobre como surgiram e como eram os berços da humanidade e a condução das diferentes raças.

Roselis von Sass esclarece enigmas... o homem de Neanderthal, o porquê das Eras Glaciais e muito mais...

ISBN-85-7279-055-1 • 160 p.

Obras da Coleção O Mundo do Graal

JESUS – O AMOR DE DEUS

Um novo Jesus, desconhecido da humanidade, é desvendado. Sua infância... sua vida marcada por ensinamentos, vivências, sofrimentos... Os caminhos de João Batista também são focados.

Jesus, o Amor de Deus – um livro fascinante sobre aquele que veio como Portador da Verdade na Terra!

ISBN-85-7279-064-0 • 400 p.

OS APÓSTOLOS DE JESUS

"Os Apóstolos de Jesus" desvenda a atuação daqueles seres humanos que tiveram o privilégio de conviver com Cristo, dando ao leitor uma imagem inédita e real!

ISBN-85-7279-071-3 • 256 p.

A VIDA DE MOISÉS

A narrativa envolvente traz de volta o caminho percorrido por Moisés desde seu nascimento até o cumprimento de sua missão: libertar o povo israelita da escravidão egípcia e transmitir os Mandamentos de Deus.

Com um novo olhar acompanhe os passos de Moisés em sua busca pela Verdade e liberdade. – *Edição de bolso.*

ISBN-85-7279-074-8 • 160 p.

ÉFESO

A vida na Terra há milhares de anos. A evolução dos seres humanos que sintonizados com as leis da natureza eram donos de uma rara sensibilidade, hoje chamada "sexto sentido".

ISBN-85-7279-006-3 • 232 p.

ZOROASTER

A vida empolgante do profeta iraniano, Zoroaster, o preparador do caminho Daquele que viria, e posteriormente Zorotushtra, o conservador do caminho. Neste livro são narrados de maneira especial suas viagens e os meios empregados para tornar seu saber acessível ao povo.

ISBN-85-7279-0-83-7 • 288

BUDDHA

Os grandes ensinamentos de Buddha que ficaram perdidos no tempo...
O livro traz à tona questões fundamentais sobre a existência do ser humano, o porquê dos sofrimentos, e também esclarece o Nirvana e a reencarnação.

ISBN-85-7279-072-1 • 352 p.

HISTÓRIAS DE TEMPOS PASSADOS

Emocionante história que relata a famosa guerra entre gregos e troianos. causada pelo rapto de Helena. As figuras dos heróis do passado ressurgem junto com a atuação de Kassandra, que, advertindo, preconizou o infortúnio para Tróia.

E ainda a cativante história de Nahome, nascida no Egito, e que tinha uma importante missão a cumprir.

ISBN-85-7279-008-X • 240 p.

LAO-TSE

Conheça a trajetória do grande sábio que marcou uma época toda especial na China.

Acompanhe a sua peregrinação pelo país na busca de constante aprendizado, a vida nos antigos mosteiros do Tibete, e sua consagração como superior dos lamas e guia espiritual de toda a China.

ISBN-85-7279-065-9 • 304 p.

ASPECTOS DO ANTIGO EGITO

O Egito ressurge diante dos olhos do leitor trazendo de volta nomes que o mundo não esqueceu – Tutancâmon, Ramsés, Moisés, Akhenaton e Nefertiti.

Reviva a história desses grandes personagens, conhecendo suas conquistas, seus sofrimentos e alegrias, na evolução de seus espíritos.

ISBN-85-7279-012-8 • 274 p.

REFLEXÕES SOBRE TEMAS BÍBLICOS *de Fernando José Marques*

Neste livro, trechos como a missão de Jesus, a virgindade de Maria de Nazaré, Apocalipse, a missão dos Reis Magos, pecados e resgate de culpas são interpretados sob nova dimensão.

Obra singular para os que buscam as conexões perdidas no tempo!
– Edição de bolso.

ISBN-85-7279-078-0 • 176 p.

QUEM PROTEGE AS CRIANÇAS?

Texto: Antonio Ricardo Cardoso

Ilustrações: Maria de Fátima Seehagen e Edson J. Gonçalez

Qual o encanto e o mistério que envolve o mundo infantil? Entre versos e ilustrações, o mundo invisível dos guardiões das crianças é revelado, resgatando o conhecimento das antigas tradições que ficaram perdidas no tempo.

ISBN-85-7279-081-0 • 24 p.

Os livros editados pela Ordem do Graal na Terra podem ser adquiridos em diversas livrarias, bancas e através da internet ou do telemarketing. Também estão disponíveis para consulta em várias bibliotecas. Verifique na sua cidade.

Veja na internet as obras também editadas em alemão, inglês, francês e espanhol.

www.graal.org.br

Filmes, impressão e acabamento
ORDEM DO GRAAL NA TERRA
Embu – São Paulo – Brasil